U0909593

新视野高等院校旅游专业教材

# 酒店人力资源开发与管理

Hotel Human Resource Development and Management

薛群慧 主编　　文鲁元 李瑞霞 副主编

云南大学出版社
YUNNAN UNIVERSITY PRESS

**图书在版编目（CIP）数据**

酒店人力资源开发与管理/薛群慧主编．—2版．—昆明：云南大学出版社，2005

ISBN 7－81068－309－8

Ⅰ．酒...　Ⅱ．薛...　Ⅲ．饭店－劳动力资源－资源管理　Ⅳ．F719.2

中国版本图书馆CIP数据核字（2005）第056391号

# 酒店人力资源开发与管理

**主　　编**：薛群慧
**副 主 编**：文鲁元　李瑞霞
**策划编辑**：熊晓霞
**责任编辑**：宋　武
**封面设计**：刘　雨
**责任校对**：何传玉
**出版发行**：云南大学出版社
**印　　装**：昆明市五华区教育委员会印刷厂
**开　　本**：787×1092　1/16
**印　　张**：18.5
**字　　数**：363千
**版　　次**：2005年7月第2版
**印　　次**：2005年7月第3次印刷
**印　　数**：2001—4000册
**书　　号**：ISBN 7－81068－309－8/F·238
**定　　价**：30.00元

**社　　址**：云南省昆明市一二·一大街182号云南大学英华园内（邮编：650091）
**发行电话**：0871－5033244　5031071
**网　　址**：http://www.ynup.com
E － mail：market@ynup.com

# 序 言

只要有人群为了一个共同的目标聚集在一起，就会有分工、协作、沟通、指挥、服从等行为的发生，就会涉及到人力资源的管理。在古代，我国修筑的万里长城、埃及修建的金字塔、印度修建的泰姬陵，无一不涉及人力资源的开发与管理，虽然我们不能看到当时的文字记录，但我们可以想像出当时统治者所采用的分工、协作、激励等人力的开发与管理工作，尽管具有粗放、自发、感性的特征，但其高成效是举世瞩目的。

酒店是一个劳动密集型、知识密集型、资金密集型企业。21世纪的竞争，主要是科学技术的竞争和人才的竞争。谁能拥有具有竞争能力的一大批人才，谁就能掌握未来国际竞争的主动权。因为，管理不外是对人、财、物的管理，而在“人、财、物”这三个要素中，人的因素永远是第一位的，人是生产力诸因素中最积极、最活跃的因素，对“人、财、物”的管理都是靠人去完成的。因此，饭店如何把员工的积极性调动起来，把他们的潜力充分挖掘出来，把人力资源充分开发出来，关系到一个酒店的兴衰存亡。

如果我们形象地将管理系统分为三个区域：红灯区、黄灯区、绿灯区，那么，“红灯区”是禁止员工违规的一套规章制度，如劳动纪律制度、安全检查制度等；“绿灯区”意味着员工必须履行的岗位职责；而“黄灯区”是可做也可不做的区域，这一区域恰恰正是被管理者所忽视的区域，他们往往认为只要规章制度制订得尽可能详尽，就可以达到激发员工的工作热情、规范员工行为的目的。然而，有多少原则就有多少例外，上有政策，下有对策，酒店服务工作质量本身就有很大的弹性，因为员工掌握着把工作做好或做坏的主动权。所以，“黄灯区”正是酒店人力资源开发和管理大有可为的区域。酒店人力资源的开发和利用，已成为现代酒店经营管理的核心。

正因为我们认识到了酒店人力资源管理有如此重要的意义，才驱使着我们写成了《酒店人力资源开发与管理》一书。本书有以下几个特点：

一是有较强的理论性、系统性，全面介绍了酒店人力资源管理概念、理论和方法。

二是全书贯穿着大量的实际应用内容，如工作分析、员工考评、员工奖励、

员工晋升等，有较强的应用性和操作性。

三是各章都附有案例分析及问题。案例法训练的是分析问题、解决问题，使阅读者作出决策的能力。

本书在参阅大量的国内外文献资料的基础上，以酒店人力资源管理的沿革和日本、美国及我国人力资源管理特点为起点，介绍了工作分析、酒店员工招聘、培训、激励、考评、潜力开发等方面的内容。我们希望本书的出版对酒店人力资源的开发与管理工作有所帮助，使阅读者建立“人高于一切”的价值观以及“饭店人力资源管理是每一位饭店管理者的职责”的理念，为我国酒店业发展、竞争奉献自己的才智。

作　者

2005年2月6日

# 目 录

# 第1章 酒店人力资源管理导论

**本章提示与学习目的：**

酒店人力资源管理是研究酒店人力资源管理活动规律的一门综合性、应用性很强的科学。其最终目的是使人与事相协调，最大限度地发挥人的潜能，提高工作效率，适应社会经济的发展需要。因此，全面把握酒店人力资源管理的基本概念，了解酒店的资源的构成，酒店人力资源管理的特征和基本功能，以及酒店人力资源管理作用等，有利于加深我们对酒店人力资源管理的认识。人力资源管理经历了漫长的历史过程，它的发展是与人类历史的发展同步进行的，追溯其历史发展，我们可以对这门学科有一个纵向的了解；同时，人力资源管理已成为全球共同关注、研究的重要课题，了解各国人力资源管理的概况和相关的管理理论；学习美国、日本等国在这一领域的研究成果，掌握它们各自提出的理论内容和特点，有利于我们对其发展有横向的比较、借鉴。除此之外通过本章的学习，了解中国人力资源管理模式特征和文化渊源，以及人力资源管理的理论基础等内容，是我们学习这一章的目的。

## 第一节　酒店人力资源管理的概念

### 一、什么是酒店人力资源管理

酒店与任何企业一样，都有一个投入与产出的运转过程，为了维持酒店的经营活动，必须从酒店外部输入资源。酒店的资源包括以下几种：

**1．人力资源**

在酒店的经营管理中，需要训练有素的、掌握服务技能与技巧的服务人员和具有专门知识及技能的厨师、技术人员、行政人员，需要具有管理技能的管理人员。

**2．财力资源**

酒店要进行经营活动，就必须具备一定数量的资金。如果缺少了这一资源，酒店的经营活动将无法继续下去。因此，资金是酒店经营活动必不可少的资源。

3．物力资源

酒店的建筑、设备、物料用品、食品原料和各种能源都是维持酒店经营活动必不可少的物质资源。

4．信息资源

信息是指那些用于沟通酒店各部门之间的联系和反映酒店经营管理活动情况的各项指令、计划、报表、数据和规章制度，以及描述酒店外部环境变化的数据、消息等等。酒店所提供的产品的价值，不仅随着劳动量的增加而增加，而且还随着有效信息量的增加而增加。信息可以为酒店带来利润，也可能带来损失。酒店的一切经营管理工作都离不开信息。因此，信息是酒店必不可少、举足轻重的资源。

5．信誉资源

酒店在客人心目中的良好形象以及与经营环境的良好关系是酒店的信誉资源①。

在以上五种资源中，人力资源是酒店服务活动中最活跃的因素，也是一切资源中最重要的资源，由于该资源特殊的重要性，它被经济学家称为第一资源。

酒店人力资源管理是指以从事酒店劳动的人和有关的事的相互关系为对象，通过组织、协调、控制、监督等手段，谋求人与事以及共事人之间的相互适应，实现人适其事，事得其人，人尽其才，才尽其用，事成其功，最大限度地提高工作效率的管理活动。

## 二、酒店人力资源的特征

与酒店的其他资源管理相比较，酒店人力资源管理具有以下特征：

1．酒店人力资源具有能动性

这是人力资源区别于其他资源的最根本的区别。人力资源具有思想、情感和思维，具有主观能动性，能有目的、有意识地主动利用其他资源去推动酒店的运作和发展，起着积极和主导的作用，其他资源则处于被动使用的地位。另外，人力资源还是唯一能起到创造作用的因素。

人力资源的能动性体现在三个方面：

(1) 自我强化。通过接受教育或主动学习，使自己的素质（如知识、技能、意志、体魄等）得到提高。

---

① 张锡良、周力著：《酒店人力资源管理》，第4—5页，上海人民出版社1990年版。

（2）选择职业。在人力资源市场中具有择业的自主权，即每个人均可按自己的爱好与特长自由地选择职业。

（3）积极劳动。人在劳动过程中，会产生敬业、爱业精神，能够积极主动地利用自然资源、资本资源和信息资源为社会和经济的发展创造性地工作。

2．**两重性**

人力资源既是投资的结果，同时又能创造财富，或者说，它既是生产者，又是消费者。根据舒尔茨人力资本的理论，人力资本投资主要是由个人和社会双方用于对人力资源教育的投资、用于对人力资源卫生健康的投资和用于对人力资源迁移的投资。人力资本投资的程度决定了人力资源质量的高低。由于人的知识是后天获得的，为了提高知识与技能，必须接受教育和培训，必须投入财富和时间，投入的财富构成人力资本的直接成本（投资）的一部分。人力资本的直接成本（投资）的另一部分是对卫生健康和迁移的投资。另外，人力资源由于投入了大量的时间用于接受教育来提高知识和技能而失去了许多就业机会和收入，这构成了人力资本的间接成本（即机会成本）。从生产与消费的角度来看，人力资本投资是一种消费行为，并且这种消费行为是必须的，先于人力资本收益的，没有这种先前的投资，就不可能有后期的收益。

3．**时效性**

人力资源存在于人的生命之中，它是一种具有生命的资源，它的形成、开发和利用都要受到时间的限制。作为生物有机体的人有其生命的周期，每个人均要经过幼稚期、青壮年期、老年期，由于每个时期人的体能和智能的不同，其各个时期的劳动能力各不相同，因而这种资源在各个时期的可利用程度也不相同。从个人成长的角度看，人才的培养也有幼稚期、成长期、成熟期和退化期的过程，相应地，其使用则经历培训期、试用期、最佳使用期和淘汰期的过程。这是由于随着时间的推移，社会将不断进步，科学技术也将不断发展，使得人的知识和技能相对老化而产生的结果。人力资源的开发与管理也必须尊重人力资源的时效特征。

4．**再生性**

与物质资源相似，人力资源在使用过程中也会出现有形磨损和无形磨损。有形磨损是人自身的疲劳和衰老，这是一个不可避免的、无法抗拒的损耗。无形磨损是指个人的知识和技能与科学技术发展相比的相对老化，我们可以通过一定的方式与方法减少这种损耗。物质资源在形成产品、投入使用并磨损以后，一般予以折旧，不存在继续开发问题。人力资源在使用过程中，有一个可持续开发、丰富再生的独特过程，使用过程也是开发过程。人在工作以后，可以通过不断地学习，更新自己的知识，提高技能，而且，通过工作，可以积累经验，充实提高自我。所以，人力资源能够实现自我补偿、自我更新、自我丰富、持续开发。这就要求人力资源的开发与管理要注重终生教育，加强后期培训与开发，不断提高其德才水平。①

**5．社会性**

人们在社会中，都要遵守一定的社会规范，都被打上了社会文化的烙印。人们在工作中，也要遵守企业的规范。因而人力资源管理具有社会性。这就要求人力资源管理注重企业文化的建设，注重人与人、人与群体、人与社会的关系及利益的协调与整合。

## 三、酒店人力资源管理的要素

(1) 人与人、人与组织、人与工作（事）之间的关系。

(2) 人。

(3) 事（工作）。

三者的有机结合，构成酒店人力资源管理的内容。调整好各个方面的人事关系，使人与事、共事的人们之间的相互关系达到最佳状态，是人力资源管理的基本目的。

## 四、酒店人力资源管理的功能与作用

美国管理学权威杜拉克说：“不论企业如何经营，最重要的因素是‘人’，不论经营知识如何丰富，分析如何慎重，工具如何完备，最后左右企业经营成败的还在于‘人’。”现代酒店是劳动密集型、知识密集型、信息密集型的企业，“人”的因素显得更加重要。

**1．酒店人力资源管理的基本功能**

(1) 选才。选才是指酒店人力资源规划、招聘与录用。即根据酒店的战略目标制定出来的人力资源需求与供给计划，按照德才兼备的标准，开展招聘、考核、选拔、录用与配置等工作。

(2) 育才。人力资源管理还担负着培训、教育员工的任务。酒店人力资源开发是指对组织内员工素质与技能的培养与提高，以及使他们的潜能得以充分发挥，最大限度地实现其个人价值。它主要包括组织对个人开发计划的制定、组织与个人对培训和继续教育的投入、培训与继续教育的实施、员工职业生涯开发及

① 余凯成等编著：《人力资源管理》，第10—12页，大连理工大学出版社1999年版。

员工的有效使用。以往管理者往往只注重员工的培训与继续教育，而忽略了员工的有效使用。事实上，对员工的有效使用是一种投资最少、见效最快的人力资源开发方法，因为它只需将员工的工作积极性和潜能充分发挥出来即可转换为劳动生产率。当员工得到有效使用时，对员工而言，认识到了工作的意义、目的，从工作中看到了自己存在的价值，其满意感增强，劳动积极性提高。对组织而言，则表现为员工得到合理配置、组织高效运作、劳动生产率提高。

（3）用才。这既是指对员工实施合理、公平的动态管理的过程，也是指为员工对酒店所作出的贡献而给予奖酬的过程，是酒店人力资源管理的激励与凝聚职能，也是酒店人力资源管理的核心。它包括：科学、合理的员工绩效考评与素质评估；以考绩与评估结果为依据，对员工使用动态管理，如晋升、调动、奖惩、离退、解雇等；根据对员工工作绩效进行考评的结果，公平地向员工提供合理的、与他们各自的贡献相符的工资、奖励和福利等，做到人适其事和事得其人。

**2．酒店人力资源管理的作用**

酒店人力资源开发与管理指的是为实现组织的战略目标，组织利用现代科学技术和管理理论，通过不断地获得人力资源，对所获得的人力资源的整合、调控及开发，并给予他们报偿而有效地开发和利用之。人力资源开发与管理是实现组织目标的一种手段。在管理领域中，人力资源开发与管理是以人的价值观为中心，为处理人与工作、人与人、人与组织的互动关系而采取一系列的开发与管理活动。人力资源开发与管理的结果，就酒店而言是酒店的生产率提高和组织竞争力的增强，就员工而言则是工作生活质量的提高与工作满意感的增加。生产率反映了产出的商品或提供的服务与投入的人力、物力、财力的关系，工作生活质量则反映员工在工作中所产生的生理和心理健康的感觉。

在酒店中，人力资源开发与管理处理的管理范畴，可以分为四个部分，如图1-1。

（1）人与事的匹配。要做到事得其才，人尽其用，有效使用。

（2）人的需求与工作报酬的匹配。使得酬适其需，人尽其力，最大奉献。

（3）人与人的协调合作，使得互补凝聚，事半功倍，强调团队精神。

（4）工作与工作的协调合作。使得权责有序，灵柔高效，发挥整体优势。①

## 第二节　人力资源管理的历史沿革

只要人们为一个共同目标组织起来工作，就涉及到了分工、协调、沟通、激

① 余凯成等编著：《人力资源管理》，第18—19页，大连理工大学出版社1999年版。

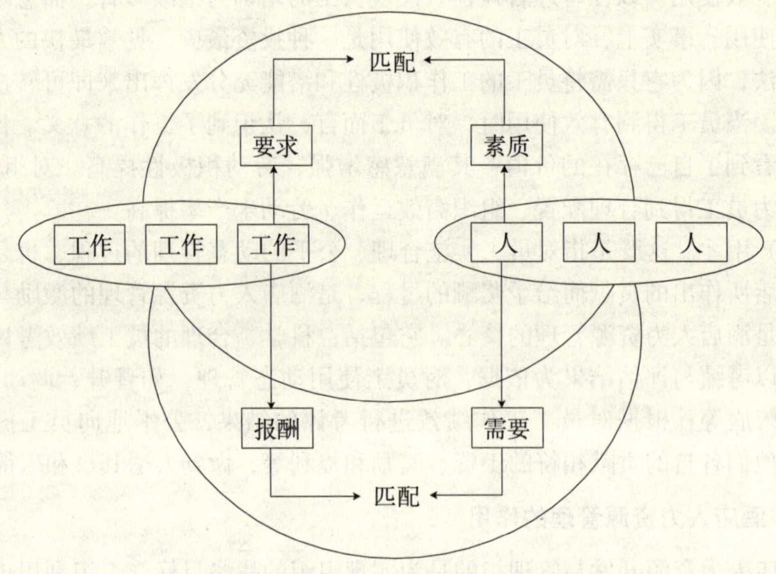


图 1－1 酒店人力资源开发与管理范畴

励几方面的内容，所以人事管理是与人类历史相联系的。

## 一、手工艺制度阶段

在古埃及和巴比伦时代，经济活动中的主要组织形式是家庭手工工场方式。当时，为了保证具有合格技能的工人有充足的供给，对工人技能的培训是以有组织的方式进行的。到了 13 世纪，西欧的手工艺培训是非常流行的。手工业行会负责监督生产的方法和产品的质量，对各种行业的员工条件作出规定。这些手工业行会由一些工作经验丰富的师傅把持，每个申请加入行会的人都必须经过一个做学徒工人的时期。在这种手工艺制度下，师傅与徒弟生活和工作在一处，因此非常适合家庭工业生产的要求。①

这一时期的人力资源管理表现为两个方面：

1. **学徒式的培训**

最早的人事培训和福利制度，学徒只能协助师傅做工作，能否获得师傅的系统培训取决于他们的人际关系。

---

① 张一弛编著：《人力资源管理教程》，第 1—2 页，北京大学出版社 1999 年版。

2．科举制度

我国封建时代选拔人才的方法至今仍沿用，通过笔试、面谈达到选拔人才的目的。

## 二、科学管理阶段

在 19 世纪末和 20 世纪早期，欧洲经济生活中出现了工业革命，由此引起了大机器生产方式的形成。工业革命有三个主要特征：一是机械设备的发展；二是人与机器的联系；三是需要雇用大量人员的工厂的建立。工业革命导致了劳动专业化水平的提高和生产率的提高，与之相适应的技术进步的加快不断促使人事管理方式发生变革。工业革命除了引起专业化分工的形成以外，还对生产过程提出了建立监督层级的要求，因此生产过程中出现了管理人员。

最早对人事管理进行研究的是英国的管理学家罗伯特·欧文，在 1800 年，他在自己的工厂里除生产措施外还采取一系列措施，这些措施（福利）证实了他的一些论断：适当的福利不但不会降低生产率和利润，还会提高企业生产力，为企业带来更大的效益。从此，企业生产力、员工福利与利润之间的相辅相成的关系得到认可。美国管理学家泰勒研究的精髓是时间和动作的研究，人称泰勒为“科学管理之父”。他提出了以下的观点：倡导劳资双方的合作，认为只要双方友好合作，就可使双方都获得好处；倡导管理人员和工人分工协作和职责分明，使责、权、利分明；提出工作定额原理，这一原理要求：首先制定出标准的操作方法，然后对全体员工进行训练，让他们掌握这套最优的工作方法，再依据这一点制定工作的定额；提倡实行一种有差别的、有刺激性的计件工资制度以鼓励工人创造较高的劳动生产率。

总而言之，科学管理提出的一系列的管理制度和方法奠定了人力资源管理学科的基础。在这一阶段中最大的缺点是：人被视为劳动工具，使管理工作缺少人情味。

在 20 世纪 20 年代，泰勒的科学管理理论在美国被广泛地采用。但是科学管理运动没有顾及到员工的感受，使员工对工作开始产生不满情绪，因此并没有真正地起到激励效果。于是，企业开始建立员工的休闲娱乐设施、员工援助项目和医疗服务项目，逐渐出现了人事专家和人事管理部门，这为现代人力资源管理的发展奠定了重要的基础。在当时的行为科学研究领域，芒斯特伯格在 1913 年出版了《心理学与工作效率》一书。他对人力资源管理的贡献主要在于：第一，用工人的智力和情感要求来分析工作；第二，用研制的实验装置来分析工作。他对接线生进行了空间感、智商和身体的敏捷性等各种测试，结果发现测试结果好的人在实际工作中也被公司认为是好的工人。这说明测试可以成为员工录用中的一种辅助手段。①

## 三、行为科学阶段

社会因素在机器化大生产中的作用是在著名的霍桑实验中被发现的。1924 年到 1932 年，哈佛商学院的梅奥·罗特利斯伯格等人在芝加哥的西方电器公司霍桑工厂进行的霍桑实验提供了一个有史以来最著名的行为研究成果。这一实验的目的本来是研究照明对工人生产率的影响。他们选择了照明条件相似的两组工人作为研究对象，在实验组，他们改变了照明水平，同时保持控制组的照明条件不变。令研究人员感到意外的是两个小组的生产率都提高了，甚至在研究人员事先告诉一个小组的工人们即将改变照明条件但是事实上并没有改变的情况下，工人们的生产率仍在继续提高。经过三年的实验，研究人员发现的结论是：在工作中，影响生产效率的关键变量不是外界条件，而是员工的心理状态。在实验中生产率的提高是因为工人对工作和西方电器公司的态度。由于请求他们的合作，员工感到自己是被公司重视的一个组成部分，自己的帮助和建议对公司有重要的意义。后来，哈佛商学院的梅奥·罗特利斯伯格和怀特等人在 20 世纪 30 年代初期得到的研究结果进一步表明：生产率直接与集体合作及其协调程度有关，而集体协作以及协调程度又决定于主管人员对工作群体的重视程度、非强制性的改善生产率的方法和工人参与变革的程度。泰勒认为企业是一个技术经济系统，而霍桑实验的结果却表明企业是一个社会系统。②

## 四、现代管理阶段

这一阶段人力资源管理理论强调的重点主要是整个组织而不是员工个体，其理论实际上是组织行为科学与上述各个阶段的员工管理实践相互结合的产物。主要有以下两种理论：

### 1．系统理论

系统是指一个有若干个组成部分结合而成的总体。这些组成部分之间存在着既相互依赖、相互联系，又相互制约的关系，并为着一个共同目标而工作。

所以系统管理理论认为：人力资源管理必须从整体系统的角度出发，对各种问题的关键性质作整体考虑后，才能作出决定。

### 2．权变理论

在管理实践中，人们发现，有些概念、方法和管理技巧在某些情况下是有效

① 张一弛编著：《人力资源管理教程》，第 3—4 页，北京大学出版社 1999 年版。

② 张一弛编著：《人力资源管理教程》，第 3—4 页，北京大学出版社 1999 年版。

的、出色的，但在另外情况下却会导致失败。由此而产生了权变概念：情况不同，结果不同。这一理论认为：管理人员的任务即要找到在特定的环境、时间里最有效的方法，即要求人事管理人员运用理论与经验，结合自己分析问题的能力，在不同的环境中作出不同的反应。

## 五、人力资源管理阶段

人事管理是按照传统的企业职能划分方法而划分出的一项具体的管理职能。人事管理职能的具体工作即将每一个员工安排在适当的工作岗位上。传统的人事管理的最大缺点是忽略了人事管理工作和整体目标的联系以及各项功能之间的关系。

传统的人事管理工作性质和任务已不能适应现代企业管理的要求。使用人事管理这个词已不能反映其真正的内涵，必须用人力资源管理来取代传统人事管理。人力资源管理的概念是建立在人事管理的基础上的，然而人力资源管理的范畴比传统的人事管理更深更广。

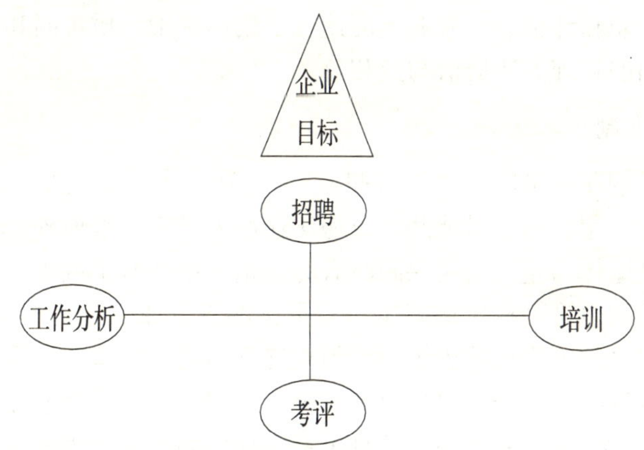


**图 1－2　传统人事管理模式**

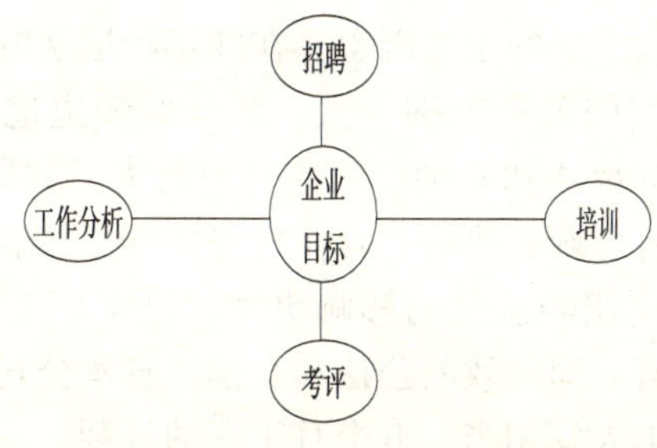


**图 1－3　人力资源管理阶段模式**

# 第三节 世界各国人力资源管理的概况

当今世界正处在日趋激烈的国际竞争和新技术革命挑战的时代，在这场竞争和挑战面前，谁能把握21世纪的教育与人力资源管理，谁就能在21世纪处于主动和领先地位。

本节将分别介绍日本、美国和我国的人力资源管理的现状，进而讨论美国管理界对日本管理方式的分析和评价，最后探讨外国管理方法的可移性。

## 一、日本人力资源管理概况

日本人力资源管理方法有哪些主要特点呢？日本公司与美国公司的管理有什么区别呢？虽然不是所有日本公司或美国公司都有相同的管理特点，但是日本公司的管理方法与美国公司的管理方法有许多不同之处。日本的许多公司实行终身职业制、缓慢升职和评估、非专业生涯途径、集体决策、质量圈和能力主义等管理方法，而美国的管理方法恰恰与此相反。

### 1．终身职业制

在日本，长期职业可转成“终身职业”，尤其在大公司更是如此。公司每年招工一次，经过试用，除了对那些严重违法违纪人员实行解雇外，一般都可转成终身职员，直到退休为止。公司兴旺时有时也招一些临时工或承包合同工，碰到经济困难时，公司也许会按比例减少所有员工的工资或奖金，解雇一些临时工，相应调整长期雇员的工作或减少工时。但对终身雇员不解雇，而是向他们提供福利、培训等，这种政策使个人更加忠实于公司，每一个雇员都能在信任的基础上与公司建立长期的关系，并认识到这种关系对他们的益处。因此，当工作有所变动时，他们乐于接受，不必有任何担心。

### 2．缓慢升职和评估

在日本，年资是增长工资的主要因素。在同年龄层次的人中，尤其是那些刚工作几年的人，他们之间的工资差别不大。职员们知道他们将一辈子工作在一起，公司今后对他们会有承认和奖励。因此，他们为了共同的利益而互相协作。再者，评估个人表现是将忠诚、热情、合作排在实际工作表现和知识的前面。奖励对职工心理上的影响要比经济上的影响更大。日本职工由于有长期录用的思想，所以他们并不期望有立即见效的公认和奖励。日本公司一般每年年底根据公司的经济增长情况，给工人发相当于五个月工资的红利。

### 3. 非专业生涯途径

终身职业可使工人在公司内轮换工作。这种长期继续培训的实践方法使职工能学到企业各方面的经验，与许多人建立同志式的关系。当个人确定了终身位置后，他们成了具有各方面才能的人，这样他们更能全面考虑自己的行为对整个组织的大目标的影响，他们也可以利用已建立的人际关系，与同事们共同合作，为实现公司的总目标服务。

### 4. 集体决策

日语中“nemawashi”一词是“作一切准备”的意思，这是日本企业决策的特点。每个人都有一种参与公司管理的意识，因为没有所有人参与决策并表示同意，实际上任何事情都做不好。日本人认为有了意见分歧，不能靠敌对手段或靠一方压倒另一方的方式去解决，而应从许多渠道取得更多信息，待大家都掌握后再来一起决策。一旦决策后，大家就齐心协力去做。这也许是一个费时费力的过程，但由于最后大家的一致承诺，因此执行起来花的时间就少了。

### 5. 质量圈

日本管理另一个突出的方式是质量圈。二战失败后，日本认识到，要打开国际市场而且要在国际市场上占领主要位置，就必须提高产品质量。质量不仅仅是成品问题，还包括按时出产品、及时交货、发票账单准确无误以及维修服务等一整套措施。降低上述每一项的成本都可以提高生产率。

有了以上这些认识后，日本科学家和工程师协会邀请美国的管理专家爱德华兹·戴明（Edwalds Demong）到日本作关于质量控制的系列学术报告。戴明提出，一切有过程的活动，都是由计划（Plan）、实施（Do）、检查（Check）和行动（Action）四个环节组成，P→D→C→A→P……循环往复，周而复始，在提高产品质量、改善企业经营管理中起积极作用。这被称为“戴明圈”或“戴明环”。戴明强调将质量控制放在中层管理的重要性。日本将戴明的这种思想与日本的实际相结合，把质量控制的责任交给车间，就这样形成了质量圈。

每个质量圈约由八名一般工人和一名年长资深的工人组成，是比较自治的单位。在日本参加这类质量圈是自愿的，工人中每八人有一人参加质量圈。质量圈的成员都接受怎样解决问题的训练，其中包括一些基础数学方法的训练。质量圈不是为解决某一问题而建立的，他们定期聚集在一起，为减少次品与废品，减少返工和停工的时间，同时也为改善工作条件、提高自我发展等问题提出解决的方法。这些成员是组织最好利用的有创造性的资源，即使他们解决问题的办法不如技术人员，但工人们由于自己参与管理，他们的积极性被大大调动起来，他们就能努力将问题解决好。

这种质量圈的管理方法，充分发挥了每一个人的积极性与创造力，这正是重视人力资源管理的具体表现。

6. **能力主义管理**

日本的能力主义管理是20世纪70年代发展起来的。这种能力主义管理，是将日本的人力资源管理方法与美国的人力资源管理方法结合而成的。能力主义管理的意图是要维持和强化资本家和经营者主导式，即资本家主导式的工厂秩序，并追求“少而精主义”，其要求见表1－1。

**表1－1　能力主义管理体系表**

- 能力主义管理
  - 个别管理
    - 组织管理
      - 组织管理
        - 动态组织
        - 队伍与阵容
        - 汇报制度与责任体制
      - 人才管理
        - 长期人才规划
        - 合理的人才预测
        - 合算的人员的实现与维持
    - 培养配备管理
      - 录用管理
        - 长期人员需求的推移
        - 计划录用与补充录用
        - 录用
        - 选拔
      - 配备管理
        - 才尽其用
        - 职务类别的培养配备
        - 教育机会与配备
      - 能力培养管理
        - 被期待的社员姿态
        - 自我启发
        - 在职培训
        - 定型教育
        - 成果确认
      - 晋升管理
        - 晋升系列的类型
        - 资格制度的管理
        - 干部职务晋升与专门职务晋升
        - 试用制度
      - 能力评价管理
        - 评价目的、对象、形态、方法
        - 评价资料的收集与使用
    - 工资管理
      - 固定工资
      - 奖励工资
      - 水平与分配支付形态
    - 激励管理
    - 职务分析
  - 小集团管理
    - 质量管理，无次品管理，目标管理等

(1) 由重视每个工人职务执行能力的“个别管理”和以工厂小集团“尊重自主性”为方针的“小集团管理”组成。

(2) 需要有在一般人事管理上不可缺少的并与安全卫生和企业内部福利设施有关的管理。

(3) “尽可能地和工会相互交涉有关的设想和内容，最好得到他们的理解”；当然，“这样的措施也是基于对双方共同利益的考虑，对于工会来说是能够接受的”。

所谓“个别管理”就是：①通过扩大和促进部、科的整顿和综合、业务的简化，省力的机械化、多能化、外部委托、交替制和时差出勤等来进行人员的削减（即少数化）；②引进职务、职能工资及职能型资格制度，职务分类制度，决定晋升、提薪和工资分配等，并以“职务完成能力本位”的待遇为理由，使晋升、提薪的差别“正当化”，同时促进工人之间的晋升和提薪的竞争；③企图在“人与人之间互相尊重”和“尊重自主性”的名义下，把工人驱使到“自发性”的劳动化和“劳资一体化”的轨道上来。它的中心支柱是“少数化”和职能型资格制度的引进。

所谓“小集团管理”就是：①日本是世界上罕见的同质社会、单一民族，个人对集团的忠诚和归属心在世界上也是少有的。把这种看法同美国的行为科学相结合，把无次品管理群体和质量圈管理群体等日本独有的小集团组织到工作场所；②促进小集团内的工人之间的竞争和企业主义的连带关系，以及小集团相互之间的竞争，目的是“提高效率”和“使劳资一体化”，其具体化是“自主管理运动”。

## 二、美国人力资源管理概况

西方学者把管理的职能划分为计划、组织、指导、协调和控制。管理的职能复杂多样，各单位各部门所从事的活动也就更加复杂多样，极不平衡。效率和效益以及人事政策和人事管理就有了不可分割的关系。所谓效率，归根结底，是人的效率。所谓最充分地利用资源，最主要的是人力资源，因为物力、财力和信息这类资源都是通过人的效率来发挥其作用的。因此，管理的重点在于如何提高效率，即工作的有效性，重视目标任务的完成。只有在有效贯彻既定的方针政策的基础上才能谈得上提高效率，最好地利用资源。无论何时何地，当人们在为达到组织目标而一起工作时，人总是超越时空条件的重要因素。美国许多专家学者，如道格拉斯·麦克雷戈、克里斯·阿吉里斯和伦西斯·李克特等，一直力图将管理的注意力引向人的因素。但美国的许多大公司仍然偏重于其他的生产经营要素。与此相反，日本的企业在实行以职工为中心的管理方面却有较丰富的经验。

### 1．西方管理理论

西方管理理论大致经历了六个发展阶段，即“早期管理理论”、“科学管理理论”、“现代管理理论”、“格式塔管理理论”、“最新管理理论”和“当代管理理论”。其发展过程如下面的二维方格图。

方格图的横向表示了管理的思想从“封闭”发展到“开放”的过程，在这个过程中，最初的管理完全着眼于组织的内部，对于组织以外的环境、条件、市场、竞争几乎无所谓。直到20世纪60年代，才明确地认识到外部力量对内部管理的重大影响，内部和外部的矛盾运动构成了管理的系统。

方格图的纵向表示了管理过程中对人的基本认识由“经济人”发展到“社会人”的过程。在这个过程中，最初把人看成是僵死的机器或机器的附属物，因而管理方式上表现为强制。以后对人的看法发生了转变，认为人是社会的人，应该在管理中恢复人的尊严和人格，实行民主管理。

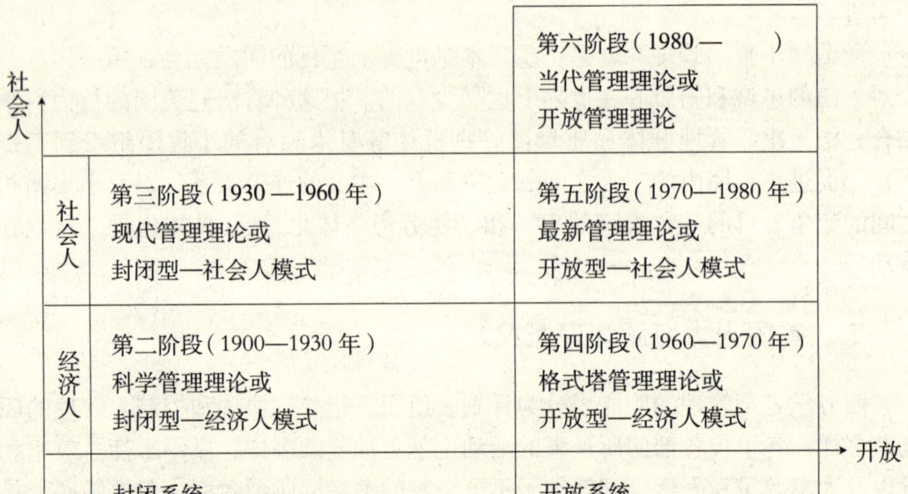

社会人（纵轴）

| | | |
|---|---|---|
| | | 第六阶段（1980— ）<br>当代管理理论或<br>开放管理理论 |
| 社会人 | 第三阶段（1930—1960年）<br>现代管理理论或<br>封闭型—社会人模式 | 第五阶段（1970—1980年）<br>最新管理理论或<br>开放型—社会人模式 |
| 经济人 | 第二阶段（1900—1930年）<br>科学管理理论或<br>封闭型—经济人模式 | 第四阶段（1960—1970年）<br>格式塔管理理论或<br>开放型—经济人模式 |
| | 封闭系统 | 开放系统 |
| | 第一阶段（17世纪中下叶—19世纪末）<br>“早期理论”或“封闭理论” | |

开放（横轴）

**图1－4　西方管理理论发展二维方格图**

### 2．美国的当代管理理论

美国当代管理理论的核心是研究“人”，注重人力资源开发与管理，以人的思维与行为为中心。其中比较突出的有四个典型理论：①麦金瑟的“七S”管理

分子图。②“企业文化”或“公司文化”理论。③“组织的生命周期”理论。④A 战略：人与效益的关系七步骤。

下面分别介绍一下这些理论的内容与特点。

（1）麦金瑟的“七 S”管理分子图。1981 年，美国斯坦福工商管理学院教授理查德·巴斯卡尔和哈佛大学教授安东尼·阿索思在总结美国和日本的管理经验后，写出了《日本的管理艺术》一书，书中提出了改进企业管理的“七 S”管理分子图（见图 1－5）。

这个分子图的内容是：

①积极、主动、灵活的战略。

②集中而又松散的机构。

③层次分明而又公开的体制。

④技术、技能、技巧。

⑤用社会化企业的哲学来管理主体人员。

⑥不慌不忙、不紧不慢、不声不响的作风。

⑦作为道德和信仰的总体体现的精神和价值观念。

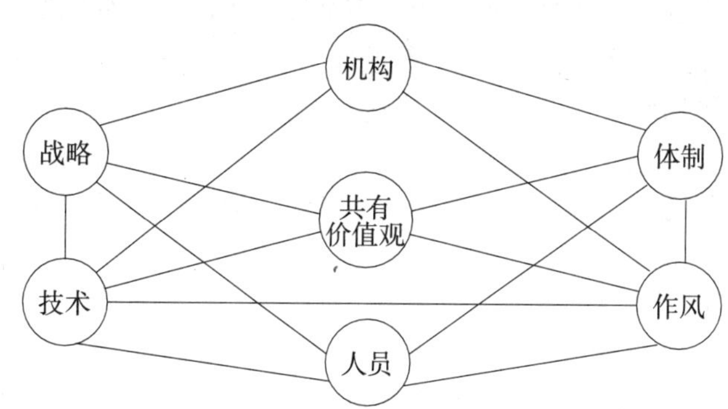


**图 1－5　麦金瑟的“七 S”管理分子图**

这个管理图的作用，首先是改变了管理思想的方向。过去管理的注意力只注意了“硬件”因素，即战略、机构、体制，而忽视了“软件”作用，即技术、作风、人员和共同的价值观。第二是找到了美国落后于日本的原因，即西方的管理侧重于组织机构和正式体制，甚至被规范和分工束缚住了人的积极性；而日本的管理则偏重于社会和精神的力量，让人们自觉地遵从共同的意识形态去达到组织目标。第三，最重要的一点是开拓了管理者的视野，给管理者提供了一个全面观察与思考管理问题的框架。

（2）“公司文化”理论。“公司文化”或“企业文化”概念，首先是在美国管

理学者托马斯·彼得斯和小罗伯特·沃特曼合著的《成功之路》一书中提出的。他们认为，美国最佳公司成功的经验说明：公司的成功并不是仅仅靠严格的规章制度和利润指标，更不是靠电子计算机，信息管理系统或任何一种管理工具、方法、手段，甚至不是靠科学技术，关键是靠“公司文化”或“企业文化”。这里的“文化”是指一个企业或一家公司里独特的价值标准、历史传统、观点、道德、规范、生活信念、习惯作风等，并通过这些“文化”将内部的各种力量统一于共同的指导思想和经营哲学之中，汇集到一个共同的方向。

彼得斯和沃特曼总结了美国最佳公司利用的“公司文化”八条原则：

①乐于采取行动。这一条鼓励人们成为少说多干的实干家，鼓励干起来再说，允许干中犯错误。优秀公司成功的格言是：“干起来，修正，再干。”

②紧靠顾客。以特殊的感情为顾客服务，“服务至上，顾客至上。”只有倾听顾客的意见，才能改进和提高服务质量。

③自主和企业家精神。将公司分成若干小公司，鼓励他们独立自主，互相竞争，不断革新。为推动创新，应鼓励用不同的方法解决同一个问题，支持人们冒险和探索。

④以人促产。核心是通过发挥人的作用来提高生产率。具体就是相信人、尊重人、理解人。在最优秀的公司里，“尊重每一个人”是压倒一切的主题，“每一个人都是提高质量和生产率的源泉”。在这样的公司里，“明显缺乏行政命令和严格的指挥系统”。事实上，人的感情的沟通是最好的指挥系统。在这样的环境中，一个普通的人、平凡的人、最一般的人，甚至是“不好的人”，也可以变成生活中的强者和胜者。

⑤领导身体力行，以价值准则为动力。这一原则的基本内容是建立本组织的价值观念和体系，这个观念和体系主要是通过自己艰苦卓绝的努力而形成的风格、习惯、传统、信念规范、标准和战略目标等，并且以领导者自己的身体力行全力推动价值观念的形成和不断强化价值观念给人们的影响力。

⑥发挥优势。无论个人和组织都具有优势，问题的关键在于如何正确认识自己的优势并进而利用、发挥这种优势。对于企业优势的认识必须建立在已经取得成功的基础上，以优势在竞争中获胜。

⑦精兵简政。要想保持组织对于环境的适应性，就必须保持组织机构的精干和管理人员的精简。机构的庞大和层次的复杂必然导致整个组织行动的缓慢和官僚主义的产生。美国的优秀大公司，营业额都在几十亿美元以上，而公司总部的管理人员都不超过100人。

⑧有紧有松。成功的公司，既有高度的统一，又有充分的自主。高度统一就是企业的文化观念、经营哲学、价值准则，充分自主就是充分发挥每一个人的积极性、创造性，给职工提供施展才干和作出贡献的舞台和天地。

美国优秀公司的特点是极其认真、实实在在地实行这些原则，并将它们发挥得淋漓尽致，达到运用自如的地步。正因为这样，“公司文化”论者认为“公司文化是企业生命的基础，发展的动力，行为的准则，成功的核心”，还认为，20世纪70年代的管理实践和理论的主题是“经营战略”，而80年代以来的主题则是“公司文化”。

(3)“组织的生命周期”理论。这一理论是美国的《管理的挑战》一书中提出的，它的基本观点是：

①组织同人一样，具有生命周期，具有它的童年、青年、壮年和老年。

②组织同人一样，具有个性，具有生命力，这种生命力由生命的各种因素和力量决定。

③组织是一个具有生命的有机体。

④在组织的生命周期中，每一个阶段对生存和发展都有特殊要求，因而，每一个阶段在管理职责、管理风格、管理方法上都应当与每一个不同的阶段相适应。因而，每一个不同的阶段的管理者都具有完全不同的作用和责任。

“组织的生命周期”理论的问世，标志着管理由最初的完全封闭系统走向当代的全面开放系统。

(4) A战略：人与效益的关系七步骤。美国佛罗里达大西洋大学管理学教授弗雷德里克·舒斯特基于对大量企业的调查研究，结合应用行为科学的基本理论和现代社会科学的研究方法，提炼出一套通过改造企业文化从而改善企业人力资源管理的策略，即A战略。A战略强调，关心职工的需要是获得高生产效率的关键。A战略的七个步骤是：

第一步，使用一种有效而标准化的企业气氛调查方法来衡量并确定本企业人员目前的基本状况。

第二步，企业应根据调查的数据，确认并集中致力于利用可改进的关键管理环节。

①改进联系与沟通，特别以企业的总体目标与任务为重点。

②通过让工资和其他报酬同个人的工作实绩直接挂钩，使贡献与报酬关系更加合理化。

③实行一种灵活的报酬制度，可称作“自助餐式”的报酬。这种制度允许每个职工在考虑能力与岗位情况的基础上量力而行地选择岗位与报酬，以便使个人目标与工作实绩相一致。

④重视采纳一种与生产率挂钩的奖励制度，允许职工直接和确实地分享因他们努力提高生产率给企业带来的经济效益的增长。

第三步，改变传统的经理人员考评和报酬制度，把有效的人力资源管理和利润、生产率、成本等项目一样作为考核经理人员工作绩效和确定报酬的依据。

第四步，消除阻碍职工参与管理、相互沟通和作出贡献的人为障碍。

第五步，向职工汇报在改善人才资源管理的设想和行动方面已经做了些什么，请他们协助制定进一步改善人力资源管理的计划。

第六步，再次用同样的标准化的企业气氛调查方法测定企业成员的实际状况，以确定如何进行进一步的改革。

第七步，检测企业气氛调查数据同企业经营硬指标——包括生产率、盈利率、产值增长、成本等项——之间的关系。并根据由此形成的信息来制定、执行生产率战略，并作必要的修正。

根据舒斯特教授的大量调查研究材料预见：以职工为中心的管理将对未来企业经营产生主要的影响。已经开始对人力资源实施有效管理的公司，将稳定向前发展，因为它们将发掘和利用一股强大的潜力来实现企业目标。A战略的技巧就在于在企业内部创造了必要条件，可使个人潜力得到100%或接近于此的发挥，而不是仅仅发挥50%或40%，甚至更少。

舒斯特的这种A战略的目标最好用彼得·德鲁克的话来归纳："在改善对人力资源的管理中存在着提高生产率的主要机会……对人的管理较之对物的管理，更应当得到首要的和极大的关注。"

## 三、中国人力资源管理模式

中国的管理模式从性质来说是"大家庭式"的或称"家长制"的，与西方管理模式的根本不同，从而派生出在人力资源管理的各项职能上的具体差异。

从表面看，中国的"大家庭式"的管理模式，源于中国共产党领导的革命初期的历史条件及由此而形成的传统。在那种战争条件下，物资十分匮乏，即使是农村根据地，流动性也十分大，大家过着清贫的军事共产主义的"供给制"式的生活。好在队伍的主力是贫苦农民，他们备受三座大山的压迫，渴望解放，士气高昂而对生活要求不高。这种实践被证明是有效的，甚至被认为是革命队伍的特征和标志，并被作为传统继承下来。新中国成立以后，全面学习前苏联企业管理时，也引进了不少前苏联制度，而前苏联在20世纪30年代工业化初期，也曾吸收过美、德等西方发达工业国的做法，尤其在工业生产的组织管理及薪酬、人事管理的某些方面，这说明中国也曾间接地引进过西方管理。但到50年代后期，前苏联模式被批为"修正主义"而摈弃，原来的"大家庭"模式被作为革命传统又被恢复甚至强化。直到改革开放，这种模式才被怀疑并作为改革对象。

从深层看，那种"大家庭式"的管理是受了封建宗教制度及农民小生产者意识的潜在影响而产生的，它并不是社会主义制度本质决定的。

### 1．中国人力资源管理模式特征

（1）招聘与辞退制度。从上述“大家庭式”管理模式出发，又依据社会主义应保障每个人的就业和吃饭的假设出发，顺理成章地演化出“三铁”制度：铁饭碗、铁交椅、铁工资。

（2）考评与选拔晋升。其原则为德才兼备，适当兼顾资历。这似乎与各国标准很相近，但实际上具体执行时，则掌握的重点与具体细节的内涵及其理解是大有不同的。

• 德：实际上指政管，指对党的事业及基本原则的忠诚态度，但是“人治”而非“法治”，对党的忠诚就成了对本单位领导个人的忠诚。既然要政治挂帅，而突出政治又不能落实在业务上，那么德的要求就是空的，就要看政治运动中是否“一贯紧跟正确路线”，斗争是否勇敢、坚决。

• 才：在中国，“才”一般指人的专业性的知识与技能。传统的人才使用原则，即“学而优则仕”。这源自于唐朝以来一直实行的开科取士制度。其结果往往是，浪费一位有创造力的科技工作者的潜力而得到一位不太有效的管理者这种双重损失。

• 资：各国都在人才使用时对资历做适当的考虑，因为资历表示了经验和积累，因而有了把工作干得更好的潜力。但在中国，资历在提升及确定待遇水平的决策中的权重特别大，事实上成为对过去功劳与贡献的追加犒赏，使其性质背离了原则。

（3）奖酬。西方发达国家企业员工付酬的分配公平价值观基础是贡献律，即人们的所获应正比于所献。社会主义“按劳付酬”的分配原则，本质上就是贡献律，但此口号产生于一百多年前，那时贡献大小是由劳动量的多少来衡量的。现在劳动的科技含量增多，仍强调“按劳”而误导和强化了人们原来就有的“贡献”靠的是吃大苦，流大汗，付酬应向脏、苦、累、险倾斜。因而出现了脑体倒挂的偏向。所以“按贡献律付酬”更科学。中国人在奖酬分配上的最显著特点是其强烈的平均主义倾向。美国学者多伊奇提出，社会中存在着三种基本公平分配价值观：贡献律、需要律、平均律。

此外，当前中国还处于改革的过渡阶段，人力资源市场制度还不完善，人才流动阻力还不小，双向选择机制还未完全建立，所以在用亚当斯理论分析分配公平制时，不但必须要注意“终点”的公平，而且更要注意“起点”的公平。即指当人们还不能完全自由选择职业时，机会均等甚至比结果的均等更重要。

（4）培训管理。新中国成立以前，中国已有一些高等院校设有经济管理类的系或专业，但规模很小，基本照搬美、欧模式，新中国成立以后，进行了一次院系调整的教育战略改革，原有的管理院系一律解散取消，同时引进了前苏联模

式，所以中国高等教育中就缺了以培养市场经济中充当独立的工商企业的法人代表和高层管理者的内容，使这种人才的供应断档三十多年。

当时的观念主要有：

前苏联20世纪30年代起建立的高度中央集权的计划经济是唯一社会主义性质的、最先进的也是中国唯一应学习和效仿的经济管理模式。

西方资本主义生产关系及上层建筑有关的内容，全是为资产阶级剥削工人服务的，对中国毫无参考价值。

实践出真知。有关管理的知识并非一个独立的、特殊的知识体系，不必去专门学习，管理干部只要掌握了基本的马列主义原理和方法论以及党的政策，便足以胜任工商企业的管理者重任了。

改革开放后，企业员工与干部培训与开发工作才被提到议程上来。

**2．中国人力资源管理特征的文化渊源**

(1) 中国社会传统的价值观。主要是儒、道、佛三家，而以儒家伦理的影响为主。三者融合而成的中国传统文化，便兼具阳刚与阴柔，刚柔相济，能攻能守，左右逢源，其根基深厚，历久不消。

(2) 小生产者意识。小生产者主要指农民，中国迄今仍有近10亿农民。中国历来以农立国，农民为人口的主要成分，由于农民长期与自然经济相联系，他们思想上存在着保守自私、气量狭小、缺乏远见等消极的一面，这种影响在当今中国文化中的作用不可忽视。

(3) 正统的马列主义意识。它包括马克思主义哲学、马列政治经济学和科学共产主义原理三大部分。这对中国人产生了潜移默化的影响。

(4) 长期的计划经济实践。计划经济曾与公有制企业为主体及按劳分配并称为社会主义经济的三大特点。在新中国成立之初，中国全面学习前苏联斯大林在工业化初期建立的高度中央集权的计划经济模式。直到“文革”结束，实行改革开放，中国领导人才逐渐认识到计划经济的弊病，经过了二十多年的认识转变过程，才公开承认中国是社会主义市场经济。计划经济对人们的影响甚深，这反映到了管理模式中。

(5) 极“左”思潮。从20世纪50年代起在中国领导层中逐步膨胀的极“左”思潮，到“文革”十年恶性发展到顶峰，在中国肆虐二十余年，烙印极深，无论干部或员工，概莫能外。如“造反有理”，“不破不立”，把一切管理措施斥为“管、卡、压”，要由群众“自己解放自己”等无政府思想；经济建设上“只算政治账，不算经济账”，不考虑成本，只管数量，不管质量与效益，报假升官，求实者挨批；倡导禁欲与唯意志论，脱离现实思想与物质条件，要求所有群众放弃个人利益，把一切物质激励手段斥为毒药，平均主义盛行等等。把中国经济带到了崩溃的边缘。

(6) 现代主义管理思潮。主要指近年来传入我国的西方发达国家的管理理念、实践与方法。这是一把双刃剑，一方面，如市场、竞争、成本、质量、法治、环保等意识，自我独立意识，以及许多可操作的现代企业管理技术等，都是很有用、值得借鉴的。但另一方面，强调过分的以自我为中心，为实现个人利益不择手段，拜金主义等，则是消极的，应予抵制和批判的。

## 第四节　酒店人力管理学的理论基础

### 一、心理学

酒店人力资源管理学属于心理学中的应用部分，是应用心理学的一个重要方面。在酒店人力资源管理方面运用最广的是普通心理学、管理心理学和社会心理学。

#### 1. 普通心理学

普通心理学是研究人的心理活动一般规律的科学。目前，对心理学的研究已深入到人类社会生活的各个领域，在普通心理学的基础上出现了众多的心理学分支。如教育、劳动、儿童、犯罪、社会、管理及人事心理学。这些分支，包括人事心理学都是运用普通心理学揭示人的心理活动的一般规律，并使之具体化。

#### 2. 管理心理学

管理心理学是研究企业组织管理过程中人的心理现象及其发展规律的科学。

它涉及的范围包括个体心理，群体心理和组织心理。个体心理主要研究人的个性、态度、社会知觉、价值观念和动机等问题。群体心理研究群体规模、结构、规范、沟通、团结等特点对人的心理影响等问题。组织心理包括领导作风、组织结构、权力、威信以及组织变革等因素在人们心理上产生的影响等问题。其中包括着人力资源管理等问题，通过分析酒店中人力资源管理工作的实际过程，运用心理学的有关成果，研究如何科学地选拔、训练、评价员工，为员工创造良好的心理、人际氛围。

#### 3. 社会心理学

它的研究内容有：

(1) 社会大环境即大群体中的社会心理现象，如群众性沟通思想、大众传播媒介等手法产生的效果。

(2) 社会小环境中的人际关系。

(3) 个人的社会心理表现，如个人怎样接受群体的暗示、感染等。

人事管理的研究要以社会心理学的原理为依据，因为人事管理所要探讨的企

事业单位组织中人与人关系方面的心理活动规律正是社会心理学的基本内容。

## 二、行为科学

行为科学是以社会心理学为基础，从人的行为、动机、需要、目的、反应来研究人与人以及人与环境的关系。行为科学是由心理学、社会学、社会心理学、人类学及一切与研究行为有关的学科组成的学科群，它通过对人的行为规律的研究，以其控制并预测行为，为实现政治的、经济的和文化的目的服务。行为科学的基本内容是：

个体行为（知觉、个性、态度、价值观等）；

需要与动机层次；

群体行为；

组织行为。

它的应用十分广泛，如管理、医学、法律、教育、外交、公共行为等领域，其中人事管理是一个重点。行为管理学派是现代管理中的一个流派，是行为科学的理论知识在管理中的应用。其学科叫组织行为学。

## 三、管理社会学

它是运用社会学理论和方法研究管理实践活动的一门应用科学，它注重结合行为科学，并汲取系统论、信息论、控制论等与现代管理有关的科学知识进行研究。

它把人们的管理活动看作是一种社会行为，一种社会互动过程，同时又把管理作为一种社会现象来研究。其主要内容是：

企业中人际关系与社会的互动过程；

管理组织机构、作用效益、活动机制及变化发展趋势；

各类制度、规范的功能及在管理实践中效益的发挥；

对影响有效管理的各种人的因素及社会因素的调研（如人际关系，企业社会风气问题，职业道德问题等）。

它还研究调动员工生产积极性和提高员工社会责任感，以及完善有效的管理组织与科学规章制度、规范、守则等。

这门学科是随着近代大机器工业的产生和发展而逐渐形成和发展的。这些学派按阶段分为：

（1）古典管理学派（形成于19世纪末—20世纪初）。这一学派的代表人物有美国的泰勒、法国的法约尔、德国的韦伯等。这一学派系统地探讨了经济管理问题，主要理论有泰勒的科学管理和韦伯的组织理论。古典管理学派研究的重点是对生产技术过程的分析和组织控制，不太注重人的心理因素，所以它只是管理社

会学的雏形。

(2) 行为管理学派（形成于20世纪20年代）。这一学派注重人群关系的研究和对组织成员的社会、心理因素的分析，注意研究激发人的创造性和积极性的科学方法。它是以心理学、社会学、人类学等为基础的一门新兴学科。

## 本章小结

1．酒店人力资源管理是指以从事酒店劳动的人和有关的事的相互关系为对象，通过组织、协调、控制、监督等手段，谋求人与事以及共事人之间的相互适应，实现人适其事，事得其人，人尽其才，才尽其用，事成其功，最大限度地提高工作效率的管理活动。

2．酒店的资源包括：人力资源；财力资源；物力资源；信息资源；信誉资源等。其中，人力资源是酒店服务活动中最活跃的因素，也是一切资源中最重要的资源，它被经济学家称为第一资源。

3．酒店人力资源管理的特征是：能动性（体现在三个方面：自我强化；选择职业；积极劳动）、两重性、时效性、再生性和社会性。

4．酒店人力资源管理的基本功能：(1) 选才；(2) 育才；(3) 用才。

5．酒店人力资源管理是为实现组织的战略目标，组织利用现代科学技术和管理理论，通过不断地获得人力资源，对所获得的人力资源的整合、调控及开发，并给予他们报偿而有效地开发和利用；是实现组织目标的一种手段；是以人的价值观为中心，为处理人与工作、人与人、人与组织的互动关系而采取一系列的开发与管理活动；人力资源开发与管理的结果，是酒店生产率的提高和组织竞争力的增强，员工工作生活质量的提高与工作满意感的增加；在酒店中，人力资源开发与管理就是要做到：人与事相匹配；人的需求与工作报酬相匹配；人与人的协调合作；工作与工作的协调合作。

6．人力资源管理的历史发展阶段：手工艺制度阶段；科学管理阶段；行为科学阶段；现代管理阶段；人力资源管理阶段。

7．日本人力资源管理方法的主要特点：实行终身职业制、缓慢升职和评估、非专业生涯途径、集体决策、质量圈和能力主义等管理方法。

8．日本的能力主义管理是20世纪70年代发展起来的。这种能力主义管理，是将日本的人力资源管理方法与美国的人力资源管理方法结合而成的。能力主义管理的意图是要维持和强化资本家和经营者主导式，即资本家主导式的工厂秩序，并追求“少而精主义”，其要求：(1) 由重视每个工人职务执行能力的“个别管理”和以工厂小集团“尊重自主性”为方针的“小集团管理”组成；(2) 需要有在一般人事管理上不可缺少的并与安全卫生和企业内部福利设施有关的管

理；(3)“尽可能地和工会相互交涉有关的设想和内容，最好得到他们的理解”。

9. 西方管理理论大致经历了六个发展阶段，即“早期管理理论”、“科学管理理论”、“现代管理理论”、“格式塔管理理论”、“最新管理理论”和“当代管理理论”。

10. 美国当代管理理论的核心是研究“人”，注重人力资源开发与管理，以人的思维与行为为中心。其中比较突出的有四个典型理论：①麦金瑟的“七S”管理分子图；②“企业文化”或“公司文化”理论；③“组织的生命周期”理论；④A战略等。

11. 麦金瑟的“七S”管理分子图。由美国斯坦福工商管理学院教授理查德·巴斯卡尔和哈佛大学教授安东尼·阿索思在总结美国和日本的管理经验后，于1981年写的《日本的管理艺术》一书中提出了改进企业管理的“七S”管理分子图。其内容是：①积极、主动、灵活的战略。②集中而又松散的机构。③层次分明而又公开的体制。④技术、技能、技巧。⑤用社会化企业的哲学来管理主体人员。⑥不慌不忙、不紧不慢、不声不响的作风。⑦作为道德和信仰的总体体现的精神和价值观念。作用：首先是改变了管理思想的方向；其次是找到了美国落后于日本的原因；最后，也是最重要的一点是开拓了管理者的视野，给管理者提供了一个全面观察与思考管理问题的框架。

12.“公司文化”理论。“公司文化”或“企业文化”概念，首先是在美国管理学者托马斯·彼得斯和小罗伯特·沃特曼合著的《成功之路》一书中提出的。他们认为，美国最佳公司成功的经验说明：公司的成功并不是仅仅靠严格的规章制度和利润指标，更不是靠电子计算机，信息管理系统或任何一种管理工具、方法、手段，甚至不是靠科学技术，关键是靠“公司文化”或“企业文化”。“文化”是指一个企业或一家公司里独特的价值标准、历史传统、观点、道德、规范、生活信念、习惯作风等，并通过这些“文化”将内部的各种力量统一于共同的指导思想和经营哲学之中，汇集到一个共同的方向上。美国最佳公司利用的“公司文化”八条原则：①乐于采取行动；②紧靠顾客；③自主和企业家精神；④以人促产；⑤领导身体力行，以价值准则为动力；⑥发挥优势；⑦精兵简政；⑧有紧有松。“公司文化”论者认为“公司文化是企业生命的基础，发展的动力，行为的准则，成功的核心”。并提出，20世纪70年代的管理实践和理论的主题是“经营战略”，而80年代以来的主题则是“公司文化”。

13. 中国的管理模式从性质来说是“大家庭式”的或称“家长制”的，与西方管理模式的根本不同，从而派生出在人力资源管理的各项职能上的具体差异。从表面看，中国的“大家庭式”的管理模式，源于中国共产党领导的革命初期的历史条件及由此而形成的传统。从深层看，那种“大家庭式”的管理是受了封建宗教制度及农民小生产者意识的潜在影响而产生的，它并不是社会主义制度本质

决定的。

14. 中国人力资源管理模式特征：（1）招聘与辞退制度。从上述“大家庭式”管理模式出发，又依据社会主义应保障每个人的就业和吃饭的假设出发，顺理成章地演化出“三铁”制度：铁饭碗、铁交椅、铁工资。（2）考评与选拔晋升。其原则为德才兼备，适当兼顾资历。但实际上具体执行时，则掌握的重点与具体细节的内涵及其理解是大有不同的，包括德、才、资。（3）奖酬。强调“按劳付酬”的分配原则，本质上就是贡献律，但最显著特点是其强烈的平均主义倾向。（4）培训管理。新中国成立以前，规模很小，基本照搬美、欧模式；新中国成立以后，高等教育中就缺了以培养市场经济中充当独立的工商企业的法人代表和高层管理者的内容，使这种人才的供应断档三十多年。

15. 中国人力资源管理特征的文化渊源：（1）中国社会传统的价值观。主要是儒、道、佛三家，而以儒家伦理的影响为主；（2）小生产者意识。存在着保守自私、气量狭小、缺乏远见等消极的一面，其影响作用不可忽视；（3）正统的马列主义意识。它包括马克思主义哲学、马列政治经济学和科学共产主义原理三大部分。这对中国人产生了潜移默化的影响；（4）长期的计划经济实践。计划经济曾与公有制企业为主体及按劳分配并称为社会主义经济的三大特点，对人们的影响甚深，这反映到了管理模式中；（5）极“左”思潮。从20世纪50年代起在中国领导层中逐步膨胀的极“左”思潮，到“文革”十年恶性发展到顶峰，在中国肆虐二十余年，烙印极深，无论干部或员工，概莫能外；（6）现代主义管理思潮。主要指近年来传入我国的西方发达国家的管理理念、实践与方法。这是一把双刃剑，一方面，如市场、竞争、成本、质量、法治、环保等意识，自我独立意识，以及许多可操作的现代企业管理技术等，都是很有用、值得借鉴的。但另一方面，强调过分的以自我为中心，为实现个人利益不择手段，拜金主义等，则是消极的，应予抵制和批判的。

16. 酒店人力管理学的理论基础，包括：（1）心理学。酒店人力资源管理学属于心理学中的应用部分，是应用心理学的一个重要方面，运用最广的是普通心理学、管理心理学和社会心理学；（2）行为科学。行为科学是以社会心理学为基础，从人的行为、动机、需要、目的、反应来研究人与人以及人与环境的关系。行为科学是由心理学、社会学、社会心理学、人类学及一切与研究行为有关的学科组成的学科群，它通过对人的行为规律的研究，以其控制并预测行为，为实现政治的、经济的和文化的目的服务；（3）管理社会学。它是运用社会学理论和方法研究管理实践活动的一门应用科学，它注重结合行为科学，并汲取系统论、信息论、控制论等与现代管理有关的科学知识进行研究。它把人们的管理活动看作是一种社会行为，一种社会互动过程，同时又把管理作为一种社会现象来研究。

## 案例分析

**【案例1】**

### 人们为什么工作①

赫莱·勃利特是一家零售连锁商店的部门经理。他在这家商店已经工作了23年。在过去5年中他有三次提升的机会都没能实现。无疑在他剩下的生涯中将依然是部门经理。

赫莱对此并不介意。他相信他现在做的是自己能够做的最好的工作，即使不能再提升，对他也是再合适不过的。但是朋友们感到，赫莱没能得到提升是由于他不懂人际关系，不知道如何管好他的职工。

一个最大的抱怨是赫莱不懂人们为什么工作。他认为薪金、工作条件和工作保障是人们工作的三个最重要目的。有一天他跟另一位部门经理一起喝咖啡时，谈到人们工作只是为了谋生，然后回家去过日子。但那位经理完全不同意他的看法，他对赫莱说："人们通过工作不仅仅是满足生理和安全需要，他们在工作中需要互相交往，需要受到别人的重视，需要感到他是在为整个组织作出贡献。"

赫莱不同意这一观点，认为他的朋友管理课上得太多了。"你读了工商管理研究生课程，有些想法变得实在太狂了。我可以告诉你：我在这个部门已经当了10年经理，我从来不允许人们在工作时间聊天。如果他们没有顾客接待，我就让他们站在柜台周围，密切注意过往顾客的需要。否则，要是聊天，就会失掉一半的生意。至于你说到要让他们懂得工作的重要性，懂得是在为整个企业作出贡献，这完全是废话。人们工作只是为了谋生，这就是一切"。

喝完咖啡之后，两人站起来要分手了。"赫莱"，他的朋友说，"这两年来你的工作老没有起色，恐怕是因为你对职工关心太少，没有考虑到人际关系吧?"

"哦，我也听到过这类闲话。"赫莱说，"不过，我可不理这一套。谁违反店规我就让他离开，其他有些经理就是这样做的。"

**问题：**

1．赫莱认为人们在工作中得到满足的是哪几种需要？

2．另一位经理说，人们希望通过工作得到的不仅仅是生理和安全需要的满足，请问这句话是什么意思？

3．赫莱的看法为什么有助于说明部门绩效不好的原因？理解马斯洛的需要

---

① 〔美〕R.M. 霍德盖茨著：《工作中的现代人际关系学》，第63—64页，中国人民大学出版社1989年版。

层次对赫莱是否重要？

【案例 2】

## 雇员们的回答①

一家大保险公司最近决定对激励员工的方法进行检查。负责进行这项工作的小组首先对各个职能部门和不同层次的职工进行了访问。在访问的基础上，拟订了调查表，让企业中每一个人填写。调查表有四个部分。其中一部分是要求被调查人对 10 种起激励作用的因素按重要性评定等级：在他认为最重要的因素旁填“1”；在他认为最不重要的因素旁填“10”。

经过对填好的调查表的整理，发现存在着两种不同的回答模式。来自工人和工长一级的回答模式、中层和上层管理者的回答模式大体如下：

**表 1－2　　工人和工长一级的回答模式**

| 等　　级 | 起激励作用的因素 |
| --- | --- |
| 1 | 得到的工资数 |
| 2 | 工作是否有保障 |
| 3 | 与同事之间的友谊 |
| 4 | 工作的物质环境 |
| 5 | 得到的福利多少 |
| 6 | 能否得到工作所需要的资源 |
| 7 | 是否得到同事的尊重 |
| 8 | 是否有提升的机会 |
| 9 | 与同事之间的关系如何 |
| 10 | 是否有机会做你自己认为适合的工作 |

**表 1－3　　中层和上层管理者的回答模式**

| 等　　级 | 起激励作用的因素 |
| --- | --- |
| 1 | 是否有机会做你自己认为适合的工作 |
| 2 | 是否有机会发展你的技术和能力 |
| 3 | 在工作上是否有自主权 |
| 4 | 是否有机会做你能做得最好的事 |
| 5 | 是否得到同事的尊重 |
| 6 | 是否有机会参与决策 |

① 〔美〕R.M. 霍德盖茨著：《工作中的现代人际关系学》，第 63—64 页，中国人民大学出版社 1989 年版。

续表

| 等　级 | 起激励作用的因素 |
|---|---|
| 7 | 工作是否有保障 |
| 8 | 得到的工资数 |
| 9 | 得到的福利多少 |
| 10 | 工作的物质环境 |

**问题：**

1．如何以双因素激励理论来解释第一组回答？

2．如何以双因素激励理论来解释第二组回答？

3．比较这两组回答，你认为这个调查是支持还是反对赫兹伯格的双因素理论？

## 练习题

1．什么是酒店人力资源管理？酒店的资源包括哪些方面？

2．简述酒店人力资源管理的基本特征和功能。

3．试分析人力资源管理的历史发展阶段。

4．试述日本人力资源管理方法的主要特点。

5．美国当代管理理论有哪几种典型理论类型？它们各自的内容是什么？

6．简述中国的管理模式产生的根源。

7．试分析中国人力资源管理模式的特征及其文化渊源。

8．简述酒店人力管理学的理论基础。

# 工作分析

**本章提示与学习目的：**

工作分析是在科学人事管理的基础上形成的。被西方称为“科学管理之父”的泰勒，为了提高工作效率，在 1895 年开始进行“时间与动作的研究”。泰勒的朋友基尔勃莱夫妇也进行了操作动作的研究。在这个基础上，“工作分析”产生并发展起来了。现代人力资源管理是建立在工作分析基础之上，并把工作分析作为人事管理科学化的前提，说明工作分析在人力资源管理中的重要性。通过本章的学习，首先要了解什么是工作分析、工作分析的基本内涵与构成要素，了解工作分析在酒店人力资源管理中的作用；掌握工作分析的具体方法，如：职位分析问卷法、岗位描述问卷法和功能性工作分析方法等；然后学会如何编写工作说明书，包括工作描述和工作规范的方法以及编写工作说明书的格式和技巧；并在掌握工作分析的基础上进一步了解、掌握工作评估的内容，以及进行工作评估的原则和方法等，是我们学习这一章的目的。

## 第一节　工作分析的概念

“时间与动作研究”早已被广泛应用到了酒店管理中。从餐厅服务程序到厨房工作环节及工作台的设计，从客房清扫程序到前台业务环节的设计都离不开这一科学管理的基本原理。例如，在餐厅服务中托盘的使用、步伐要求、看台分工等都能减轻服务员的劳动。厨房内部设置的设计和厨具的使用以及冲洗、切配、灶台、成品台的位置都应体现出减少无效劳动的原则。总台的设计中要求行李台靠近大门，以客房状况控制盘为中心设计前台工作等也都体现了科学管理的原理。“时间与动作研究”运用最广、产生实效最明显的是在客房清洁工作程序研究中的运用。客房清洁工作的固定空间、固定工作、固定程序，使得该项工作具有较大的独立性。不仅酒店希望从工作方法的研究中确定最佳工作定额，而且客房服务员也想从研究中获得提高工作效率的启迪，因此国内外酒店都曾进行过工作方法的研究和跟踪调查。

对客房清扫工作进行系统的“时间与动作研究”是 1948 年由美国芝加哥的一家大酒店和珀杜（Purdue）大学共同进行的。研究专家们在实验室中使用计时表和照相机对客房服务员清理客房的过程进行了仔细观察和记录。他们不仅记录了各个动作的时间，而且每个动作都录了像。例如，服务员从敲门到打开房门用了 5 秒，从房门走到窗户、从窗户到床、从床到擦抹家具，以至清扫卫生间都进行了研究。最后将记录结果整理好，发现理床用了 302 秒，清理地毯用了 234 秒，擦抹家具用了 248 秒，清理卫生间用了 171 秒……累计清洁一间客房共计 1 835 秒，共走了 439 步。然后，这些专家仔细分析和研究服务员的动作和工作程序，简化了工作程序，减少了不必要的动作，总结出了新的工作程序。按照这种工作方法，客房服务员清理客房的过程由原来的 1 835 秒减少到 1 218 秒，在不使用新工具设备的前提下，工作时间节省了 1/3，同时服务员所迈的步数也由原来的 439 步减少到 148 步①。

酒店为了使工作简化、效率提高，很有必要对酒店工作中各重要的环节进行“时间和动作的研究”。

## 一、什么是工作分析

员工工作的失败原因很多，但是人与事没有达到合理的组合是一个重要的方面。酒吧服务员缺乏必要的训练、餐厅服务员缺乏服务技能、客房服务员缺乏必要的服务常识等都会导致经营中问题的出现，同时，员工在工作中不知什么是酒店的期望以及怎样干好工作都会直接影响到工作的效果。为了实现以“事”为中心，因事设人，达到人与事的最佳组合，就必须分析和掌握人与事两方面的情况。

工作分析并不是工作功能的举例，它是指根据工作的事实，分析工作内容、程序和责任及完成该项工作所需要具备的学识、技能、经验等方面的过程。简言之，工作分析就是确定该项工作的成分和完成该项工作的条件。

## 二、工作分析的要素

### 1. 工作活动

承担酒店工作的人必须完成的与工作有关的活动有哪些，承担工作的人应如何来执行工作中所包括的每一项活动，为什么要执行这些活动以及如何执行这些活动。

### 2. 工作中人的行为

工作对承担者有什么样的要求，如需要人消耗多少能量、要行走多远的路途等。

### 3. 工作使用的机器、工具、设备以及其他辅助工作用具

在工作中提供什么样的产品，加工什么样的材料，接触或需要运用何种知

① 蔡捷、陈海旺编著：《酒店人力资源管理》，第 5—6 页，中国经济出版社 1994 年版。

识，以及需要提供何种服务等。

4．工作的绩效标准

有关工作绩效标准方面的信息如工作的质量、数量或者工作的每一方面所耗费的时间等等。

这类信息可以帮助我们弄清楚应当用一种什么样的标准来对从事这一工作的人进行评价。

5．工作背景

工作背景是指工作的物理环境、工作时间表，也包括工作的组织形式和社会环境——如通常同什么人打交道等，此外，还包括在工作中将获得何种物质奖励，精神奖励。

6．工作对人的要求

工作对人的要求是什么，即工作本身对承担工作的人的知识或技能（教育水平、培训经历、工作经验等）和个人特性（才能、生理特征、人格品行、兴趣等）有何种要求。

## 三、工作分析的作用

工作分析是人力资源管理科学化的起点，也是酒店员工选拔招聘、录用考核和培训工作的基础。是衡量、评定工作性质、任务、特点和要求的方法。能为“因事择人”提供依据，即在对员工提出要求之前，首先要弄清这项工作的内容及完成这项工作应具备的条件。工作分析对酒店有效进行人力资源的开发与利用有着重要的意义，它是人力资源管理的基础。

1．为编制人员提供了科学依据

在工作分析的基础上进行人员组合，能够以工作内容、技术要求、责任与经验等标准，合理分配人力，协调班组及部门间的关系，达到人员的最优化组合。

2．为录用员工提供客观标准

根据工作的难易程度、职责要求、知识与技能等对从事该项工作的员工提出要求，从而在录用员工时有一个客观的标准。职工也可以按不同职位要求找到自己合适的位置，扬长避短以发挥最大才能。

3．为确定员工的薪酬待遇提供客观依据

通过工作分析，弄清该项工作要求的技术熟练程度、复杂程度、教育程度以及责任等，以便于按劳分配、同工同酬，建立合理的分配制度。

**4. 为考核工作确定了具体标准**

工作分析明确了各项工作的权、责、利，工作规范和职责要求是考核的依据，它使考核工作更加合理、准确、具体和客观，利于减少员工的抱怨和不满情绪，调动员工的积极性。

**5. 简化工作与提高效率**

工作分析使各项工作程序化、系统化，从而利于消除不必要的工作环节，改进工作方法，提高工作效率。

**6. 有利于培训工作的进行**

工作分析中对员工各方面条件提出的要求是员工的努力方向，同时也是培训工作的主要内容与任务。培训计划的制订和工作的进行都离不开工作分析的结果。

**7. 利于员工明确努力方向**

只有在员工清楚地认识到工作的具体程序和要求是什么，酒店对其的期望是什么，他们才能做出最佳工作表现，而工作分析完全能实现这一目标。此外，工作分析还能够减少和避免工作中事故的发生。

**8. 改善企业内部人际关系**

根据工作分析结果，员工的工作目的明确，职责分明，考绩和晋升制度有了科学依据，奖惩升降有了客观标准，从而减少了企业人事制度与各种矛盾的纠纷，促进了企业内部领导与员工之间及员工与员工之间和谐的人际关系。

总之，只有进行科学的工作分析，合理进行人事配合，以“事”为中心，因事设人，才能做到“人尽其才”。否则，职责、权限、分配等方面都可能是出现问题的隐患。在国外餐旅业，有关专家曾对酒店总台员工、餐厅员工、客房员工等九十多种员工的工作进行了分析和说明，并明确规定了需要的心智条件、教育程度和体质、品质条件等，以便于人事管理工作的有效进行。

工作分析的重要作用见图 2 - 1 所示：

**图2－1　工作分析——人力资源管理的基础**

# 第二节　工作分析的方法

确定了要分析的工作，并收集完背景材料之后，就要收集与工作活动和职责有关的资料。在通常情况下，收集工作分析资料的人员包括人事专家、工作者和工作者的上司，其中人事专家可以包括人事经理、工作分析员和公司顾问。人事专家的工作是观察并分析各项工作，然后再认可工作分析人员得到的资料。在开展工作分析时，收集工作分析信息的方法很多。但是人力资源管理人员需要注意的是，各种方法都有自己的优缺点，没有一种收集信息的方法能够提供非常完整的信息，因此应该综合使用这些收集方法。我们可以将工作分析的方法划分为定性和定量两类基本方法。(参看图2－2)

## 一、定性的工作分析方法

定性的工作分析信息收集方法，包括工作实践法、直接观察法、面谈法、问卷法、典型事例法和工作日志法等。

### 1. 工作实践法

工作实践法指的是工作分析人员亲自从事所需要研究的工作，由此掌握工作要求的第一手材料。这种方法的优点是可以准确地了解工作的实际任务和在体

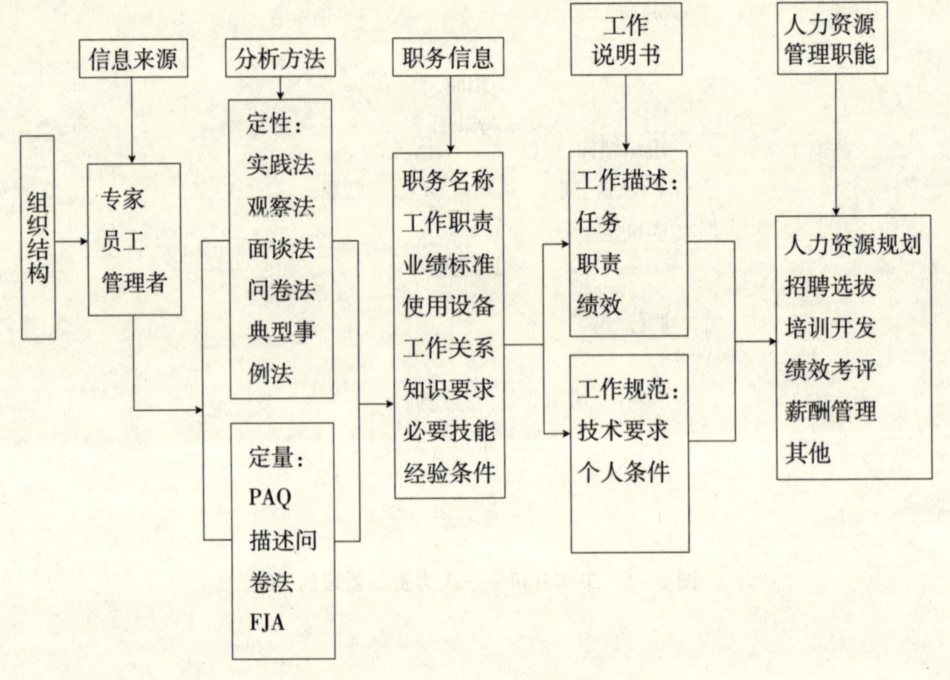


图 2-2　工作分析系统模型

力、环境、社会方面的要求，适用于那些短期内可以掌握的工作。它的缺点是不适应于需要进行大量训练的工作和危险的工作。

**2．直接观察法**

直接观察法是指工作分析人员观察所需要分析的工作的过程，以标准格式记录各个环节的内容、原因和方法，这样可以系统地收集一种工作的任务、责任和工作环境方面的信息。直接观察法的优点是工作分析人员能够比较全面和比较深入地了解工作的要求，适用于那些工作内容主要是由身体活动来完成的工作，如客房服务员、保安人员等。直接观察法的缺点是它不适用于脑力劳动成分比较高的工作和处理紧急情况的间歇性工作。有些工作内容中包括许多思想和心理活动、创造性和运用分析能力，如管理人员、前厅服务人员等等，这些工作就不容易使用直接观察法。此外，观察法对于有些员工来说难以接受，因为他们会感到自己正在受到监视甚至威胁，所以会在内心对工作分析人员产生反感，同时也可能导致动作的变形。因此，在使用观察法时，应该将工作分析人员用适当的方式介绍给员工，使之能够被员工接受。

直接观察法经常和面谈法结合使用，工作分析人员可以在员工的工作期间观

察并记录员工的工作活动，然后和员工进行面谈，请员工进行补充，工作分析人员也可以一边观察员工的工作，一边和员工交谈。第一种结合方式比较好，因为工作分析人员可以专心观察和记录，而且不会干扰员工的工作。

下面是观察法工作分析的程序：

第一步：初步了解工作信息。①检查现有文件，形成工作的总体概念、工作的使命、主要任务和作用、工作流程。②准备一个初步的任务清单，作为面谈的框架。③为数据收集过程中涉及的还不清楚的主要项目作一个注释。

第二步：进行面谈。①最好是首先选择一个主管或有经验的员工进行面谈，因为他们了解工作的整体情况以及各项任务是如何配合起来的。②确保所选择的面谈对象具有代表性。

第三步：合并工作信息。①工作信息的合并是把以下各种信息合并为一个综合的工作描述：主管、工作者、现场观察者、有关工作的书面材料。②在合并阶段，工作分析人员应该可以随时获得补充材料。③检查最初的任务或问题清单，确保每一项都已经被回答和确认。

第四步：核实工作描述。①核实阶段要把所有面谈对象召集在一起，目的是确定在信息合并阶段得到的工作描述的完整性和精确性。②核实阶段应该以小组的形式进行。把工作描述分发给主管和工作的承担者。③工作分析人员要逐字逐句地检查整个工作描述，并在遗漏和含糊的地方做出标记。

### 3．面谈法

一般说来，正在承担某一工作的员工对这项工作的内容和他的任职资格是最有发言权的，因此与工作的承担者面谈是收集工作分析信息的一种有效方法。很多工作是不可能由工作分析人员实际体会的（如中高层管理人员的工作），或者是不可能通过观察来了解的（如高层管理、决策工作）。在这种情况下，就需要通过与工作者面谈来了解工作的内容、原因和方法。在应用面谈法时，一般也是以标准的格式记录，目的是使问题和回答限制在与工作直接有关的范围内，而且标准格式也便于比较不同员工的反应。面谈法的种类包括个别员工面谈法、集体员工面谈法和主管面谈法。个别员工面谈法适用于各个员工的工作有明显差别、工作分析的时间又比较充分的情况。集体面谈法适用于多名员工从事同样工作的情况。使用集体面谈法时应请主管出席，或者事后向主管征求对收集到的材料的看法。主管面谈法是指同一个或多个主管面谈，因为主管对于工作内容有相当的了解。主管面谈法能够减少工作分析的时间。

在面谈过程中，工作分析人员应该只是被动地接受信息。如果在工作内容的难度和任职资格方面与员工有不同的看法，不要与员工争论，以防止破坏双方合作的气氛。如果员工对主管人员进行抱怨，工作分析人员也不要介入，不要流露

出对工作的工资待遇方面有任何兴趣，否则会使员工夸大自己的职责，对你的收集信息工作产生误导。工作分析人员也不要对工作方法和组织的改进提出任何的批评和建议，批评现行的工作方法会招致员工对组织产生反感情绪。克服员工对工作难度的夸大可以使用集体面谈或者分别与几个员工面谈的方法来解决。

为了使面谈法取得成功，工作人员应该注意许多细节问题。首先应该与主管密切配合，找到最了解工作内容、最能客观描述职责的员工；其次是必须尽快与面谈对象建立融洽的感情，应该知道对方的姓名，简单说明面谈的目的以及选择对方进行面谈的原因，目的是不要让对方有正在进行业绩考核的感觉，而且在面谈中应该避免使用生僻的专业语汇；第三，工作分析人员应该事先准备一份完整的问题表，并留出空白处可供填写，重要的问题先问，次要的问题后问。让对方有充足的时间从容地回答，最后还可以请对方对问题表进行补充；第四，如果对方的工作不是每天都相同，就请对方将各种工作责任一一列出，然后根据重要性排出次序，这就可以避免忽略那些虽然不常见但却是很重要的问题；第五，面谈结束后，将收集到的材料请任职者和他的直属上司仔细阅读一遍，以便做修改和补充。

面谈法的典型问题包括：你做哪些工作？主要职责有哪些？如何完成？在哪些地点工作？工作需要怎样的学历背景、经验、技能条件或专业执照？基本的绩效标准是什么？工作有哪些环境和条件？工作有哪些生理要求和情绪及感情上的要求？工作的安全和卫生状况怎样等（参看本章案例 3）。如果使用工作分析表，就会更系统、全面和准确。

面谈法的优点是能够简单而迅速地收集工作分析资料，适用面广。由任职者亲口讲出工作内容，具体而准确。工作者自身有长期的工作体会，因此这种方法可以使工作分析人员了解短期的直接观察不容易发现的情况。同时让任职者吐吐苦水，有助于管理者发现被忽视的问题。面谈法的缺点是工作分析经常是调整薪酬的序幕，因此员工容易把工作分析看作是变相的绩效考核，而夸大其承担的责任和工作的难度，这就容易引起工作分析资料的失真和扭曲。工作者可能不信任工作分析人员，也可能怀疑其动机。同时，分析人员的问题也可能会因不够明确或不够准确而造成误解。因此，面谈方法不应该作为工作分析的唯一方法。

4．问卷法

收集工作分析信息的问卷可以由承担工作的员工来填写，也可以由工作分析人员来填写。开放式的问卷很容易产生面谈法中产生的问题，因此可以采用结构化程度比较高的问卷。在结构化问卷中，列举了一系列的任务或行为，请工作者根据实际工作要求对任务是否执行或行为是否发生作出回答。如果回答是肯定的，还要进一步了解这项任务或行为出现的频率、重要性、难易程度及与整个工

作的关系。对各个项目，给出一个分数。设有量化的分数是工作分析人员进一步汇总和评价的基础，使用问卷法的关键在于决定问卷的结构化程度。有的问卷非常结构化，包括数以百计的工作职责细节。也有的问卷非常开放，如“请叙述工作的主要职责”。最好的问卷应该介于两者之间，既有结构问题，也有开放式问题。

问卷方法的优点是：第一，它能够从许多员工那里迅速得到进行工作分析所需的资料，可以节省时间和人力，这种方法一般比其他方法费用低、速度快；第二，调查表可以在工作之余填写，不会影响工作时间；第三，这种方法可以使调查的样本量很大，因此适用于需要对很多工作者进行调查的情况；第四，调查的资料可以数量化，由计算机进行数据处理。

问卷方法的缺点：第一，设计理想的调查表要花费很多时间、人力和物力、费用比较高。而且，在问卷使用之前，还应进行测试，以了解员工理解问卷中问题的情况。为了避免误解，还经常需要工作分析人员亲自解释和说明；第二，填写调查表是由工作者单独进行，缺少交流，因此被调查者可能不积极配合与认真填写，从而影响调查的质量。

#### 5. 典型事例法

典型事例法指的是对实际工作中工作者特别有效或者无效的行为进行简短的描述，通过积累、汇总和分类，得到实际工作对员工的要求。典型事例法的优点是直接描述工作者在工作中的具体活动，因此可以揭示工作的动态性质，其缺点是收集归纳典型事例并进行分类需要耗费大量时间。此外，还由于描述的是典型事例，因此很难对通常的工作行为形成总体概念，而后者才是工作分析的主要目的。

此外，工作分析还有工作日志法，它要求任职者在每天的工作结束之后记下工作的各种细节，由此来了解工作的性质。工作日志法也可以同面谈结合使用。

### 二、定量的工作分析方法

有些工作分析不适用定性的方法，特别是当需要对各项工作进行比较来决定薪酬和待遇的高低的时候。这时，就应该采用定量的工作分析法。定量的工作分析法主要有三种：职位分析问卷法、管理岗位描述问卷方法和功能性工作分析方法。

#### 1. 职位分析问卷法（PAQ）

职位分析问卷法是于 1972 年由麦考密克（E. J. McCormick）提出的一种适用性很强的工作分析方法。PAQ（Position Analysis Questionaire）包括 194 个项目，其

中的187项被用来分析完成工作过程中员工活动的特征，另外7项涉及薪酬问题。PAQ中的所有项目被划分为6个部分：第一部分包括工人在完成工作过程中使用的信息来源方面的项目，用来了解员工如何和从哪里获得完成工作时所需要使用的信息；第二部分是工作中所需要的心理过程，回答工作需要进行哪些推理、决策，计划和信息处理活动的问题；第三部分识别工作的“产出”，回答工作完成哪些体力活动和使用哪些机器、工具和设施的问题；后三部分考虑工作与其他人的关系，完成工作的自然和社会环境以及其他的工作特征。在应用这种方法时，工作分析人员要对以下各个方面给出一个6分制的主观评分：使用程度、时间长短、重要性、发生的可能性、对各个工作部门以及部门内部的各个单元的适用性。PAQ方法所需要的时间成本很大，非常繁琐。表2－1是一个职位分析问卷的示例。

表2－1职位分析问卷表格范例选自收集资料的资料来源部分。

使用程度：NA—不曾使用，1—极少，2—少，3—中等，4—重要，5—极重要。

资料投入：工作资料来源。（请根据任职者使用的程度，来审核下列项目中各种来源的资料）

工作资料的可见来源：

表2－1　　职位分析问卷示例

| |
|---|
| 4书面资料（书籍、报告、文章、说明书等） |
| 2计量性资料（与数量有关的资料，如图表、报表、清单等） |
| 1图画性资料（如图形，设计图、x光片、地图、描图等） |
| 1模型及相关器具（如模板、钢板、模型等） |
| 2可见陈列物（计量表、速度计、钟表、画线工具等） |
| 5测量器具（尺、天平、温度计、量杯等） |
| 4机械器具（工具、机械、设备等） |
| 3使用中的物料（工作中，修理中和使用中的零件、材料和物体等） |
| 4尚未使用的物料（未经过处理的零件、材料和物体等） |
| 3大自然特色（风景、田野、地质样品、植物等） |
| 2人为环境特色（建筑物、水库、公路等，经过观察或检查以成为工作资料的来源） |

资料来源：Cary、Dessler，*Human Resource Management*，Prentice－Hall *International*，Inc.1997，p.94.

## 2．管理岗位描述问卷方法

在分析管理者的工作时需要注意以下两个特殊问题：一是管理者经常试图使他们工作的内容去适应自己的管理风格，而不是使自己去适应承担的管理工作的需要。在使用面谈法时，他们总是描述自己实际做的，而忘了自己应该做的；二是管理工作具有非程序化的特点，经常随着时间的变化而变化，因此需要考察的时间比较长。一般分析管理人员的工作应该使用调查问卷方法，包括从行为的角度进行分析的管理行为调查问卷和从任务的角度进行分析的管理任务调查问卷。管理岗位描述问卷法是由托钢（W.W.Tornow）和平托（P.R.Pinto）在1976年提出的，它与PAQ方法非常相似，包括208个用来描述管理人员工作的问题。这种问卷由管理人员自己填写，也是采用6分标准对每个项目进行评分。这208个问题可被划分为13个类别。这些类别包括：

（1）产品、市场和财务战略计划，指的是进行思考并制定计划以实现业务的长期增长和公司的稳定性。

（2）与组织其他部门和人事管理工作的协调，指的是管理人员对自己没有直接控制权的员工个人和团队活动的协调。

（3）内部业务控制，指的是检查与控制公司的财务、人事和其他资源。

（4）产品和服务责任，指的是控制产品和服务技术方面以保证生产的及时性并保证质量。

（5）公众与客户关系，指的是一般通过与人们直接接触的办法来维护公司在用户和公众中间的名誉。

（6）高层次的咨询指导，指的是发挥技术水平来解决企业中出现的特殊问题。

（7）行动的自主性，指的是在几乎没有直接监督的情况下开展工作活动。

（8）财务审批权，指的是批准酒店大额的财务投入。

（9）雇员服务，指的是提供诸如寻找事实和为上级保持记录这样的雇员服务。

（10）监督，指的是通过与下属员工面对面的交流来计划、组织和控制这些人的工作。

（11）复杂性和压力，指的是在很大的压力下以及规定的时间内完成所要求的工作任务。

（12）重要财务责任，指的是制定对酒店的绩效构成直接影响的大规模的财务投资决策和其他财务决策。

（13）广泛的人事责任，指的是从事公司中人力资源管理和对影响员工的其他政策具有重大责任的活动。在应用管理岗位描述问卷方法时，工作分析人员以

上述的每一种要素为基础来分析和评价管理工作。

3．**功能性工作分析方法（FJA）**

美国训练与就业署开发出来的这种方法所依据的假设是每一种工作的功能都反映在它与资料、人和事三项要素的关系上，故可由此而对各项工作进行评估。在各项要素中，各类基本功能都有其重要性的等级，数值越小，代表的等级越高；数值越大，代表的等级越低。采用这种方法进行工作分析时，各项工作都会得出数值，据此可以决定薪酬和待遇标准。此外，FJA（Functional Job Analysis）方法同样也可以对工作环境、机器与工具、员工特征进行数量化的分析。

一种改进的功能性工作分析法是在上述工作分析方法的基础上进行扩充，即除了采用资料、人和事三项要素来分析工作以外，还补充了以下资料：

第一，指出了完成工作所需要的教育的程度，其中包括执行工作任务时所需要的推理和判断能力的程度，所需要的使用数学能力的程度和所需要的应用语言能力的程度；

第二，它也指出了绩效标准和训练要求。

## 三、工作描述

工作分析只是许多酒店人力资源管理活动的起点，为了便于应用在工作分析中得到的数据，需要把这些数据制成一个表格，即工作描述。工作说明书是一种书面文件，上面记载着任职者实际上做些什么，如何去做以及在什么样的条件下完成其工作。工作说明书并没有固定的格式，但是它通常包括以下几项主要内容：

1．**工作认定**

工作认定，包括工作头衔、工作身份、工作部门、工作地点、工作分析的时间等。在美国，工作职称要符合劳工部出版的职业头衔词典制度的规范。工作身份指是否豁免加班费和最低工资的保障，在美国有豁免身份的主要是行政和专业性职位。这些资料的目的是把这项工作与那些与之相似的工作区别开来。

2．**工作定义**

工作定义，即说明工作的目的，包括这项工作存在的理由，这项工作如何与其他工作以及整个组织的目标相互联系，这项工作的绩效标准等。对于管理工作，工作定义通常要包括这项工作控制的预算的规模和管理的下属人数及其职称，与上下级之间的报告关系。例如某酒店人力资源经理的工作关系是：

(1) 向人事副总裁做报告；

(2) 监督下列人员：人事部门的工作人员、行政助理、劳工关系主管、秘书；

（3）工作上的配合对象：所有部门的经理人员和行政主管；

（4）组织外：职工介绍所、猎头公司、工会代表、政府劳动管理机构、各种职位应征者。这些方面都有助于确定一个管理工作在整个组织中的位置。

3．**工作说明**

工作说明。这一部分是对工作定义部分的提炼和总结。指明工作的主要职责、工作任务、受监督程度、工作者行为的界限和工作条件等。

## 四、工作规范

工作规范要回答的是需要哪些个人特征和经验才能胜任这项工作。我国已经指出，工作规范要说明一项工作对承担这项工作的员工在教育、经验和其他特征方面的最低要求，而不应该是最理想的工作者的形象。工作规范一般由上一级管理者、工作承担者和工作分析人员共同研究制定。在建立工作规范时，需要综合考虑以下三个方面：

第一，某些工作可能面临着法律上的资格要求。例如，在美国，飞行员必须具备空中运输资格，这就要求要具备1 500小时的飞行经历，在书面和飞行测试中表现出很高的飞行水平，良好的道德品质和23岁的最低年龄限制。

第二，职业传统。例如，员工在进入某些行业以前必须经过学徒阶段。

第三，被认为是胜任某一工作应该达到的标准和具备的特征。这在很大程度上取决于组织管理人员的主观判断。这通常是通过综合工作描述中的信息、对现在承担该工作的员工和其主管人员的特征进行概括之后总结出来的。例如，申请秘书工作的人经常被要求文字录入速度在每分钟100字以上就是这种情况。

工作规范可以包括在工作说明书中，也可以单独编写。

## 五、工作说明书范例

编写工作说明书是人力资源管理的基础性工作。在实践中的常见做法是把工作描述和工作规范合在一起，编写成一份工作说明书。工作说明书能有效地解决酒店在经营管理过程中常遇到的问题，如：

（1）员工不知道自己该做什么，不该做什么；

（2）工作内容与角色发生冲突；

（3）工作职责与权利重叠，工作内容重复；

（4）不合适、不合理、不一致的薪酬计划；

（5）招聘与工作内容不符的员工；

（6）不合适的工作培训；

（7）绩效考核缺乏依据，激励机制难以到位。

因此，好的工作说明书，一方面对提高酒店人力资源管理的效率非常关键，它能使酒店各个层面的员工了解自己的工作内容、目标与职责，集中精力做好本职工作，从而大幅度地提高员工的工作效率；另一方面，它又是酒店绩效、薪酬管理的基础，没有工作说明书就很难有效地对员工进行绩效管理，同时它也为薪酬管理和员工激励提供客观的依据。

编写工作说明书时要注意，工作说明书并非越复杂、越详细越好。这是因为，职位说明书并非是对现有职位的一种机械的、事无巨细的描述，而应当是围绕职位存在的目的，对职位上的人所应当承担的工作任务进行归类、概括和总结。因此，一般是把工作任务概括为 1—8 项左右的职责，然后，在每一项职责范围之下，再对一些重要的工作任务进行描述，使员工能够清楚地了解这一工作的主要职责范围及其重要任务。此外，工作说明书通常还应说明承担工作的人所应当具备的任职资格、从事工作的背景和工作条件。一份好的工作说明书还应当说明每一项工作职责在任职者的总工作时间中所占的百分比以及该职位的关键绩效指标，对于一些特殊的工作岗位，工作说明书甚至把该职位所面临的最主要挑战以及工作难点也加以说明。

工作说明书的编写工作，对编写者来说是一件很辛苦的事，它不仅要求有较强的信息搜集和分析能力，还要求较好的沟通能力和文字表达能力，同时还要有较强的责任心。对于从事酒店人力资源管理工作的专业人士来说，这一工作不仅辛苦，而且很难见到显著的成效。尤其是第一次系统地对酒店中的职位编制工作说明书时，其工作相当艰苦，也是对编写者专业素养的严峻考验。为有助启发思路，下面列举酒店大堂经理和餐厅经理的工作说明书，以供分析：

例 1：

**大堂经理工作说明书**

<table>
<tr><td>职位名称</td><td>大堂经理</td><td>职位代码</td><td></td><td>所属部门</td><td></td></tr>
<tr><td>职　　系</td><td></td><td>职务等级</td><td></td><td>直属上级</td><td></td></tr>
<tr><td>薪金标准</td><td></td><td>填写日期</td><td></td><td>核 准 人</td><td></td></tr>
<tr><td colspan="6">职位概要：<br>指导和管理对客人服务，确保每一位客人得到热情、礼貌的服务。</td></tr>
<tr><td colspan="6">工作内容：<br>__%主持大堂的各项服务工作，保证灯光、音乐效果；<br>__%监管前台、服务员的工作质量；<br>__%巡视大堂、房间的卫生状况；<br>__%监督整个酒店的运作，尤其夜间运转；<br>__%管理大型活动，并提供相关服务；<br>__%解答并处理客户疑问、问题。</td></tr>
</table>

续表

| 任职资格： |
|---|
| 教育背景：<br>◆专业不限，大专以上学历。<br>培训经历：<br>◆受过服务管理、酒店管理、酒店礼仪等方面的培训。<br>经　　验：<br>◆3 年以上客服主管或大堂经理从业经验。<br>技能技巧：<br>◆熟悉宾馆、酒楼服务的运作和管理，有相关知识与管理经验；<br>◆熟悉宾馆的各项管理工作流程和管理规范；<br>◆熟悉同行业竞争的动向，具有服务、质量、市场、效益意识；<br>◆较强的组织、管理、协调能力；<br>◆较流利的英语口语。<br>态　　度：<br>◆形象、气质好，精力旺盛，综合素质较好，具有服务意识；<br>◆有较强的责任心、服务意识及团队合作精神，善于与人沟通；<br>◆工作踏实，能承担较大的工作压力。 |
| **工作条件：**<br>工作场所：办公室。<br>环境状况：舒适。<br>危 险 性：基本无危险，无职业病危险。 |

资料来源：北京银通国泰管理咨询有限公司，《职位说明书与绩效考核范本》，中国商业出版社 2003 年版。

**例 2：**

### 餐厅经理工作说明书

| **职位名称** | 大堂经理 | **职位代码** | | **所属部门** | |
|---|---|---|---|---|---|
| **职　　系** | | **职务等级** | | **直属上级** | |
| **薪金标准** | | **填写日期** | | **核 准 人** | |
| **职位概要：**<br>管理餐厅日常运营活动，完成餐厅营业指标，提供高质量的餐饮服务。 | | | | | |
| **工作内容：**<br>__%管理餐厅的日常事务，领导员工提供优质的餐饮服务；<br>__%对餐厅所经营食品和饮料进行成本预算，制定采购计划并执行；<br>__%参与食品的准备，和其他人协商制定餐馆的经营计划；<br>__%雇佣、管理餐厅员工；<br>__%保证餐厅所提供食品的质量，处理客户的投诉；<br>__%审核日常的财务报表以确保在预算范围内经营开支达到最有效的使用。 | | | | | |

续表

<table>
<tr><td>
任职资格：<br>
教育背景：<br>
◆专业不限，大专以上学历。<br>
培训经历：<br>
◆受过餐饮文化礼仪、餐饮管理、服务管理、财会基本知识等方面的培训。<br>
经　　验：<br>
◆3 年以上同等职位从业经验。<br>
技能技巧：<br>
◆熟悉餐厅、餐饮服务的运作和管理，有餐饮知识与管理经验；<br>
◆熟悉餐厅的各项管理工作流程和管理规范；<br>
◆熟悉同行业竞争的动向，具有服务、质量、市场、效益意识；<br>
◆较强的组织、管理、协调能力；<br>
◆熟练操作办公软件。<br>
态　　度：<br>
◆形象、气质佳，精力旺盛，综合素质较好，具有服务意识；<br>
◆有较强的责任心、服务意识及团队合作精神，善于与人沟通；<br>
◆工作踏实，能承担较大的工作压力。
</td></tr>
<tr><td>
工作条件：<br>
工作场所：办公室。<br>
环境状况：舒适。<br>
危 险 性：基本无危险，无职业病危险。
</td></tr>
</table>

资料来源：北京银通国泰管理咨询有限公司，《职位说明书与绩效考核范本》，中国商业出版社 2003 年版。

## 第三节　工作评估

工作评估就是在工作分析的基础上确定出酒店里每一个岗位的相对价值的等级。使酒店的所有岗位形成一个体系，每一个员工都能明确自己的位置。工作评估的作用主要是为招聘员工和工资管理提供依据。具体讲，可以有以下这些利益：

（1）有助于明确员工招聘的层次范围。

（2）使各工种的薪酬按逻辑设定，有助于合理地定出新员工的薪酬额和老员工的按年资增薪额，避免新老员工之间的矛盾。

（3）不同的工种和职务之间在薪金高低上有着明显的差异，这有利于人员的晋升和工种之间的顺利调动。

（4）利于进行薪金的成本预算。

## 一、评估的内容

酒店里的工种、岗位十分繁杂，要想确立不同工种的相对价值，区别其主次轻重，就必须制定出一种包罗所有工种在内的对比系统，找出各工种都包含的、可做比较的共同因素来做为评估的内容。例如，在对每一工种进行评估时，至少应考虑以下几种因素：

1. **知　识**

有的工种只要简单的知识，此种知识几天内便可以掌握，有的工种则要求复杂的知识，非苦读数载并经过实习方能掌握。

2. **技　能**

这主要是指手工技巧。技能也有难易之别，有的可在很短时间内学会（例如吸尘器的操作），有的则要学习几个星期，甚至培训几个月之久（例如打字或烹调技巧）。

3. **责　任**

有的人员要负责作出重要的决定，并承担重大的责任。而此种决定的重要性往往在很长时间以后才可以查核。而另一些人员所从事的工作的效果则是立即可以显现。这就是责任大小之所在。例如，修理卫生洁具和办理出纳所负的责任就有很大的差异。

4. **体力消耗**

酒店里一些工种（如搬运、烹调等）是体力消耗比较多的，而另一些工种（如记账或打字）则消耗体力比较小。

5. **脑力消耗**

任何工种都包含一定的脑力消耗，但程度差异很大。如接待总管在工作时所付出的脑力消耗就远远高于行李员。

6. **社交技巧**

某些工种要求较高的社交技巧。例如，餐厅经理就得非常灵活而有耐心，才能对各种类型的顾客应付自如，而主厨就不需要这样的社交技巧。

7. **工作条件**

这包括各种消耗体力的因素（如高温、站立）和生活上的不便（如加班、轮班等）。此外，还应考虑是否存在烫伤、刀伤以及其他方面的人身危险。

以上只是举例说明需要考虑的因素很多，并未罗列出所有的因素。即使在上述因素中，有的也还可以进一步细分为若干个子因素。确定比较因素是保证评估公正的关键，一定要根据本单位的具体情况全面考虑，慎重取舍。

## 二、评估的方法

比较因素确定以后，还要计划出适合于本企业的评估方法，现行的评估方法大致可以分为两大类，即：非分析型评估法和分析型评估法。表2－2和表2－3是几种评估方法的对比。

表2－2　非分析型评估法

| 项　目 | 基本方法介绍 | 优　点 | 缺　点 |
|---|---|---|---|
| 工作重要性顺序法 | 评价所有工种的相对重要性。把各工种按其重要性加以排列并细分为几组 | 非常简单易行 | 评价者需要熟悉所有的工种 |
| 分级分类法 | 是用不同的等级结构来表示出各工种的相对价值。把每一工种归入最合适的等级中 | 非常简单易行 | 评价者需要熟悉所有工种，由于无法对不同工种进行精确的比较，类似的工种可能得到差别较大的等级 |

表2－3　分析型评估法

| 项　目 | 基本方法介绍 | 优　点 | 缺　点 |
|---|---|---|---|
| 记分评价法 | 先定出酒店中适用于多数工种的因素（如知识、责任等）。根据其重要性定出每一因素的最高分。分别按各因素给每个工种打分（从0到最高分）。所得的总分即代表该工种的相对重要性。可以使用某一工种作为打分的基准 | 容易弄懂，容易实施 | 比非分析型方法花时间多，决定各因素的分数时可能会出现相当大的分歧 |
| 因素对比法 | 许多方面类似于记分评价法，但用货币价值代替记分。选用的因素也比记分评价法少 | 一旦设计完成后容易实施 | 货币价值难以确定 |
| 直接征询法或成对比较法 | 向代表所有各方利益的评价员征询：在某一对工种中哪一种最重要？在若干对工种中，哪些因素最重要？评价者将对若干工种提出意见。然后把各评价者的意见均输入电脑，用电脑计算出所有工种的等级 | 可把个人的主观性降低到最低限度 | 方法复杂、一般要使用电脑 |

续表

| 项　目 | 基本方法介绍 | 优　点 | 缺　点 |
|---|---|---|---|
| 责任期评价法 | 这种方法只考虑一个因素：担任某项工作的人员的责任，如效益，质量等 | 一旦掌握其实质后便很简单 | 往往难以确定责任期的长短 |

表2－2和表2－3共介绍了六种工作评估的方法，其中，被广泛采用的有两种，以下作较详细的介绍。

1．**分级分类法**

先制定出分级或分类的标准，最普遍的做法是选择一个用作对比的规范岗位，然后再把各工种分别归入最恰当的一级或一类。表2－4是采用这种方法进行工作评估的具体实例。

这种方法比较简单，但它过分依赖评价者的个人经验，工作等级的划分也不够具体、鲜明。所以，使用此方法时最好选择一个定量分析方法作为辅助系统。

**表2－4　　工作分级或分类系统**

| 工作性质 | 工种举例 |
|---|---|
| 很简单的高强度体力劳动 | 搬运工<br>清洁工 |
| 简单性的劳务，可根据少量的明确的指令完成，这些指令可在两三周内学会，劳务的完成质量容易检查和管理 | 客房服务生　电梯员<br>柜台助理　酒吧侍应生<br>大堂搬运员 |
| 范围明确的任务，但有时包含比较复杂的程序并要求一定程度的知识和机敏，对完成情况只能偶尔地检查 | 服务生<br>文　员 |
| 要求自主地安排工作和发挥主动性的任务，对任务的完成情况仅需稍加管理。要求全面熟悉某项工作程序的一部分或若干部分 | 接待员　出纳员<br>仓库管理员　花匠 |
| 程序化的工作，但在一定程度上要求回答非程序化的询问，并需要掌握管理一小组人的技巧 | 侍应领班<br>接待总管 |
| 非程序化的工作，要求协调若干较低层次的活动并需掌握管理一小组人员的技巧。要求具有较高专门知识并要独立负责某些无法跟踪检查的非程序化的工作 | 宴会经理<br>餐厅经理 |
| 要求对某一程序化的任务承担责任，并且需要独立完成某种需有高深知识才能完成的任务 | 主厨<br>柜台经理 |

### 2. 计分评估法

先列出决定每一工种复杂程度的各种因素（如知识、技巧等），然后再根据每种因素的重要性定出每一因素的最高分和若干类型工种的应得分，再把其余各工种按其具体情况插入最接近的典型工作之间，从而得出该工种按该项因素应得的分数。最后，把某一工种按各个因素的得分累加起来，即可找出该工种在整个工作系统中的位置。

以“知识”因素为例，表 2－5 所列的即是五种典型工种的知识因素得分。其他工种便可以参照这五种典型工种确定本身的知识因素得分。例如，在评价侍应领班这一工种的知识因素的分数是多少时，应该考虑到，它应高于部长的 12 分，而低于餐厅经理的 18 分，那么就可以取这两者之间的值，即 15 分。对其他各因素也可以按同样的方法比照处理。对不同的因素，也可选不同的工种作为典型工种定分。在计算出某一工种按所有各因素的得分的总和以后，即可按总分高低排列工种等级表，表 2－6 便是该表示例。

表 2－5　用于对比的规范工种举例（仅指一种因素）

| 记 分 | 按知识因素定分的规范工种最高分：30；最低分：0 |
|---|---|
| 30 | 酒店经理 |
| 24 | 柜台经理 |
| 18 | 餐厅经理 |
| 12 | 部长 |
| 6 | 大堂搬运员 |

表 2－6　工种等级举例

| 等级 | 记分（所有因素总分） | 工种举例 |
|---|---|---|
| 7 | 120—140 | 主厨 |
| 6 | 101—120 | 餐厅经理 |
| 5 | 81—100 | 接待总管 |
| 4 | 61—80 | 侍应生 |
| 3 | 41—60 | 助理侍者 |
| 2 | 21—40 | 大堂搬运工 |
| 1 | 0—20 | 厨房搬运工 |

表 2－7 就是以前面所提到的七种因素为例，对餐厅经理和助理侍者两类工

种所做的评估。在具体应用时，还可以选用其他的因素。从表2-7中可以看到，助理侍者各因素的得分总和是48分，餐厅经理的各因素得分总和为102分。计算出总分以后，就可以很容易地从表2-6中找到助理侍者的工资等级应为3级，而餐厅经理的等级则应为6级。当然，这只是一个尽可能简化了的例子，实际应用时还会复杂得多。

**表2-7　　　　用于评估两种工种的记分系统举例**

| 因　素 | 最高分 | 两种工种评估举例 | |
|---|---|---|---|
| | | 助理侍者 | 餐厅经理 |
| 知　识 | 30 | 5 | 18 |
| 技　艺 | 20 | 10 | 20 |
| 责　任 | 30 | 3 | 24 |
| 体力消耗 | 10 | 5 | 4 |
| 脑力消耗 | 20 | 8 | 15 |
| 社交技巧 | 20 | 12 | 18 |
| 工作条件 | 10 | 5 | 3 |
| 总　计 | 140 | 48 | 102 |

## 三、评估的原则

无论采用哪一种方法进行评估，都必须遵守三项最基本的原则：

第一，对工作范围的规定必须明确，而且要跟得上时代和企业的发展。

第二，工作评估直接关系到员工的薪金和工资水平，因而必须十分慎重和不偏不倚。

第三，必须是对事不对人，即所评估的是某一个工种，不是具体的某一个人。

工作评估决定了一个员工的报酬和他在酒店里的地位，如果评估方法不合理，员工们将失去对企业管理层的尊敬和信任，而且会在其本职工作上有所反映，如浪费，对客人态度粗暴等，将给企业带来严重的损失。因此，探索某种在所有员工心目中均属公正的工作评估方法不仅是人力资源开发工作，而且是整个企业管理的头等大事。①

① 张卫等编著：《酒店人力资源开发》，第18—26页，中国旅游出版社1994年版。

# 本章小结

1. 工作分析是指根据工作的事实，分析工作内容、程序和责任及完成该项工作所需要具备的学识、技能、经验等方面的过程。简言之，工作分析就是确定该项工作的成分和完成该项工作的条件。

2. 工作分析的要素包括：工作活动；工作中人的行为；工作使用的机器、工具、设备以及其他辅助工作用具；工作的绩效标准；工作背景；工作对人的要求等。

3. 工作分析是人力资源管理科学化的起点，也是酒店员工选拔招聘、录用考核和培训工作的基础，是衡量、评定工作性质、任务、特点和要求的方法，能为“因事择人”提供依据，是人力资源管理的基础。工作分析的作用：为编制人员提供了科学依据；为录用员工提供客观标准；为确定员工的薪酬待遇提供客观依据；为考核工作确定了具体标准；简化工作与提高效率；有利于培训工作的进行；利于员工明确努力方向；改善企业内部人际关系。

4. 工作分析的方法划分为定性和定量两类：一是定性的工作分析信息收集方法，包括工作实践法、直接观察法、面谈法、问卷法、典型事例法和工作日志法等。二是定量的工作分析法，有些工作分析不适用定性的方法，特别是当需要对各项工作进行比较来决定薪酬和待遇的高低时，就应采用定量的工作分析法，主要有：职位分析问卷法、管理岗位描述问卷方法和功能性工作分析方法。

5. 工作分析只是许多酒店人力资源管理活动的起点，为了便于应用在工作分析中得到的数据，需要把这些数据制成一个表格，即工作描述。工作说明书是一种书面文件，上面记载着任职者实际上做些什么，如何去做以及在什么样的条件下完成其工作。工作说明书并没有固定的格式，但是它通常包括以下几项主要内容：工作认定；工作定义；工作说明；工作规范等。工作规范可以包括在工作说明书中，也可以单独编写。

6. 编写工作说明书是人力资源管理的基础性工作。在实践中的常见做法是把工作描述和工作规范合在一起，编写成一份工作说明书。工作说明书能有效地解决酒店在经营管理过程中常遇到的问题，包括：(1) 员工不知道自己该做什么，不该做什么；(2) 工作内容与角色发生冲突；(3) 工作职责与权利重叠，工作内容重复；(4) 不合适、不合理、不一致的薪酬计划；(5) 招聘与工作内容不符的员工；(6) 不合适的工作培训；(7) 绩效考核缺乏依据，激励机制难以到位。

7. 编写工作说明书时要注意，工作说明书并非越复杂、越详细越好。这是因为，职位说明书并非是对现有职位的一种机械的、事无巨细的描述，而应当是围绕

职位存在的目的，对职位上的人所应当承担的工作任务进行归类、概括和总结。

8．工作评估就是在工作分析的基础上确定出酒店里每一个岗位的相对价值的等级。使酒店的所有岗位形成一个体系，每一个员工都能明确自己的位置。

9．工作评估的作用主要是为招聘员工和工资管理提供依据。具体讲：(1) 有助于明确员工招聘的层次范围；(2) 有助于合理地定出新员工的薪酬额和老员工的按年资增薪额，避免新老员工之间的矛盾；(3) 有利于人员的晋升和工种之间的顺利调动；(4) 利于进行薪金的成本预算。

10．工作评估的内容。在对每一工种进行评估时，应考虑的因素：知识；技能；责任；体力消耗；脑力消耗；社交技巧；工作条件等。说明评估需要考虑的因素很多，即使在上述因素中，有的也还可以进一步细分为若干个子因素。确定比较因素是保证评估公正的关键，一定要根据本单位的具体情况全面考虑，慎重取舍。

11．现行的评估方法大致可以分为两大类，一是非分析型评估法，包括工作重要性顺序法和分级分类法；二是分析型评估法，包括记分评价法、因素对比法、直接征询法或成对比较法和责任期评价法。其中，最广泛采用的是分级分类法和计分评估法。

12．进行评估时必须遵守的基本原则：第一，对工作范围的规定必须明确，而且要跟得上时代和企业的发展；第二，工作评估直接关系到员工的薪金和工资水平，因而必须十分慎重和不偏不倚；第三，必须是对事不对人，即所评估的是某一个工种，不是具体的某一个人。工作评估决定了一个员工的报酬和他在酒店里的地位，如果评估方法不合理，员工们将失去对企业管理层的尊敬和信任，因此，探索公正的工作评估方法是整个企业管理的头等大事。

## 案例分析

**【案例 1】**

### 安德鲁飓风[①]

1992 年 8 月，安德鲁飓风席卷了南佛罗里达州，澳普惕玛空气过滤器公司（Optima Air Filter Company）也受到了影响，公司许多雇员的家都遭到了毁坏，致使一些雇员辞职，公司发现后不得不重新雇用 30 个新雇员以取代离职者。然而问题在于，由于原有的“老计时员”对他们的工作如此熟悉，因此当时为了省事就没有为他们编写工作说明书。但当 30 名新雇员走上了工作岗

① 〔美〕加里·德斯勒著：《人力资源管理》，第 106 页，中国人民大学出版社 1999 年版。

位之后，混乱就产生了，他们根本就不知道应当做什么以及如何做。

对于需要空气过滤器的公司顾客来说，飓风已经成为往事，也就不能再成为交不了货的借口了。公司总裁菲尔·马恩现在处于束手无策的困境。他目前有30名新雇的雇员，10名老计时员，还有原来的工厂主管梅比林。他决定去会见来自当地一所大学工商管理学院的一位顾问琳达·洛依。琳达·洛依要求老计时员们填写工作描述问卷，列举出他们的工作任务。争议随之而起，因为菲尔和梅比林都认为，老计时员们为了显示他们在企业中的重要地位，夸大了他们自己的工作分量，而这些计时员则认为，他们很诚实地描述了自己的实际工作情况。一方面，公司内部的这种争论得不到解决；另一方面，顾客却在等待所需要的空气过滤器。

问题：

1. 菲尔和琳达应当忽略老计时员的抗议而按照他们自己认为合适的内容来编写工作说明书吗?

2. 你将如何进行分析?

【案例 2】

## 工作说明书①

詹妮弗根据自己对酒店的逐项了解所得出的结论是，她所要做的第一件事就是为酒店管理人员编写工作说明书。

正像詹妮弗所说，她在大学所学的一般管理课程和人事管理课程都强调了工作说明书的重要性，但在学习时，她一直不相信工作说明书在一家企业的顺利运行中会有如此重要的作用。但在她上班的最初几周内，她多次发现每当她问及酒店的管理人员为什么违反既定的公司政策和办事程序时，这些人总是回答："因为我不知道这是我的工作内容。"或"因为我不知道应该这么做。"詹妮弗这时才知道，只有花大力气编写工作说明书并制定一整套标准和程序来告诉大家应该做些什么以及如何去做，才能使这一类问题得到缓解。

从总体上说，酒店的管理人员负责指挥店里的所有活动，其目标包括：生产服务质量的监督、顾客关系的维护、营业额的增长以及通过有效地控制劳动力、物资、能源等方面的成本实现利润的最大化等。

在完成这些总体目标的同时，酒店管理人员的任务和职责还包括：质量控制、酒店的外观和清洁、顾客关系、账簿和现金管理、成本控制和生产

① 〔美〕加里·德斯勒著：《人力资源管理》，第105—106页，中国人民大学出版社1999年版。

率、事故控制、价格掌握、库存管理、机器维修、服务的质量、雇员安全、人力资源管理、不良事件控制等。

**问题：**

1. 编写酒店管理人员的工作说明书应该用什么样的格式，最终格式应该是什么？

2. 是应当将工作标准和程序写进工作说明书，还是应当将它们单独分列出来？

3. 詹妮弗如何才能搜集到编写工作标准、工作程序以及工作说明书所需要的信息？

**【案例3】**

## 宾馆工作评估

某宾馆是一个有三百多名员工的星级企业，为了深化劳动人事制度改革，根据集团工作岗位评价的总体要求，该宾馆按照工作分析和工作评估的方法和步骤，对本企业的全部岗位进行了系统的岗位分析和评价（分类分级）。

首先通过岗位调查，确定岗位评价指标和标准。宾馆岗位评价领导小组经过深入调查，多次召开专家论证会，对宾馆现有的工作岗位依据国家有关工种分类目录的要求，将全宾馆按六大类划分出128个岗位。

其次是确定岗位评价指标。该宾馆根据上级部门统一制定的指标和标准，并参考了其他行业岗位评价的先进经验，在岗位职责明确的前提下，结合旅游业的特点，将岗位评价指标分为劳动责任、劳动技能、劳动强度、劳动条件、服务质量、人心趋向等六个要素，每一要素又进一步细化为若干项评价指标，并按九个等级确定了评价标准，以及要素的权数（权重）。

再次是进行岗位分类分级。根据岗位分析结果，分管理人员、员工两个系列，每个系列岗位又划分为六等。员工按工作岗位得分依次顺序排列；管理人员也同样分为六个等级：一岗为经理；二岗为副经理、工会主席；三岗为部门经理；四岗为部门副经理、政工办副主任、团委书记；五岗为科员、主管会计、干事；六岗为办事员、会计。如表所示。

**表2-8　　管理人员岗位分级表**

| 类别<br>等级 | 管理人员（岗位、工种） |
|---|---|
| 一 | 总经理、书记 |
| 二 | 副总经理、工会主席、副书记 |
| 三 | 部门经理 |

续表

| 类别<br>等级 | 管理人员（岗位、工种） |
|---|---|
| 四 | 部门副经理、政工办副主任、团委书记、经理助理 |
| 五 | 科员、干事 |
| 六 | 办事员、会计 |

**表 2-9　　业务后勤人员岗位分级表**

| 类别<br>等级 | 业务后勤人员（岗位、工种） |
|---|---|
| 一 | 正领班、厨工组长 |
| 二 | 副领班、厨工副组长 |
| 三 | 电工、水暖工、冷冻，大库保管、采购、片长 |
| 四 | 前厅接待服务员、收款员、打字复印传真员、司机、一类厨工、一类餐厅服务员 |
| 五 | 客房服务员、商品服务员、理发员、餐厅保管、二类餐厅服务员、会议舞厅服务员、警卫、话务员、食堂管理员 |
| 六 | 试用期人员 |

资料来源：安鸿章著：《工作岗位的分析技术与应用》，南开大学出版社 2001 年版。

**问题：**

1. 你认为该宾馆的工作评估做得怎样？其分类分级的依据是什么？
2. 该宾馆的分类分级是否合理？为什么？
3. 每一类型六个等级是否恰当？

## 练习题

1. 什么是工作分析？工作分析包括哪些要素？
2. 试述工作分析在人力资源管理中的地位和作用。
3. 简述工作分析的方法。
4. 试分析工作说明书的主要内容。
5. 为什么说编写工作说明书是人力资源管理的基础性工作？
6. 编写工作说明书时要注意哪些问题？
7. 什么是工作评估？简述工作评估的主要作用。
8. 简述工作评估的方法。

9．进行评估时必须遵守的原则是什么？

10．简述职位分析问卷法。

11．简述管理岗位描述问卷方法。

12．简述功能性工作分析方法。

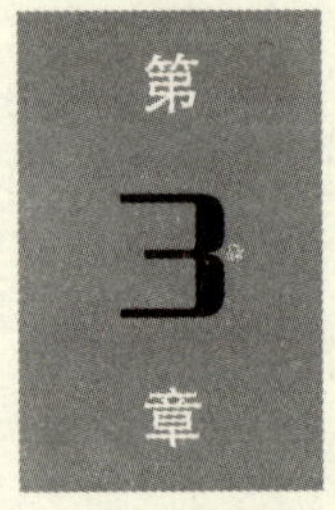

# 第3章 酒店人力资源计划与发展战略

**本章提示与学习目的：**

了解酒店人力资源计划的含义、必要性和内容；把握人力资源计划方案的内容；了解酒店内部人力资源的需求变动因素和外部劳动力市场供求变动产生的影响；掌握酒店人力资源供求预测的常用方法；了解人力资源的发展战略，熟悉人力资源的发展战略的制定程序和实施过程；把握企业发展战略与人力资源发展战略的形式和作用，以及它们的相互关系；了解酒店企业文化的内涵、企业文化的构成和作用，重视企业文化的建设，以及企业文化与企业发展战略的关系等，是我们这一章学习的目的。

酒店人员的数量和质量是随着酒店规模和档次的变化而不断变化的，为了保证酒店人力资源的正常供给，酒店人事部门要随时掌握本酒店人力资源的供给与需求情况，并能根据酒店经营策略的改变、酒店外部环境的变化与社会发展及酒店事业发展的需要安排、制定和调整人力资源计划，不但要制定酒店近期的人力资源发展计划，还要制定酒店中长期的人力资源发展战略，以保证酒店长远发展利益。酒店有了正确的人力资源发展战略，才能较好地树立酒店形象，不断提高经营水平，使酒店在竞争中立于不败之地。此外，酒店的人力资源发展计划要与酒店的整体发展战略、企业文化相一致，这样才能更好地发挥其功能与作用，保持酒店的长期稳定和发展。

## 第一节　酒店人力资源计划

人力资源计划是指企业要通过收集和利用信息对酒店发展中所需要人员的供需进行预测，并根据酒店供需状况及变化情况做出的、以保证酒店人力资源需求的相应计划。其中包括人力资源的发展趋势、人力资源数量和素质的变化情况、人力资源需要的情况与实际情况之间的缺口、如何保持本酒店人力资源的供给等内容。

## 一、酒店人力资源计划的必要性

### 1. 保持酒店正常人力资源的需求

在酒店工作中，经常会出现人员流动，一旦出现空缺，需要有相应的人员弥补，特别是对于规模较大、等级较高的酒店，员工分工十分细致，对于不同岗位的员工专业化水平要求较高，新员工上岗前必须要进行一定时间的专业培训，一旦出现空缺，临时从其他岗位抽调会有困难，员工对岗位工作不熟悉会影响工作效率和酒店的服务质量，因此，对于酒店人力资源的供求要通过预测，制定一个整体的计划，使酒店人力资源能保持正常的供应。

### 2. 减少人力资源引进的盲目性

如果酒店对于人力资源的管理与引进缺少计划性，而在酒店缺少员工时临时招聘员工，很容易导致录用标准的下降。特别是招聘进来的员工未经过本酒店一定时期的专业培训，可能因缺少专业知识或不适应酒店服务工作和员工纪律的要求，导致酒店服务质量下降，也有可能招进的年轻员工对工作朝三暮四，迁徙性强，为今后酒店员工流动率的增高埋下伏笔。因此，人力资源战略计划要根据酒店离职率的情况，定期培训候补员工，以减少临时招聘的种种缺点。

### 3. 有助于保持酒店经营水平的稳定发展

由于酒店的经营水平与规模是与社会经济、开放程度、人们的生活水平等因素息息相关，酒店的人力资源情况也是随着社会的发展方向、酒店的经营水平不断变化的。对酒店人力资源的未来需求缺少正确的判断，必然会影响酒店经营战略的转变，影响酒店经营水平的提高。因此，酒店人力资源计划的制定要根据整个社会经济、地区经济、人民的生活水平、旅游业的发展、同行业的竞争情况等进行科学的预测与规划，要根据形势的变化随时调整计划，可以通过拟定中短期计划等方式保证酒店发展中员工规模、质量不断变化的需要。

## 二、酒店人力资源计划的制定

酒店人力资源计划的制定主要是研究社会和法律环境的变动可能对酒店人力资源管理产生的影响，对酒店面临的人力供求形势进行预测和分析，从而制定出适应酒店发展规模与速度的、适应酒店经营方针的人力资源计划。计划的最终目的是为了实现员工和酒店的利益，最有效地利用现有人才和稀缺人才，计划的制定目标要随着酒店所处的环境、发展战略与规划、酒店经营结构的变化与员工工作行为表现的变化而不断变化。

由于人力资源计划影响到酒店的进一步发展，也需要投入一定的人力物力，需要涉及有关人员对于大量资料、信息的收集，分析与预测，其中包括整个社会经济的发展预测、地区经济的发展预测与本行业的发展预测，涉及整个社会劳动力的供求状况、本行业劳动力资源的稀缺性等，对于拟定的方案要经过管理层反复的审查和评估。对于酒店管理者来说，不能忽视酒店人力资源计划的制定，而必须加以重视。

计划方案应该包括招聘、辞退、晋升、培训、工作调动、工资福利等内容及其变化情况，要根据目前的现状及预测的结果制定具体的行为方案，方案要与酒店的经营计划和组织计划紧密相关，因此，方案的计划首先要与酒店的发展目标相一致，要与酒店的管理理念、企业文化、市场定位以及经营方式相适应，方案要从动态形式上分析考虑员工的需要、员工的供给和协调员工的供求缺口等问题。

## 三、酒店人力资源的供求预测

人力资源供求预测是酒店人力资源计划的主要内容，如果能正确地预测人力资源的供求情况，有助于提高计划的准确性。人力资源供求预测主要分为两个方面：

### 1. 内部人力资源的需求变动

一方面，由于酒店的发展规模、发展方向、发展战略的变化会在很大程度上影响员工数量、素质、结构等方面的变化；由于经营计划、经营方针和经营管理风格的变化，对员工的素质和数量也会发生变化，会影响员工的流动性；由于酒店辞职率和员工流动性的变化，会影响员工人力资源的需求变化；此外，酒店人力资源现状对于酒店经营水平、经营方向的适应程度也会影响酒店员工人力资源需求的变化。如酒店为了提高等级，要求员工素质达到相应的水平，一些素质达不到的员工可能会产生流动；酒店管理者为了扩大经营规模，提高利润，加快资本积累，对员工工资及福利待遇的政策有所变动，会影响人员内部的调剂与进出；随着经济环境的变化，酒店经济规模的变化会引起员工的调入调出等。另一方面，员工由于经济、家庭、社会等多方面因素的影响，对于其收入、工作性质、自我追求的目标等发生变化，或对本酒店经济方式、管理方法、福利待遇等方面的不满意，或有其他他认为更合适自己的工作而产生工作的调动或辞职，也会在一定程度上影响酒店人力资源的需求变动。

由于以上内部因素的变动对人力资源的需求产生影响，因此，对于人力资源的需求情况要首先预测以上因素的变化情况，从而预测对人力资源的影响程度，进一步制定相应的对策措施。

### 2．外部劳动力市场的供求变动

由于酒店的生存离不开社会这个大环境，酒店人力资源的供求也需要依靠社会环境来调节，因此，在对内部因素进行预测的同时，还需要对酒店的外部环境予以关注。外部环境变化包括：宏观经济形势和行业经济形势，即国家的大政方针及行业的发展状况；人口和社会发展趋势，劳动力市场的供求情况；政府的管制情况、市场的竞争程度以及行业技术的发展程度等。这些因素都在一定程度上对酒店的人力资源的供给产生影响。如国家经济发展稳定，政策开放程度高，居民收入水平提高，旅游或外出的人口多，对于酒店的发展会起到直接的推动作用，酒店对于人力资源的需要也会稳定发展；社会闲散劳动力多，对于人力资源的来源及工资水平就有较宽松的调节能力；国家对退休、离职等政策的变化会影响员工数量的变动等。

从以上两方面也可看出，酒店的人力资源依靠酒店内部的劳动力市场和外部社会劳动力市场：即酒店可以自己培训员工，调节员工在各部门的分配。由于酒店组织往往优先考虑为自己的员工提供晋升、工作调动和其他职业改善的机会，所以，内部劳动力市场对人力资源计划的影响更为直接。同时酒店也必须依靠外部劳动力市场满足供求。如由于员工自愿辞职、生病、死亡、开除等非正常因素的员工减少，酒店扩大经营规模或开展经营多元化等原因需要借助于就业服务机构、大学、人才市场等酒店以外的渠道来补充人力供应。外部劳动力市场对于保持酒店人力资源的正常和特殊需要也起着十分重要的调节作用。

### 3．酒店人力资源需求预测的方法

（1）主观判断。对于人力资源的管理者可根据多年的实践经验和酒店运作的正常情况，对酒店人力资源的需求作出判断，这种判断的精确程度可以取决于管理者的个人经验与判断能力。一位好的人事管理者，对酒店各部门人员素质、数量供求及变动情况是比较熟悉的，他可以比较正确地判断出为保持酒店正常运作所需要的人员素质和数量水平，也能估计到为了适应酒店发展可能要变动的人员情况。这除了需要熟悉各部门领导、员工的工作情况外，还要对他们的学习、家庭、婚姻、经济条件等情况有所了解，这样，才能掌握员工的工作稳定情况，估计出可能发生的人员变动和需求情况。

（2）定量分析。人力资源供求定量分析的方法有很多，如工作量预测法、趋势预测法、回归预测法、移动平均法、季节指数法等，但这些方法不一定都适合各酒店的实际工作情况，酒店可根据不同部门，不同时期的特点，选用一些较符合实际的分析方法。

工作量预测法：即根据以往从事某一项工作所需要的人力情况测算出单位时间内每人的工作量，再根据未来的工作量计算出完成总工作量所需要的人力资源

情况。由于酒店的季节性强，工作量不稳定，此方法要符合季节性的特点。如：酒店客房部有三类工作，现预测一年四季所需要的最低人力数。

首先，根据现有资料得知三类工作所需要的标准任务量为：5，8，12 间客房/人，全酒店共有客房 200 间。

其次，估计未来三年不同的四季中平均客房率为：70%，50%，85%，60%，折算所需要人数分别为：

第一类：28 人，20 人，34 人，24 人；

第二类：18 人，13 人，21 人，15 人；

第三类：12 人，8 人，14 人，10 人。

最后得出：四个季度共需 58 人，41 人，69 人，49 人。未来三年中客房部一年四季中所需要的最低人力数为 41 人。

趋势预测法：根据过去一段时间的历史数据资料，然后用最小平方法求得趋势线，将这趋势线延长，就可预测未来数值。

此方法以时间（或产量等）因素作为自变量，人力数为因变量，还要求过去人力的增减趋势保持不变，一切内外影响因素保持不变，因此一般不大适合酒店的实际应用。

如：某酒店过去 8 年中所拥有的员工人数为：

| 年 | 1 | 2 | 3 | 4 | 5 | 6 | 7 | 8 | 9 |
|---|---|---|---|---|---|---|---|---|---|
| 人数（人） | 445 | 468 | 498 | 511 | 500 | 512 | 520 | 508 | ? |

按此趋势预测第九年的员工数。

利用最小平方法，求直线方程：

$$y = a + bx$$

其中：

$$a = \overline{y} - b\frac{\sum_{i=1}^{n} x_i}{n}$$

$$b = \frac{\sum_{i=1}^{n}(x_i - \overline{x})(y_i - \overline{y})}{\sum_{i=1}^{n}(x_i - \overline{x})^2}$$

得：

$$\overline{y} = \frac{\sum_{i=1}^{n} y_i}{n} \qquad \overline{x} = \frac{\sum_{i=1}^{n} x_i}{n}$$

$$a = 468.2 \qquad b = 7.4$$

$$\overline{y} = 501.5 \qquad \overline{x} = 4.5$$

求得第九年所需员工人数为：$y_9 = 534.8$（人）

多元回归观测法：这是一种从事物变化的因果关系来进行预测的方法，它是把多个因素作为自变量，运用事物之间的各种因果关系，根据多个自变量的变化来推测与之有关的因变量的变化。因而是比较科学和准确的，但预测方法也比较复杂。

第一步：确定适当的与人力资源需求量有关的组织因素。组织因素应与组织的基本特征直接相关，而且它的变化必须与所需的人力资源需求量变化成比例。

第二步：找出历史上组织因素与员工数量之间的关系：如员工与客人数量的比例关系。

第三步：计算劳动生产率。如：

| 时间<br>（年份） | 组织因素<br>（客人数/年）（人） | 劳动生产率<br>（员工数/客人数） | 员工需求数量<br>（员工数）（人） |
|---|---|---|---|
| 1992 | 1 000 | 5/12 | 417 |
| 1993 | 1 200 | 5/15 | 400 |
| 1994 | 1 480 | 5/17 | 435 |
| 1995 | 1 450 | 5/21 | 345 |

第四步：确立劳动生产率的变化趋势以及对趋势的调整，要根据过去一段时间内劳动生产率的变化趋势，推算出平均每年劳动生产率变化和组织因素的变化，以此为依据就可预测下一年的人员需求情况。

第五步：通过分析，本酒店劳动生产率基本稳定在每 5 个员工服务 20 个客人，由此预测未来两年的人员需求量：

| 年份 | 客人数/年（人） | 员工数/人数 | 员工需求数量（人） |
|---|---|---|---|
| 1996 | 1 900 | 5/20 | 475 |
| 1997 | 1 800 | 5/20 | 450 |

在这里，酒店的客源数是被作为已知数使用的，实际上酒店的客源数一年与另一年的差距有可能由于外部环境的变化或某种特殊因素而产生较大差异，在运用此方法时，必须对客源数有一个相对准确的估计。

此外，酒店也可以建立一套人员需求计算机预测系统，根据一些基础数据的预测和分析，直接预测酒店员工或管理人员的需求数。

**4．酒店人力资源供给预测的方法**

人力资源供给包括内部与外部供给两方面，首先要进行内部人力资源供给的预测，在内部人力资源供给不足的情况下，再确定对外部人力资源的需求。

(1) 主观判断法。人事部门对于酒店的每一工作岗位，每一员工的职位、绩效与工作潜力都要有一个基本的了解，对于绩效过低或过高的员工要特别加以重视，前者组织要准备将其辞退或离职，后者则准备在一定时机替补上一级的职务，两种情况都需要有人替代其工作；对于酒店的每一工作岗位，特别是领导和重要的工作岗位，也要有候补人选，要把培训、培养的工作做在前面。可以根据候补人员绩效的表现将其分为已具备晋升或任职条件、需要进一步培训、需要进一步考察等多个梯队，以备选用。

(2) 定量分析法。定量分析的方法有马尔科夫转移矩阵法：假定组织内部的员工流动模式与流动比率会在未来大致重复，即在一定时间，从某一状态转移到另一状态的人数比例与以前的比例相同，这个比例称为转移率，以该时间段的起始时刻状态的总人数的百分值来表示。所以可根据过去的时间段中人员流动的资料来构成转移矩阵，作为预测的依据。如果给定各个状态的人数、转移率和从外界补充进来的人员数目，各类人员的未来时刻的人数就可以预测出来。

这一转移模型可用以下公式来描述。

$$n_i(t) = \sum_{j=1}^{k} nj(t-1) \cdot p_{ji} + r_i(t)$$

其中：$n_i(t)$——时刻 $t$ 时 $i$ 类的人数

$p_{ji}$——从 $j$ 类向 $i$ 类转移的转移率

$r_i(t)$——在时间$(t-1, t)$内 $i$ 类所补充的人数

$i, j = 1, 2, \cdots, k$　$k$ 为工作分类数

$i = 1, 2, \cdots$

$$p = \begin{cases} p_{11} & p_{12} & \cdots & p_{1k} \\ p_{21} & p_{22} & \cdots & p_{2k} \\ \vdots & \vdots & & \vdots \\ p_{k1} & p_{k2} & \cdots & p_{kk} \end{cases}$$ 各类之间的人员转移矩阵。

此外，对于外部人力资源供给的预测则需要掌握和分析本地区人口及劳动力数量及构成情况，劳动力价格、受教育程度与教育结构的变化、外来人口及劳动力情况、经济社会发展情况、本行业劳动力供求情况、酒店工作的吸引力，与酒店有关的大学、专科院校毕业生的多少等等。还有国家有关劳动人事的政策、社会的价值观念和公众的兴趣等都会对酒店外部招聘人员的数量与质量产生不同的影响。

一般来说，在酒店内部无合适人选，所需人员属于操作层，酒店业务的发展或开拓新的业务范围，酒店需要通过注入新鲜血液促进其发展的活力等情况下，才会向酒店外部招聘。

### 四、人力资源计划的控制

通过人力资源变动因素的预测，可以得到的结论可能有三种：一是需求和供给彼此基本适应；二是需求超过供给，这意味着组织在人力方面存在短缺；三是需求小于供给，这意味着组织在人力上存在着过剩。一旦预测得出结论，就可以采取相应的计划措施。如对于第二种情况，可以及时寻找新的招聘来源，加快培训速度，增加对求职者的吸引强度，增加临时员工等。也可以通过适当地提高收入来提高现有员工的工作时间或工作效率弥补暂时的短缺。对于第三种情况可以采用减少现有员工的工作时间，减少加班数量，提前退休，减少新进员工的数量，甚至可以辞退部分员工。

## 第二节　酒店人力资源发展战略

人力资源的发展战略是指酒店为适应社会经济及外部环境的变化以及人力资源开发与管理自身日益发展的需要而制定的人力资源开发与管理的纲领性的长远规划。

酒店的生存与发展是与本国、本地区社会经济发展和社会的安定程度息息相关的，它发展的水平与规模是社会经济稳定发展、人民生活水平不断提高的一个象征。酒店的发展模式与发展水平又与世界酒店业的发展紧密相连。为了保证酒店正常、稳定的发展，保证酒店长远的发展利益，必须制定相应的人力资源发展战略。它对于提高酒店的经营水平，扩大酒店的声誉起着重要的作用，也是社会经济快速发展变化和管理水平不断提高的必然要求。

### 一、酒店外部环境的变化

#### 1. 社会经济的发展变化

随着社会经济的不断发展变化，科学技术在经济发展中起到了越来越重要的作用，作为劳动力中起主导作用的人的因素成为企业竞争的关键因素，企业竞争实质上就是人才竞争，没有人才优势，就丧失了竞争优势。因此，人力资源的开发管理在企业发展中起到越来越重要的作用。

而社会发展的外部环境的发展变化也对人力资源提出了越来越高的要求。由于酒店实行等级制度，好的管理人才无疑是酒店成败的关键。现代酒店不仅要求

管理者精通酒店业务，还须掌握现代管理的技术与方法，如计算机、通讯设备、领导艺术、企业文化等，还要了解和掌握社会经济发展动向以及本行业的发展变化情况，要具有战略发展的眼光和管理企业及人力资源的能力。只有有了掌握现代企业管理方法和技术的管理者，才有可能创造现代企业的效率与服务。

**2. 人力资源管理的变化**

由于人力资源在企业发展中地位的不断提高，员工在企业的地位和作用也不断提高。"以人为中心"是人力资源管理的新的变化特点。实践证明，民主的、自主式的管理方式是管理员工最有效的方法。为了能够充分地发挥广大员工的积极性，培养他们爱企业、爱岗敬业的精神，人力资源的开发与管理方式逐步由集中、监督管理为主转向以分散、自主、指导为主，人力资源部门主要是制定有关的政策，而由职能部门、基层领导个人分散执行，再由人力资源部门负责指导与监督。这样，能让员工有更多的参与管理与决策的机会，使员工受尊重的需要和自我价值实现的需要得到较好的满足。

同时，为了维持酒店工作的正常运作，必须制定严格的纪律和各项规章制度。但并不是说普通员工就只是无条件地执行和遵守纪律，而是要通过广泛听取员工对于酒店管理与发展的各项意见、建议，鼓励员工参与各项制度的制定。通过对员工进行爱岗敬业的教育，使员工变被动式的接受管理为主动地遵守和维护各项制度，使他们把酒店当作自己的家，热爱酒店，通过自己的工作维护酒店的利益与声誉。只有这样，酒店才能创造出温馨、安全、舒适的环境，才能真正赢得客人的信赖。因此，人力资源管理方法的变化在酒店同样起着重要的作用，它对于调动员工的积极性和创造性，对于培养员工的献身精神都起到较好的促进作用。

## 二、酒店人力资源战略的制定

由于人力资源战略是根据内外部条件的变化而制定的，是以保证酒店经营长期稳定发展为目标的，因此，对于战略的制定首先是依据酒店内外部的发展条件，根据环境不断变化及酒店经营宗旨的制定与改变而进行设定与修正。这一战略的制定必须能保障酒店始终具有一支稳定、热爱本职工作、高素质的员工队伍。

**1. 酒店人力资源战略制定的程序**

(1) 搜集有关经济、旅游、酒店等相关方面的信息与资源进行分析研究，预测出一段时期内经济社会发展的动向，旅游业发展的情况，相关产业如交通、信息、商业、金融业发展的情况及酒店行业的发展规模、档次、分布范围等情况，

从而对本酒店生存与发展的外部环境有一定的了解并掌握发展的基本脉络。

（2）熟悉并掌握本酒店的发展宗旨与发展目标、企业文化及人力资源的现状，包括数量与结构，素质与能力，劳动生产率与员工的劳动态度、价值观等。

（3）根据以上内外部的发展现状与发展趋势，分析出内外部因素的变化对酒店发展的影响与作用程度，制定出符合本酒店发展情况的长期战略。这一战略应包括发展的具体思路，主要的发展目标和方向，发展重点与需要解决的困难及矛盾，发展的趋势及要达到发展目标所必须采取的具体措施。

（4）由于内外部环境的不断变化，在发展战略制定后，要根据环境的变化与战略实施过程中出现或暴露的问题进行不断地调整与修正。通过不断地调整、修正、再调整、再修正，提高发展战略的可行性程度并达到指导酒店具体工作、保持酒店经营稳定发展的目的。

**2．酒店人力资源战略的实施过程**

战略一经制定，就要步入实施阶段，战略的实施过程比战略的制定更复杂，也更重要。它关系到所制定的战略是否能真正付诸实践，是否能达到预期的效果等。

（1）发起阶段。这一阶段主要的工作是进行大力宣传、讲解所制定的战略的重要性，特别是酒店的管理人员，要充分认识其战略的意义、优点及可能存在或产生的问题，以便在今后战略的实施过程中能及时发现问题，解决问题。对于广大员工也要灌输战略的基本思想和重点，要使员工认识到人力资源战略的必要性和迫切性，认识到战略的实施对企业和个人所带来的影响和机遇，以便在工作中能理解和支持执行人员的行为和决定。

（2）控制阶段。在战略的实施过程中要要求各部门领导将发展战略细分和具体化，要安排好分阶段任务的实施，要处理好新战略与旧战略的衔接，要通过价值观念、企业文化、激励与控制、信息交流等因素将企业的发展战略确实落实下去，逐步成为制度化的工作内容。

（3）评估阶段。发展战略是根据企业所处的内外部环境和发展方向所制定的，为了保证战略任务的完成，它需要在实践中根据不断发展变化的环境与条件加以改革与完善，因此，在战略实施过程中，要对战略实施的效果进行评估，及时纠正偏差，并依据新的形势与情况不断加以完善。

**3．几种企业发展战略与人力资源战略简述**

企业的发展战略是多种多样的，具体采取何种发展战略，取决于经营的环境与条件，取决于管理者的经营方式与经营目标，同时也受管理者个人文化、个性等特点的影响。

(1) 企业发展战略。

①扩展战略。在外部发展环境良好或经济迅速发展时期，或本企业有极好的发展前景与发展能力时可采用扩展战略。即酒店管理者的发展目标是不断地扩大自已的经营范围与经营领域，通过一个酒店的崛起，带动其他产业或多个酒店的产生与发展。如通过酒店经营信誉和知名度的不断提高，通过本酒店创造的利润，在本地或其他地区建立多个分酒店，从而不断地扩大经营规模，扩充实力。或依靠酒店的发展去开拓其他经营领域，如商场、旅游产品、度假区等。扩展战略可较快地提高企业的经济实力，扩大知名度。但扩展性战略的实施一定要与企业的发展能力相适应，不切实际地盲目扩大经营会得到欲速不达的结果，甚至会拖垮整个企业。

②收缩战略。在经济衰退、本行业竞争激烈、整个市场需求下降或酒店经营环境与条件发生变化时，如交通环境或地理环境发生变化使酒店丧失了原有的地理环境优势和交通优势，或由于旅游热点的转换使酒店所在地区的旅游热转淡等，为了及时地克服危机，制止更大的利润滑坡，酒店可以采取收缩战略。收缩战略有：改变战略，即通过修订现行战略使之适应新的市场；撤退战略，即及时转向其他经营领域或根据市场需要改变酒店的档次、规模等，甚至可以破产或移交。紧缩战略可以及时果断地挽救企业生命，使企业通过总结经营失败的教训，整理内部各种关系，使企业摆脱危机，提高企业应变能力和竞争力。但紧缩战略容易使企业陷入消极经营状态，降低员工士气，如果处理得不果断也会断送整个企业。

③稳定战略。在酒店实力有限、只能维持原有的经营业绩或酒店外部环境发展变化等情况下，酒店只能在完善企业内部经营机制上下工夫，加强管理，努力降低成本，提高服务质量，以此战略提高对外界环境的抗干扰能力，保持和加强自已的实力，积蓄能量。这种战略可以在这一时期内有助于企业的维持与发展，但缺点是企业发展缓慢，在稳定战略实施的过程中，如果管理者过多地注重内部管理的改善，容易忽略外界环境变化及产生的发展机遇。

④重组战略。由于竞争的需要、扩大经济实力的需要或迫于经营上的困难和压力等情况，可以采用重组战略。酒店可根据发展的需要与条件，通过资产重组的方式寻求发展。如与其他酒店进行联合以扩大实力，也可以根据自已的实力情况，收购其他小的酒店或企业，或被其他企业兼并或收购等，这种方式可以使酒店在较短的时间内扩大实力，提高市场竞争能力或摆脱危机。重组战略可以提高企业的市场适应能力和技术创新能力，提高企业的管理水平，减少风险，增强经济实力。但采用重组战略一定要“情投意合”，实事求是，并要选择好时机与对象，至于重组是否成功，还要看重组后企业组织结构的变革状况和重组策略的变化，还要看是否能达到预期的目标。

（2）人力资源发展战略。

①高薪战略。这一战略就是指酒店利用丰厚的工资待遇或住房、高福利等方式吸引人才，从而在短时间内提高本酒店员工，特别是中、高级管理人员的素质，迅速提高酒店的经营水平和档次。这一战略往往使用在招聘酒店中、高级管理人员上，特别是新建立的酒店，如果通过自己培训中、高级管理人员，需要大量的时间和精力，并且具有一定的风险。如果能通过高薪或优厚的待遇吸引到现成的高质量的人才，不失为一种好的方法。由于通过高薪聘请人才是有目标的，往往可以聘到具有较高的学历和丰富的管理经验的人才，这对酒店的发展十分有利。

②投资战略。这种战略是指酒店不断地对员工的开发与培训进行投资以达到不断提高企业竞争实力的目的。酒店除了对招聘来的员工进行培训外，对于在职的员工也分期分批地进行培训，不断地提高员工的素质，使酒店储备较丰富的各项专业人才。一方面在酒店内部形成一种良好的竞争机制，另一方面也有易于融洽上下级关系，有利于培训普通员工的敬业精神，使他们能在这种环境中较好地展现自我。这种战略多适合于大型或高星级酒店。

③参与战略。这种战略是指酒店重视并加强员工参与决策酒店发展与经营的机会，提高员工的凝聚力和向心力，使普通员工都能感到酒店就是自己的家，从而自觉地维护酒店的利益和声誉。同时，员工参与酒店的决策，也能充分体现民主和团结的精神，对于提高酒店的经营水平和信誉程度有较好的作用。

一般来说，不同酒店采取的人力资源的战略是不相同的，对于所采用的战略模式也是不同的，要根据自己酒店的实际情况进行修定，它可以是不同战略模式的组合。

（3）人力资源发展战略与企业发展战略的配合。

一个酒店的人力资源发展战略是与企业发展战略紧密相关的。也可以说，人力资源战略是符合企业发展战略的根本宗旨的。如采用扩展型发展战略的酒店，对于人力资源战略可多倾向于投资性战略，自己建立一整套的人才培训、储备体系，以适应不断发展和扩大的经营需要等。

人力资源发展战略属于整个企业发展战略的一部分，它必须与企业发展战略相配合、适应。如：一个酒店如果属于迅速发展阶段，有一定的经济实力，其发展战略是属于拓展型的，为了在较短时间内得以迅速发展，其人力资源战略就可能会相应地采用高薪战略，即挖掘其他企业的现有人才，这样可省去自己培养人才的时间和过程；企业采用稳定战略时，人力资源战略可配合参与型战略或投资型战略，这样可以充分发挥现有人才的积极性与创造性，挖掘内部潜力，努力提高酒店的服务质量等。总之，只有人力资源发展战略与企业的总体发展战略相一致，才可能发挥最大的效用。当然，每一个企业有每一个企业的具体情况，其管

理者也有不同的发展思路，即使采用同类的发展战略，也不会是完全相同的，各个企业可根据自己的情况选择、修正和完善它。

## 第三节　酒店企业文化

### 一、企业文化

企业文化是企业的目标、价值观、经营观、风气、行为规范、员工工作态度和责任心等。它反映了一个企业的精神风貌、管理经营特色及企业经济行为对社会的影响。

企业的正常运作，是通过采用计划、组织、控制、激励和领导等措施来协调企业的人力、物力和财力资源以达到预期目标的管理过程。在这一过程中，人是生产诸要素中最重要的因素，尤其是现代社会，科技进步是发展生产力、提高生产率的关键，而人是科学技术的创造者和指挥者，要充分发挥人在企业中的积极作用，要使人在社会化大生产过程中产生凝聚力和团结精神，才能使企业生产和经营高效运转。而要使企业中的人能产生积极性和创造性，发挥出巨大的潜能，必须使企业人能树立一个共同的目标，要有共同的价值观和行为规范，因此，企业文化在现代企业发展中具有十分重要的地位和作用。

#### 1. 企业精神

企业精神是一个企业的一种群体意识，是全体员工共同信守的基本信念，是企业价值观、职业道德的一种体现。它是企业文化的核心和灵魂，主要包括企业经营哲学、企业风气、企业道德、企业目标等。企业精神随着企业的发展逐步形成并固定下来，它是对企业现有的观念意识、传统习惯、行为方式中积极因素进行总结、提炼及倡导的结果。一个企业一旦形成自己的、具有一定特色的、符合社会进步和现代企业发展要求的企业精神，会给企业的发展带来生机与力量，会产生较好的生产效益和社会影响力。

(1) 企业目标。任何一个企业的发展都需要制定一个比较理想的、能振奋人们精神的目标，使个体员工能围绕这一目标的实现而共同奋斗，这是企业文化建设的最基本的内容。一个企业目标的制定要能反映企业领导者的抱负和员工的理想。通过目标的制定，可以更好的激发全体员工的工作积极性、创造性，增强责任感和成就感，树立为企业献身的精神。为了达到这样的目的，企业目标不可能单纯把盈利作为追求的目的，而要反映企业的经济效益和社会效益。

(2) 企业风气。企业风气是一个企业与其他企业不同的群体精神。它是在企业长期发展中，通过企业目标的实现逐步形成的一种群体精神风貌。它是企业价

值观、道德观的一种体现，是企业凝聚力、向心力和团结精神的体现。一个企业如果形成一种良好的企业风气，如团结、拼搏、进取的风气，就会从与企业员工的接触中感受到一种热爱企业、努力学习、敬岗敬业、不断向上的精神。一个企业如果办事拖拉，领导与群众相互不信任，单纯追求利润而不顾员工的利益与社会的利益，或者管理者利用权力通过损害企业整体利益而牟取私利等，也能从与企业员工的接触中感受到员工对企业利益不闻不问，工作松懈，人心涣散，怨气十足的精神风貌。因此，每一个企业都有与其他企业不同的企业风气，通过其独特的企业风气的形成，体现该企业的个性特点和文化氛围。

（3）企业经营哲学。企业经营哲学主要是企业管理者为实现企业目标而在经营管理中坚持的基本信念，它往往反映了企业领导者的个性特点、观念信条和思维方式。企业经营哲学的形成受企业所处的社会经济制度和周围环境等客观因素的影响，同时也受企业领导人价值观念、政策水平、文化知识水平、实践经验、思想方式、工作作风及个性特点等因素的影响。因此，企业的经营哲学对一个企业的成败也具有十分重要的影响，如果一个企业管理者信奉正确的企业经营哲学，企业的发展就可能步入健康正确的轨道，否则，企业的稳定发展将会受到影响，甚至半途而废。

（4）企业道德。企业道德包括道德意识、道德关系和道德行为，它是企业精神在思想方式和行为准则方面的体现。它受到社会发展程度、社会开放程度和社会文明程度等因素的影响，也受到企业领导与员工道德修养、文化程度及思想认识提高程度的影响。良好的企业道德能促使企业领导与员工正确处理国家、企业与个人的关系，有利于企业目标的实现与企业精神的体现，同时有助于提高服务质量，提高企业信誉度。

### 2．企业行为规范

企业的行为规范与规章制度是企业文化中的硬件部分，它体现了企业文化对员工和企业组织行为的要求。它主要包括企业的工作制度、责任制度和特殊制度。特殊制度是指企业独有的一些非一般性的制度，如职工民主评议制度、管理人员与员工对话制度等。企业精神、企业风范是在企业各种行为规范与规章制度的约束与监督下完成与维持的，企业的各项规章制度的制定也反映了企业文化的内涵，良好的企业文化往往是通过制定多种企业行为规范与规章制度来体现的，因此，企业行为规范也是企业文化中不可缺少的一部分。

此外，企业文化还包括企业标志、厂容厂貌、产品的特色、企业各项物质设施等，这些内容也能从某个方面反映一个企业文化的内涵。

## 二、酒店企业文化的作用

1. 凝　聚

企业文化的目标和价值观念一经确立并得到员工认同后，会产生巨大的凝聚力，它能把不同文化水平、不同阶层、不同岗位的人团结在一起，为了一个共同的目标而共同努力工作，它能把员工个人的思想感情和命运与企业的兴衰联系在一起；能使员工热爱企业、热爱岗位、把企业当作自己的家，努力工作，自觉维护企业的利益。

2. 激　励

好的企业文化能创造一个人人平等，能在较宽松的环境中生存与发展，能较好的展现自我，实现自我价值的氛围。由于有了这样一个氛围，无形中就会产生一种激励的作用，一方面激励员工努力工作，为企业创造更多的利润，赢得更多的信誉；另一方面使员工积极开拓自我，发挥出良好的创造性和创新精神。由于每一个人的需要是不断发展的，人的能力的展现也是可以不断开发出来的，激励越大，其开发出来的精神力量就越大，所产生的物质结果也就越大，因而，激励的作用也是无穷的。

3. 导　向

企业文化的形成与发展是要把员工的个人目标与企业的目标融合起来，使个人目标符合企业的发展目标，企业通过目标的制定与实现而形成企业统一的认识与巨大的力量，从而提高企业竞争力和促进企业发展。为此，必须使员工的个人目标与企业的总体目标一致，企业文化的形成就是要使每一个员工自觉地将自己的目标与企业的目标结合起来，为了实现企业的共同目标而努力奋斗，而只有实现了企业的目标，才可能完成自我目标的实现。

4. 约　束

企业要把众多的员工管理好，使用好，必须制定各项规章制度，但如果只是硬性的规章制度，把员工当作没有区别的、没有自我的、单纯的劳动力管理起来，往往难以收到良好的效果，强制性地规范员工的行为很难真正起到规范的作用。因此，通过企业文化的渗透与引导，使员工明白约束的作用和道理，从而更加自觉地遵守各项规章制度，减少与员工心理的冲撞，这种软约束力会更持久、更有力量。

## 三、酒店企业文化的建设

企业文化的建设是一个系统工程，是一个包括精神、制度、物质多个方面的统一体，它需要企业做大量的工作，并随着社会的发展、企业的进步而不断地完善。

### 1. 要以人为本

企业文化的建设是依靠人来创造的，也是为了人而建设的。企业文化需要通过人来实现，在实现的过程中也重新塑造了人。作为企业文化中的企业精神、企业风气、企业道德等都是企业中的人在长期的实践中创造形成的，这种文化的形成又在不断地培养和塑造人。因此，企业文化的核心是围绕一个“人”字。人是企业文化的主要因素，企业文化的建设要根据企业中的人，特别是广大员工的参与来完成，也要根据企业文化所塑造出来的人的素质来修正和完善。

### 2. 要有自己的特色

由于一个企业与其他企业无论是生产、经营还是环境，人才都存在着巨大的差异，企业文化也是有其个性特点的。一个企业要根据本企业的生产经营特点、领域、所具有的优势和企业人员的素质水平等制定、建设本企业的企业文化。要抓住企业的核心部分，突出其长处。要切合本企业的实际，建设能激励本企业员工的、有一定创造性的、具有自己特色的企业文化。企业文化切忌普通化和一般化，如果一个企业文化没有自我特色，不突出重点，实际上起不到企业文化所应有的作用。

### 3. 企业家是企业文化的领导者

企业家在企业文化建设过程中起着十分重要的作用。大多成功的企业都有优秀的企业文化与企业家。一方面不少企业的企业文化的内容或特色都来自企业家的思想与主张，企业文化的风格在某种程度上反映了企业家的风格与个性，它需要在广大员工不断地实践中加以塑造和完善，使之适应市场经济的运转。另一方面企业家要在企业文化建设中起示范和表率作用，要管理好企业文化，并在企业发展中不断地培育它、改革它。尤其是当国家政策、企业内外部环境或是科技进步取得重要突破时，当企业规模、企业产品结构、企业技术、设备条件及员工等情况发生变化时，企业家要能及时辨别方向、掌握局势，对企业文化进行必要的变革以适应新的形势。因此，企业家在企业文化的建设与发展中起着重要的作用。

## 四、企业文化与企业发展战略的关系

企业文化中一个重要的因素就是企业的发展目标，企业文化的建设要围绕这一目标的实现而发展变化，这就与企业的发展战略息息相关。

**1. 企业文化是企业发展战略得以实施的重要手段**

企业文化使企业成员形成了共同的价值观念，统一了认识，并通过企业文化发挥出凝聚、激励、导向、约束的作用，使企业员工能够团结奋斗，努力工作，这样，不但促进了实现企业的发展战略的进程，而且有利于企业制定出符合本企业实际的、具有一定特色的发展战略。

**2. 企业文化与企业发展战略是相互作用的**

企业文化与企业发展战略有一个共同的目的，就是实现企业的发展目标，为了这一目的的实现，企业文化和企业发展战略要相互协调，相互适应，在某一方出现不适应或不协调的情况下，要及时加以纠正和改革。一般来说，企业文化内容广泛，一旦形成具有一定的稳定性和持续性，可以充分利用企业文化的这一特点，促进企业发展战略的实施，并在企业发展战略实施的过程中，不断完善和巩固企业文化。由于企业文化与企业发展战略的关系是相辅相成的关系，如果处理得好，对企业发展是一个巨大的推动力，但当两者不相适应时，也会产生一些消极的作用。企业管理者要着重考虑与企业原有文化相适应的变革，不要破坏企业已经形成的行为准则，尽量避免对企业文化的重大变革。

企业文化在酒店管理中同样起着十分重要的作用，酒店比较其他生产和经营性企业更能体现管理者的领导才华与风范，由于酒店就像一个大家庭，企业文化的渗透更容易起到凝聚、激励、导向和约束的作用。酒店是通过吃、住，甚至行、娱乐来反映企业经营水平的，企业文化的好坏更能通过员工的工作态度和服务质量体现出来，客人能够通过酒店提供的各项服务，通过员工的服务质量体会本酒店的经营策略、经营方向和经营水平，体会到此酒店所蕴涵的文化与经营特色。因此，企业文化在酒店管理中有着不可低估的作用。

# 本章小结

1. 人力资源计划是指企业要通过收集和利用信息对酒店发展中所需要人员的供需进行预测，并根据酒店供需状况及变化情况做出的、以保证酒店人力资源需求的相应计划。其中包括人力资源的发展趋势、人力资源数量和素质的变化情况、人力资源需要的情况与实际情况之间的缺口、如何保持本酒店人力资源的供

给等内容。

2．酒店人力资源计划的必要性：保持酒店正常人力资源的需求；减少人力资源引进的盲目性；有助于保持酒店经营水平的稳定发展。

3．酒店人力资源计划的制定，主要是研究社会和法律环境的变动可能对酒店人力资源管理产生的影响，对酒店面临的人力供求形势进行预测和分析，从而制定出适应酒店发展规模与速度的、适应酒店经营方针的人力资源计划。计划的最终目的是为了实现员工和酒店的利益，最有效地利用现有人才和稀缺人才，计划的制定目标要随着酒店所处的环境、发展战略与规划、酒店经营结构的变化与员工工作行为表现的变化而不断变化。

4．人力资源计划方案应该包括招聘、辞退、晋升、培训、工作调动、工资福利等内容及其变化情况，要与酒店的发展目标相一致，要与酒店的管理理念、企业文化、市场定位以及经营方式相适应，方案要从动态形式上分析考虑员工的需要、员工的供给和协调员工的供求缺口等问题。

5．酒店人力资源的供求预测主要分为两个方面：内部人力资源的需求变动和外部劳动力市场的供求变动。

6．酒店内部人力资源的需求变动的因素是：由于酒店的发展规模、发展方向、发展战略的变化会在很大程度上影响员工数量、素质、结构等方面的变化；由于经营计划、经营方针和经营管理风格的变化，对员工的素质和数量也会发生变化，会影响员工的流动性；由于酒店辞职率和员工流动性的变化，会影响员工人力资源的需求变化；此外，酒店人力资源现状对于酒店经营水平、经营方向的适应程度也会影响酒店员工人力资源需求的变化。员工由于经济、家庭、社会等多方面因素的影响，也会影响酒店人力资源需求变动。内部劳动力市场对人力资源计划的影响更为直接。

7．外部劳动力市场的供求变动：由于酒店人力资源的供求依靠社会环境，包括：宏观经济形势和行业经济形势；人口和社会发展趋势，劳动力市场的供求情况；政府的管制情况、市场的竞争程度以及行业技术的发展程度等，都会对酒店的人力资源的供给产生影响。外部劳动力市场对于保持酒店人力资源的需要起重要的调节作用。

8．酒店人力资源需求预测的方法，包括：（1）主观判断；（2）定量分析。人力资源供求定量分析的方法有很多，如工作量预测法、趋势预测法、回归预测法、移动平均法、季节指数法等，酒店可根据不同部门，不同时期的特点，选用一些较符合实际的分析方法。

9．酒店人力资源供给预测的方法，包括（1）主观判断法；（2）定量分析法。定量分析的方法有马尔科夫转移矩阵法：假定组织内部的员工流动模式与流动比率会在未来大致重复，即在一定时间，从某一状态转移到另一状态的人数比

例与以前的比例相同，这个比例称为转移率，以该时间段的起始时刻状态的总人数的百分值来表示。所以可根据过去的时间段中人员流动的资料来构成转移矩阵，作为预测的依据。如果给定各个状态的人数、转移率和从外界补充进来的人员数目，各类人员的未来时刻的人数就可以预测出来。

10．人力资源的发展战略是指酒店为适应社会经济及外部环境的变化以及人力资源开发与管理自身日益发展的需要而制定的人力资源开发与管理的纲领性的长远规划。酒店人力资源战略制定的程序：(1) 收集有关经济、旅游、酒店等相关方面的信息与资源进行分析研究，掌握发展的基本脉络；(2) 熟悉并掌握本酒店的发展宗旨与发展目标、企业文化及人力资源的现状；(3) 根据现状与发展趋势，分析出内外因素变化对酒店发展的影响与作用，制定出符合酒店发展情况的长期战略；(4) 要根据环境的变化与战略实施过程中出现的问题进行不断地调整与修正。

11．酒店人力资源战略的实施过程比战略的制定更复杂，也更重要，它分为三个阶段：(1) 发起阶段。主要的工作是进行宣传、讲解所制定的战略的重要性；(2) 控制阶段。要求各部门将发展战略细分和具体化，将战略确实落实下去，成为制度化的工作内容；(3) 评估阶段。在战略实施过程中，对战略实施的效果进行评估，及时纠正，不断加以完善。

12．企业发展战略的主要形式有：①扩展战略；②收缩战略；③稳定战略；④重组战略。它们各自适用于酒店企业发展的不同的情况。

13．人力资源发展战略。包括：①高薪战略；②投资战略；③参与战略。它们在酒店企业发展中发挥不同的作用。

14．企业文化是指企业的目标、价值观、经营观、风气、行为规范、员工工作态度和责任心等。它反映了一个企业的精神风貌、管理经营特色及企业经济行为对社会的影响，在现代企业发展中具有十分重要的地位和作用。

15．企业精神是企业的一种群体意识，是全体员工共同信守的基本信念，是企业价值观、职业道德的一种体现。它是企业文化的核心和灵魂，主要包括企业经营哲学、企业风气、企业道德、企业目标等。给企业的发展带来生机与力量，会产生较好的生产效益和社会影响力。

16．酒店企业文化的作用表现为：凝聚，能把不同文化水平、不同阶层、不同岗位的人团结在一起，为了一个共同的目标而共同努力工作。激励，好的企业文化能激励员工努力工作，使员工积极开拓自我，发挥出良好的创造性和创新精神。导向，使每个员工自觉地将自己的目标与企业的目标结合起来，为了实现企业的共同目标而努力奋斗。约束，通过企业文化的渗透与引导，使员工明白约束的作用和道理，从而更加自觉地遵守各项规章制度。

17．企业文化的建设是一个系统工程，是一个包括精神、制度、物质多个方

面的统一体，它需要做大量的工作，并随社会发展、企业进步而不断地完善。因此，酒店企业文化的建设：要以人为本；要有自己的特色；企业家是企业文化的领导者；重视企业文化与企业发展战略的关系。

## 案例分析

**【案例1】**

### 酒店淡季员工的调剂

夏季过后，蓝天大酒店进入淡季，根据酒店的经营效益，在淡季不得不减少员工的收入，加上附近又开了几家新酒店，一些员工趁机跳槽或辞职，使酒店一些部门产生空缺，面对这种状况，总经理和人事部商量如何弥补这些空缺。一般情况下，可以面向社会进行招聘，但在淡季如果招收进新员工，没有多少使用的机会，还要增加工资的支出，如果靠在职员工加班弥补这些空缺也有一定的困难：一是短时间可以对付，时间长了会影响员工的正常休息。二是由于岗位分工明确，临时替补的员工对酒店的服务质量也会产生影响。如何处理酒店人力资源的不足呢？

通过大家的商议，人事部经理提出了利用淡季到职业学校要一些实习生的办法，这样既可以选择、培养酒店所需要的员工，也可以解决酒店人员缺口的问题，实习生费用低，利用淡季也可以安排有关员工专门带一下，是一举两得的好办法。总经理同意了这一建议，下午人事部门就跑了几个学校，终于联系上了学生实习的问题，学校认为有这样的机会给学生锻炼一下是十分难得的，可以使学生把课堂上学到的东西付诸实践。

**评析：**

对于酒店来说，人力资源的短缺是经常碰到的，对于如何弥补这种短缺，各个酒店都有一些办法。蓝天大酒店利用淡季招收实习生进入酒店工作是一种弥补酒店普通员工空缺的好办法。通过招收实习生，可以为酒店补充劳动力，节约工资费用，也可以通过实习生的培训，从中物色好的员工人选，在学习毕业时招收进酒店工作。这对于酒店来说可以通过带实习生，联络与学校的关系，也为本酒店员工的来源打下基础。对于学生来说，通过实习，可以增加一定的收入，找到自己将来工作的方向，明确自己的奋斗目标，甚至可以通过实习找到毕业后的工作岗位。

需要注意的是，实习生毕竟没接触过社会，没有工作经验，对于他们的管理一定要找专人负责，要给他们讲清楚酒店的各项规章制度和操作规程，要教会他们规范的服务，否则会影响酒店的服务质量。

**问题：**

1．吸收实习生弥补酒店员工的短缺有什么利弊？

2．如果你是酒店管理者，你有什么更好的方法？

**【案例 2】**

**餐饮部经理的选择**

东方饭店餐饮部经理出现空缺，饭店决定从本饭店内进行选拔，人事部为此做了大量的准备工作，经考核和推荐，最后决定从三个主管中选一人。如果你是总经理，你会选择哪位？

A　女，25 岁，未婚，旅游学院毕业，现任客房部副主管。为人热情、能干、善于交际，有上进心，熟悉酒店工作，人缘好，但也有人反映她对男士过于“热情”，特别是男领导。

B　男，32 岁。大专毕业并受过餐饮烹饪专业培训，现任餐饮部副经理，为人老实、办事可靠，工作认真负责，熟悉餐饮部工作。虽然群众对他反映不错，但办事谨慎有余，缺少创造性，是一个“老好人”。

C　男，28 岁，已婚。旅游职业高中毕业，现任餐饮部中餐厅主管。此人有一定的管理能力，工作积极主动，作风正派，有开拓精神，热爱酒店工作。但相比之下学历较低。

**评析：**

一个酒店经营水平的高低取决于酒店管理者的管理水平，对于管理人员的选择是十分重要的，一个酒店如果仅有高档的硬件设施而缺少优秀的管理人员，是无法得到应有的经济效益和社会效益的，为了吸引高质量的管理人才，一些酒店不惜出重金招聘的事经常发生。有些酒店在原管理者经营下无法生存，通过转让或更换管理者起死回生的例子也是有的。这些都说明管理者的重要性。因此，对于管理人员的选择要慎重，选择什么样的人管理酒店要以能提高酒店经营水平，提高员工工作热情，提高酒店的信誉度为标准。

**问题：**

1．你认为选择 A、B、C 哪位人选为餐饮部经理更合适？理由是什么？

2．你认为担任酒店管理人员的基本要求是什么？其中什么条件是主要的？

## 练习题

1．什么是人力资源计划？为什么要制定人力资源计划？
2．制定酒店人力资源计划需要研究哪些问题？
3．试分析酒店内部人力资源的需求变动的因素。
4．酒店人力资源需求预测有哪些方法？它们的内容是什么？
5．什么是马尔科夫转移矩阵法？它的作用是什么？
6．企业发展战略有哪些形式？
7．试分析不同人力资源发展战略的作用。
8．简述企业文化的内容和作用。
9．为什么说企业精神是企业文化的核心和灵魂？

# 第4章 酒店员工招聘

**本章提示与学习目的：**

员工招聘是酒店人力资源管理中一个非常重要的环节，它与酒店其他的人力资源管理活动之间存在着密切的联系。在员工招聘开始之前，酒店需要确定工作职位空缺的性质，并在此基础上确定人力资源的需求，包括需求的数量、技术组合、等级和时间要求等。在这一环节上，人力资源计划有助于我们了解所需要的工作申请人的个人特征。通过本章的学习，了解制定酒店招聘计划时必须牢记的问题；熟悉酒店员工招聘的过程和招聘工作应遵循的原则；掌握招聘渠道和招聘程序；能利用各种渠道发布招聘信息；熟悉面试程序和能够确定面试内容；掌握面试的提问方式和技巧；在征召到应聘人之后要进行初选，初选是一种快速而粗略的挑选过程，可以只根据工作所需要的某一个关键性特征（如身体特征或教育背景）进行选择。随后的录用环节则比较严格和规范，需要进行比较全面的考察，如测试、个人面试、背景调查等。重视面试应当注意的相关问题；提高面试的质量和效果；在录用新员工后要开展职前教育，向新员工介绍组织政策，各项规定和福利待遇等情况。为了使新员工有能力达到合格的工作绩效水准，还需要进行技能培训工作。是我们学习这一章的目的。

## 第一节　酒店招聘过程的管理

人力资源是企业最重要的资源，招聘是企业与潜在的员工接触的第一步。人们通过招聘环节了解企业，并最终决定是否愿意为它服务。从企业的角度看，只有对招聘环节进行有效的设计和良好的管理，才能得到高质量的员工，否则就只能得到平庸之辈。但是，如果高素质的员工不知道企业的人力需求信息，或者虽然知道但是对这一信息不感兴趣，或者虽然有些兴趣但是还没有达到愿意来申请的程度，那么酒店就没有机会选择这些有价值的员工。有效的招聘方法取决于劳动力市场、工作空缺的类型和酒店的特征等多种因素，但是不管怎样，以下四个问题是酒店人力资源部门在制定招聘策略时必须牢记的：第一，我们开展招聘工作的目标是什么？第二，我们需要招到怎样的员工？第三，我们需要应聘人接收

到什么样的信息？第四，这些信息怎样才能最好地传达给应聘人？

## 一、酒店员工招聘的作用

酒店通过从劳动力市场上开展招聘活动得到一些应聘人，通过对应聘人进行选择的活动得到被录用的员工，再经过培训等酒店人力资源管理活动，就可得到对酒店的成功至关重要的长期服务的员工。招聘过程的第一步是确定与酒店人力资源供给相关的劳动力市场；第二步是以此为对象开展征召活动，对酒店的征召活动做出积极的事实反应的人就成为工作的应聘人；第三步是酒店对应聘人的挑选工作，由此产生录用的员工。再经过酒店在人力资源管理方面对员工的培训工作，那些持续在酒店服务的员工就成为酒店的长期雇员。

征召环节在整个招聘过程中具有重要地位，因为今天来应聘的员工有可能成为酒店明天的高级主管。在这种意义上，招聘工作实际上决定着酒店今后的发展与成长。即使酒店的员工选拔技术和日后的员工保持计划十分有效，但是如果在征召环节上没有吸引足够数量的合格的申请人，这些选拔技术和保持计划也就不会发生作用，因此我们一定要记住招聘的成效是申请人的数量、申请人的质量、酒店的遴选技术和员工保持政策共同作用的结果。

现代酒店人力资源管理的一个重要特点就是强调员工工作生活质量的不断提高。招聘环节不仅对组织非常重要，对应聘人也非常重要。在招聘过程中，酒店一方面想向申请人表明本酒店是一个难得的工作单位，同时也想充分了解应聘人的有关信息以判断一旦他或她成为酒店的雇员将是哪一种类型的员工，以及他们潜在价值的大小，同时，应聘人一方面想向酒店表明自己是一个十分有吸引力的潜在员工，并且自己十分愿意接受这份工作，同时也想仔细地了解酒店的情况以判断自己是否应该加入这一组织。因为招聘不仅影响着酒店的未来，同样也影响着员工个人的未来。

## 二、酒店招聘成员的选择

酒店在进行招聘过程中，应聘人是与酒店的招聘组成员接触而不是与酒店接触，而且招聘活动是应聘人与酒店的第一次接触，在对酒店的特征了解甚少的情况下，应聘人会根据酒店在招聘活动中的表现来推断酒店其他方面的情况。因此，招聘人员的选择是一项非常关键的人力资源管理决策。

一般来说，招聘组成员除了应该包括酒店人力资源部门的代表以外，还可以包括经理人员。申请人会将这些招聘组成员作为酒店的一个窗口，由此判断酒店的特征。因此，招聘组成员的表现将直接影响到应聘人是否愿意接受酒店提供的工作岗位。那么，这些“窗口人员”什么样的表现能够增加应聘人的求职意愿

呢？有研究显示，招聘人员的个人风度是否优雅、知识是否丰富、办事作风是否干练等因素都直接影响着应聘人对酒店的感受和评价。伊斯特曼·柯达公司在建立招聘组的时候，首先由经理人员指定人选，然后对他们进行培训。培训的方法是进行20分钟的模拟面试，同时进行录像，再给这些人回放。柯达公司在选择大学校园招聘人员时，使用的选择标准包括高水平的人际关系沟通技能、对公司的热心程度、对公司与工作了解的程度以及被学生与同事信任的程度。

## 三、酒店招聘收益金字塔

招聘从酒店获得应征信函开始，经过笔试、面试等各个筛选环节，最后才能决定正式录用或试用。在这一过程中，应聘者的人数变得越来越少，就像金字塔一样。这里所谓的招聘收益指的是经过招聘过程中的各个环节筛选后留下的应聘者的数量，留下的数量大，我们就说招聘收益大，反之就说招聘的收益小。酒店中的工作岗位可以划分为许多种，在招聘过程中针对每种岗位空缺所需要付出的努力程度是有差别的。到底为招聘到某种岗位上足够数量的合格员工应该付出多大的努力可以根据过去的经验数据来确定，招聘收益金字塔就是这样一种经验分析工具。

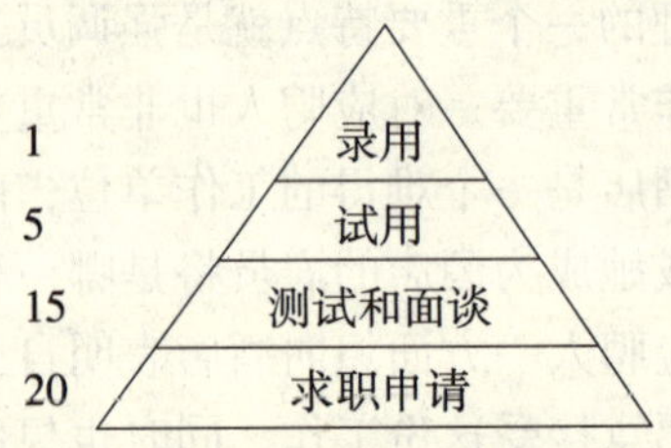


**图 4－1　招聘收益金字塔**

如图4－1所示，假设根据酒店过去的经验，每成功地录用到一个员工，需要对5个应聘人进行试用，而要挑选到5个理想的应聘人又需要15个人来参加招聘测试和面谈筛选程序，而挑选出15名合格的测试和筛选对象又需要有20人提出求职申请。那么，如果现在酒店想最终能够招聘到10名合格的员工，就需要有至少200人递交求职信和个人简历，而且酒店发出的招聘信息必须有比200人多很多的人能够接收到。由此可见，招聘收益金字塔可以帮助酒店人力资源部门对招聘的宣传计划和实施过程有一个准确的估计与有效的设计，它可以帮助酒店决定为了招聘到足够数量的合格员工，需要吸引多少应聘者。

在确定工作申请资格时，酒店有不同的策略可以选择。一种策略是把申请资格设定得比较高，于是符合标准的申请人就比较少，然后组织花费比较多的时间

和费用来仔细挑选最好的员工。另一种策略是把申请资格设定得比较低，于是符合标准的申请人就比较多。这时酒店有比较充分的选择余地，招聘的成本会比较低。一般而言，如果酒店招聘的工作岗位对于酒店而言至关重要，员工质量是第一位的选择，就应该采取第一种策略。如果劳动力市场供给形势比较紧张，酒店也缺乏足够的招聘费用，同时招聘的工作对于酒店不是十分重要，就应该采取第二种策略。

在招募新员工时，酒店面临的问题是如何在众多的应聘人中挑选出合格的有工作热情的应征者。特别是在我国现阶段，就业形势严峻，劳动力过剩将是一个长期存在的现象。那些经营业绩出众的高星级酒店，在招聘中面对的将是一个申请人的汪洋大海。酒店的招聘是一个过滤器，它决定着什么样的员工能成为酒店的一员。一个理想录用过程的一个重要特征是被录用的人数相对于最初应聘者的人数少得多。这种大浪淘沙式的录用可以保证录用到能力比较强的员工。而且能力强的员工在接受培训后的生产率提高幅度将高于经过同样培训的能力差的员工。

## 四、真实工作预览

在招聘过程中，酒店总是会使用各种办法来吸引应聘人，酒店常用的项目包括奖励、工作条件、职业前景、技能训练、自助餐、住房优惠贷款和工作的挑战性等。但需要指出的是，酒店在想方设法吸引外部人才加盟时，不能顾此失彼，导致新员工与原有的员工之间的不公平。酒店在吸引工作申请人时，酒店不应该只展示酒店好的一面，同时也应该让应聘人了解酒店不好的一面，以便使应聘人对酒店的真实情况有一个全面的了解。在美国，一些公司经常使用小册子、录像带、光盘、广告和面谈等方式开展真实工作预览工作。真实工作预览的优点是：第一，展示真实的未来工作情景，可以使工作申请人首先进行一次自我筛选，判断自己与这家酒店的要求是否匹配。另外，还可以进一步决定自己可以申请哪些职位，不申请哪些职位，这就为日后减少离职奠定了良好的基础。第二，真实工作预览可以使工作申请人清楚什么是可以在这个酒店中期望的，什么是不可以期望的。这样，一旦他们加入到酒店以后，就不会产生强烈的失望感，而是会增加他们工作的满意程度、投入程度和长期服务的可能性。第三，这些真实的未来工作情景可以使应聘人及早做好思想准备，一旦日后的工作中出现困难，他们也不会回避难题，而是积极设法解决难题。第四，酒店向应聘人全面展示未来的工作情景会使应聘人感到酒店是真诚的，可以信赖的。

酒店在准备实际工作预览的内容时，应该注意以下五个方面：第一，真实性。第二，详细程度。酒店不应该仅仅只给出休假政策和酒店的总体特征这样一些宽泛的信息，还应该对诸如日常的工作环境等细节问题也给出详细的介绍。第

三，内容的全面性。酒店应该对员工的晋升机会、工作过程中的监控程度和各个部门的情况逐一介绍。第四，可信性。第五，应聘人关心的要点。一个酒店的有些方面是应聘人可以从公开渠道了解的，因此这不应该成为真实工作预览的重点。真实工作预览应该着重说明那些应聘人关心的但是又很难从其他渠道获得的信息。

### 五、招募过程管理与招聘周期

酒店的招聘工作很容易出现失误，而且一旦招聘过程中出现失误就可能损害酒店的声誉，为此应该遵循以下原则：第一，申请书和个人简历必须按照规定的时间递交给招聘部门，以免造成丢失；第二，每个申请人在招聘过程中的某些重要活动（如来酒店面试）必须按时记录；第三，酒店应该及时对申请者的工作申请作出书面答复，否则会给申请人造成该酒店工作不力或傲慢的印象；第四，应聘人和雇主关于就业条件的讨价还价应该以公布的招聘规定为依据，并及时记录。否则如果同一个应聘人在不同的时间或不同的部门得到的待遇许诺相差很大，就必然会出现混乱；第五，没有接受酒店提供的雇用条件的应聘者的有关材料应该保存一段时间。

酒店招聘周期的长度要受到许多因素的影响。首先，不同的工作岗位空缺填补的时间会有所不同；在不同的社会中，劳动力市场的发达程度不同，酒店的招聘周期也不一样。此外，酒店人力资源计划的质量对招聘周期也有影响。以美国为例，平均地说，经理人员和主管的招聘周期是6.8周，销售人员的招聘周期是4.9周，办公室文秘人员的招聘周期是2.7周，操作员工的招聘周期是2.1周。一般而言，酒店中空缺持续的时间既反映着发现应聘人的难度，也反映着酒店招聘和选择过程的效率。

## 第二节　酒店员工招聘渠道

酒店招聘工作的一个重要环节是掌握员工的来源渠道，并加以分析比较，以便有效地招聘员工。

### 一、内部招聘渠道

通常，酒店员工的来源之一是本单位员工的介绍，包括其亲友、熟人。这一来源有利有弊。有利之处是：第一，应聘者能较快地适应工作环境；第二，节省招聘费用等。但也存在不利之处：这种招聘渠道易在员工中形成小群体。

## 二、外部招聘渠道

外部招聘是酒店员工的主要来源，与内部招聘相比，它涉及面广，招聘费用大，工作程序更复杂。一般来说，外部招聘工作有以下程序：

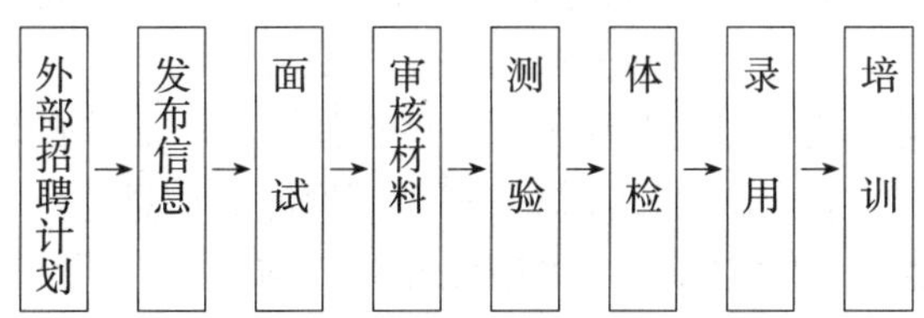


图4-2　外部招聘工作程序

(1) 招聘广告。通过大众传播媒介传播招聘信息的方法就是招聘广告。在设计招聘广告时，必须将招聘人数、职位层次、对应聘人的要求及基本待遇加以明确说明，使应聘者获得基本的信息而进行选择。

制作招聘广告的方法和技巧：除了对所要使用的广告媒体进行选择之外，广告本身的设计也很重要。

广告制作必须按照所谓的注意、兴趣、愿望、行动四原则来设计广告。

首先，招聘广告必须引起求职者对广告的注意。间隔较大或有较大空白的广告易于引起人们的注意，关键职位的招聘广告通常刊登在展示性广告中，这样它们就不易被人们忽略。

其次，要能引起求职者对工作的兴趣。这种兴趣可能是由工作本身的性质引发而来的，也有工作单位的地理位置，工资待遇等方面的因素，所以，招聘广告要根据自身的优势，突出优势，吸引更多的人前来应聘。

再次，要能引起求职者申请工作的愿望。通过重点强调工作的意义、工作中的成就感、职业发展前途、福利待遇等优势，就可以达到这种目的。

最后，应当鼓励求职者积极采取行动。在招聘广告中，最好有这样的话："今天就打电话来吧"、"最好今天就给我们写信索取更详细的信息资料"等，鼓励求职者马上采取行动。

(2) 职业介绍机构。职业介绍机构是为社会上的求职者介绍职业的官方或非官方的机构。酒店只要将有关招聘信息传递给职业介绍机构，职业介绍机构就会向酒店提供合适的应聘者。

利用就业服务机构进行招聘的优点之一是可以省略筛选求职者的部分前期工作，而其缺点也恰恰在此。如职业介绍机构的筛选过程可能会使较差的求职者通过酒店的初选阶段，最终使酒店雇佣到这些不合格的求职者，从而导致较高的流动率和缺勤率、较低的工作积极性、较差的工作质量等，而相反，那些适合酒店的求职者却被筛选掉了。为了避免此类问题，有的专家提出了以下几点建议：

①向职业介绍机构提供一份精确而完整的工作描述。职业介绍机构对酒店的工作或职位了解越清楚，招聘到充足的而且合格的应聘者的可能性就越大。

②限定职业介绍机构在潜在的应聘者筛选过程中所用的程序或工具。酒店至少要清楚某一职业介绍机构所用的筛选手段是什么，这些筛选手段对挑选过程来说是否恰当，特别要注意所用的决策程序是否是客观的。

③如果有可能，就应当定期地审阅那些被接受或被否决的应聘者的材料。这种对筛选过程所做的检查就可以提供一些很有价值的信息。

④一旦有可能，最好能与一两家职业介绍机构建立长期性的关系。指定一个人作为酒店与职业介绍机构之间的联络员，以协调酒店的招聘需要。

(3) 职业学校。向职业学校招聘员工，一般适合于酒店招聘操作层的员工，且招聘员工数量较大时，有的酒店在开业前便和职业学校联系，由职业学校为酒店进行基本培训。待培训结束后，酒店从中挑选聘用。

(4) 专业院校。院校招聘是酒店获得潜在管理人员以及专业技术人员的一条重要途径。

到专业院校招聘时，酒店会遇到两个主要问题：①这种招聘工作花钱、费时，必须事先制定好时间表，准备好酒店手册，做好面试记录；②招聘者没有能力对应聘者进行有效的甄选。如招聘者有可能过于看重求职者的外表，而忽视了一些对工作有利的有效特质和技能等。因此，在此项工作开始之前，首先要对应聘者进行培训。

在这里，酒店招聘者有两个重要目标：一是对应聘者进行筛选，然后确定一部分应聘者进一步筛选。至于酒店招聘者重点注意何种人员特质，则取决于酒店招聘的目的是什么，列出考察清单中包括的积极性、沟通技能、教育水平、外形以及态度等几项内容。

(5) 计算机数据库。现在，酒店越来越多地转而借助计算机化的求职履历登记系统来确定应聘者。美国已经有了这种计算机化求职履历登记系统的公司。这类公司并不是一种职业介绍机构，而是一种信息编辑汇总机构。它将求职者交给的个人履历编辑成数据库，然后将这一数据库放到一个大型计算机信息网络——人机对话信息服务有限公司的计算机网上，所有同该网络联网的企业、服务性组织、政府机构都可以得到这些数据。

# 第三节 面 试

## 一、面试的作用

员工招聘工作可以通过应聘者的履历表、各种证书等来了解应聘者的基本情况，但要深入了解应聘者及其职业适应性的情况，则需要通过对应聘者的面试来考察。

### 1. 面试有利于酒店和应聘者的双向选择

初步面试是给招聘和应聘双方提供一次相互沟通的机会，面试者可以向应聘者说明酒店的基本情况，以及拟聘工作岗位的工作性质、工作时间、体力和智力要求、福利待遇及工作中的不利因素，使应聘者能对是否接受这一工作，自己是否能达到工作要求，自己是否适应这一工作等做出客观、审慎地选择，同时，也可以使酒店降低人员流动率。

这样才能保证员工质量，因为招聘不符合要求的人，或是员工流失率过大，是人力物力上的巨大浪费，双向选择可以避免这些问题的发生。

所以，不能把面试当成单纯的测验，让应聘者单方面提供情况。面试是酒店与应聘者相互了解，建立良好关系的最初渠道。面试可使应聘人在未进入酒店时就了解酒店，当应聘人被录用后，酒店和员工关系就会有一个良好的开端。

面试中的双向沟通也是酒店树立公众形象的一个机会，酒店给应聘者留下的良好印象，不论应聘者是否被录用，都有助于酒店声誉的提高。

### 2. 面试可使酒店直观了解应聘者

应聘者的外表、举止，表达与社会交往能力，以及某些气质和对人、对工作的基本态度从应聘者的书面材料上是很难反映出来的。旅游酒店是涉外企业，不同的工作对员工有不同的要求，如直接向客人提供服务的员工，除了要掌握各种服务技能外，在外貌上也有一定要求。面试可以从外观要求上进行初步选择。还可以通过一些面试测验题了解应聘者的心理素质、兴趣、爱好、对工作的态度等方面的内在情况，这样，也为酒店是否录用和客观评估应聘者提供了依据。

当然，面试人很难从面试来了解应聘者的内在性格，如诚实、坚忍、可靠等，也很难了解其实际的工作能力。

## 二、面试程序

面试分为三个阶段：面试前、面试中和面试后。

**1．面试前阶段**

面试前做好充分的准备工作是保证面试质量的关键，所以，在面试前必须做好以下几个方面的准备：

（1）确定面试目的、评估标准和选择条件。首先要对招聘的空缺职位进行充分了解，根据空缺职位的不同要求，制订出面试目的和评估标准等。

（2）制定面试提纲和内容，供面试时使用。面试是招聘中常用的一种有效方法，但每种测评方法都有自己的长处与短处，扬长避短，综合运用，才能事半功倍。制定面试提纲，有选择地确定面试最适宜的内容，是面试前的工作重点。一般来说，面试应包含以下几项内容：

①仪表风度。这是指应聘者的体型、外貌、穿着、举止以及精神状态等，像大堂服务员、秘书、公关和前厅经理等职位，对仪表风度的要求是很重要的。

②知识的广度与深度。面试时可以通过穿插一些问题，向应聘者询问所学课程及课外阅读情况来了解相关专业知识的广度与深度。

③实践经验与特长。根据应聘者的工作履历表作相关的提问，查询有关背景及过去工作的情况，以补充、证实其所具有的实践经验和专业特长。

④工作态度与求职动机。工作态度的询问既包括过去的工作态度，也包括对现在工作岗位的态度，并着重考查应聘者求职动机。

⑤事业进取心。事业进取心可以从应聘者的工作愿望、工作要求、工作成就、工资晋级情况等来了解。

⑥反应能力与应变能力。主要看应聘者对所提的问题回答的迅速性、准确性，理解是否准确贴切；对于突发问题的反应是否机智敏捷，回答恰当。

⑦分析判断与综合概括能力。看应聘者能否抓住问题本质，全面分析，中心突出。

⑧兴趣爱好与活力。可以通过喜爱阅读的书籍，爱好的体育运动、娱乐活动，生活方式来了解应聘者的兴趣爱好与活力。

⑨自我控制能力与情绪稳定性。可以通过对最激动、最愤怒的事情的处理方式来了解，通过进行压力面试，从经历介绍、背景询问中了解。

⑩口头表达能力。口头表达能力的考查，包括对逻辑性、体态语与说话内容、方式配合的协调性、感染力、影响力、清晰度、准确性、音质、音量、音调、节奏等具体内容的考查。

此外，面试时还应了解应聘者的工作与生活中的需要或亟待解决的问题，介绍酒店及拟聘职位的情况与要求，讨论有关工薪、福利、待遇等切身利益问题的解决方案，准备并回答应聘者可能要问到的一些问题等。

为使面试能够顺利进行，最好针对面试的内容拟定出问话提纲（参看表4－1）。

**表 4-1　面试问话提纲**

| 面试项目 | 评价要点 | 提问要点 |
|---|---|---|
| 仪表与风度 | 体格外貌、穿着举止、礼节风度、精神状态 | |
| 工作动机与愿望 | 过去和现在对工作的态度，更换工作与求职原因，对未来的追求与抱负，酒店所提供的岗位或工作条件能否满足其工作要求和期望 | 请谈谈你现在的工作情况，包括待遇、工作性质、工作满意态度<br>你为何希望来本酒店工作<br>你在工作中追求什么？个人有什么打算<br>你想怎样实现你的理想和抱负 |
| 工作经验 | 从事所聘职位的工作经验丰富程度，职位的升迁状况和变化情况，从其所述工作经历中判断其工作责任心、组织领导力、创新意识 | 你大学毕业后的第一个职业是什么<br>在这家企业里，你担任什么职务<br>你在这家企业里作出了哪些你自己认为是值得骄傲的成就<br>在你主管的部门中，遇到过什么困难？你是怎样处理和应付的<br>请你谈谈职务的升迁和工资变化情况 |
| 经营意识 | 判断应聘者是否具有商品概念、效率观念、竞争意识以及是否具备基本的商品知识 | 通过经营小案例来判断其是否有这方面的观念和意识 |
| 知识水平、专业特长 | 应聘者是否具有应聘岗位所需要的专业知识和专业技能 | 你大学学的是什么专业或接受过哪种特殊培训<br>你在大学对哪些课程最感兴趣？哪些课程学得最好<br>询问专业术语和有关专业领域的问题<br>询问一些专业领域的案例，要求其进行分析判断 |
| 精力、活力、兴趣、爱好 | 应聘者是否精力充沛、充满活力，其兴趣和爱好是否符合应聘岗位的要求 | 你喜欢什么运动？你会跳舞吗<br>你怎样消磨闲暇时间<br>你经常参加体育锻炼吗 |
| 思维力、分析力、语言表达力 | 对所提问题是否能够通过分析判断，抓住事物本质，并且说理透彻，分析全面，条理清晰；是否能顺畅地将自己的思想、观点、意见用语言表达出来 | 你认为成功和失败有什么区别<br>你认为富和贫、美和丑有什么区别<br>如果让你筹建一部门，你将从何入手<br>提一些小案例，要求其分析、判断 |

续表

| 面试项目 | 评价要点 | 提问要点 |
|---|---|---|
| 反应力与应变力 | 头脑的机敏程度，对突发事件的应急处理能力；对提出的问题能否迅速、准确地理解，并尽快作出相应的回答 | 询问一些小案例或提出某些问题要求其回答 |
| 工作态度、诚实性、纪律性 | 工作态度如何，谈吐是否实在、诚实，是否热爱工作、奋发向上 | 你目前所在单位管得严吗？在工作中看到别人违反制度和规定，你怎么办<br>你经常向领导提合理化建议吗<br>除本工作外，你还在其他单位兼职吗<br>你在处理各类问题时经常向领导汇报吗<br>你在领导与被领导之间喜欢哪种关系 |
| 自知力、自控力 | 应聘者是否能够通过经常性的自我检查，发现自己的优缺点，同时在遇到批评、遭受挫折以及工作有压力时，能够克制、容忍、理智地对待 | 你认为你自己的长处在哪里<br>你觉得你个性上最大的优点是什么<br>领导和同事批评你时，你如何对待<br>你准备如何改正自己的缺点 |

资料来源：萧鸣政，《人员测评理论与方法》，中国劳动出版社 2001 年版。

（3）通知应聘者面试的目的和要求，包括所需提供的情况和证件。

（4）研究应聘者的全部材料。

2．**面试中阶段**

应聘者到来时，应立即向应聘者表示热情友好的欢迎。切忌采用“单刀直入”式的提问，使应聘者感到紧张不安而无法达到面试的效果。在面试中必须注意以下几个方面：

（1）面试者所提问题要有启发性，多问为什么、怎么样，让人有发挥的余地，避免“是”或“否”的简单答复，这有利于从回答中获得有用信息。如在招收管理人员时，可以这样提问：“在您当领导时，您的同事会如何评论您？”“若您是餐饮部经理，您计划如何开展工作”“请您对自己作一个真实而坦率的评价？”通过以上的询问，可以了解应聘者的生活目标、工作态度、兴趣和价值观、对人际关系的态度等。

（2）面试者要善于倾听，不要随意打断应聘者的陈述，尽可能让应聘者说完。作为面试者应清楚地知道，是你了解对方，而不是让对方来了解你的倾向，所以，不能暴露自己的观点或情绪。在应聘者谈话时，面试者要表现出注意听讲

的体态及言语，如目光注视、适宜的面部表情，点头，身体稍微向应聘者倾斜，发出一些表现注意听讲的声音，如“是的”、“我明白”、“嗯”等等，顺应地提出问题，从而使应聘者感到面试者始终全神贯注于他的谈话，使其能自由表露自己的想法，这样面试者就能更好地了解应聘者。

因此，一般情况下，面试者的讲话所占时间的比例约为10%，应聘者应占90%，以应聘者为主体。但面试者有疑问时应马上询问。

（3）面试结束时，给应聘者以提问的机会，告诉应聘者何时可以得到答复，并对应聘者前来参加面试表示感谢。

（4）在面试中，最好不要涉及一些敏感问题，如：宗教、个人隐私等，对于这些问题最好不要提及。

### 3．面试后阶段

面试结束后，应立即整理面试记录，核对有关材料并进行分析，对应聘者作出总体评价，并将结论通知应聘者。其中，应尽早地让已被录用者知道消息，以便对工作日期及相关问题及时达成协议。然后，经过标准化的录用过程保证酒店从一开始就有完整的人事档案，也给新员工留下一个办事认真，一丝不苟的企业形象。

## 三、面试的组织

### 1．面试的场所布置

面试者容易忽略了面试场所的布置，随意找一间空闲办公室或会议室就作为面试地点，这样往往会出现面试场所混乱，嘈杂或拥挤，使面试受到干扰，或是面试者有意地表现出他在酒店内的权力和地位，因而使应聘者感到惶恐不安，破坏了面谈时应该保持的融洽气氛。这两种情况都会使面谈难以达到预期效果。所以，要使面试工作取得成功，面试场所的布置安排尤为重要，面试场所必须宽敞、整洁，井然有序、安静，不受干扰，面试者与应聘者的座位必须按同一格式安排，以有利创造诚恳、坦率的交谈气氛。

面试场所还应包括面试等候处。在面试等候处内应配备椅子、烟灰缸，报纸杂志，以方便应聘者，减轻应聘者可能产生的焦虑、烦躁不安等情绪。

### 2．创造宽松的气氛

面试人应在面试开始时为应聘者创造一个可以接受的宽松气氛，如微笑、握手、简单的寒暄，轻松幽默的开场白，适宜的座位等，为实质性的提问打下基础。

为了保证面试的良好气氛，面试者不应有匆忙、焦急、不耐烦的表情，也不

能以高人一等的姿态与应聘者讲话或给予忠告，更不能权威式的进行说教。面试工作是一种艺术，面试者必须扮演好角色。因为面试者的态度和说话的语气、语调都会对应聘者产生影响。如：“你有这方面的能力吗?”可能是嘲笑、讥讽，也可能是友好的询问，就要看如何表达它了。面试者必须时刻记住：你的举止对面试的成功与否有着极大的影响。因此，必须时时注意，你正在给应聘者造成的印象。

总之，面试者应尽量使应聘者在面试时感到舒畅。一旦创造了轻松、融洽的气氛，面试者便能捕捉到更多关于应聘者的信息。面试者应当把面试看作是平等讨论问题的过程，而绝不是“审问”应聘者。

**3．制定面试参考指导及评分表**

为了提高面试效率，保证面试的质量，面试事先应制定一个面试参考指导，以供面试时对照并按此进行。

下面以前厅服务员为例，说明面试参考指导表的基本内容。

选择前厅服务员的基本要素如下：

教育：高中以上，必须有简单的计算能力。

经验：有经验更为理想，但不强求。

主动性：要求在没有直接监督的情况下工作，能根据客房销售规律和政策作出恰当的决策，并合理销售客房。

性格特征：性情温和，乐于助人，遇事沉着冷静，能忍受挫折。

身体要求：有时可能工作高度紧张，值班时大部分时间要站着和走动。

宾客关系：人际关系的能力十分重要。在与宾客接触时，具有能引导和促进宾客消费的能力，并随时听取宾客意见，改进服务工作。

仪表：衣着整齐，气质高雅最为理想。

制定了面试模式，对所需人选就有了清晰而客观的认识、把握，在此基础上形成面试评分表。

**4．给应聘者以客观的评价**

面试者在面试中应按照面试评分表的每一项给应聘者打分和写出评语，然后，几个面试者根据事先拟定的面试参考指导及评分表进行分析，并尽可能取得一致意见，对应聘者作出一个确切评分，最后决定取舍。

表 4－2　　　　　　　　　　　　　　**招聘面试评分表**

<table>
<tr><td>应聘者姓名</td><td></td><td>性　别</td><td></td><td>编　号</td><td></td></tr>
<tr><td>报考部门</td><td></td><td>报考工种</td><td></td><td>志愿职位</td><td></td></tr>
<tr><td>评分等级</td><td colspan="5">5优秀　4良好　3满意　2普通　1差</td></tr>
<tr><td rowspan="2">项　目</td><td colspan="2">第一次面试</td><td colspan="3">第二次面试</td></tr>
<tr><td>评　分</td><td>评　语</td><td>评　分</td><td colspan="2">评　语</td></tr>
<tr><td>仪　表</td><td></td><td></td><td></td><td colspan="2"></td></tr>
<tr><td>个　性</td><td></td><td></td><td></td><td colspan="2"></td></tr>
<tr><td>对工作态度</td><td></td><td></td><td></td><td colspan="2"></td></tr>
<tr><td>应变能力</td><td></td><td></td><td></td><td colspan="2"></td></tr>
<tr><td>自信心</td><td></td><td></td><td></td><td colspan="2"></td></tr>
<tr><td>工作知识</td><td></td><td></td><td></td><td colspan="2"></td></tr>
<tr><td>健康状况</td><td></td><td></td><td></td><td colspan="2"></td></tr>
<tr><td rowspan="2">外　语</td><td>英　语</td><td></td><td></td><td colspan="2"></td></tr>
<tr><td>其　他</td><td></td><td></td><td colspan="2"></td></tr>
<tr><td>面试意见</td><td colspan="5"></td></tr>
<tr><td>面试者签名</td><td colspan="5"></td></tr>
</table>

## 四、测验面试者

如何提高面试者的甄选能力，办法之一就是对其所录用的员工进行一次追踪调查，分析一下录用人员的表现就能说明面试者的选择是否正确。当然，这需要一定数量的调查分析，仅仅几个事例是不够的。

如某酒店的人事部经理将所录用的人员又分为四个档次：优、良、中、合格，工作两年左右，要求用人部门经理对这批录用人员进行考核，然后，将考核结果与自己面试评分进行比较，如果考核结果与面试评分吻合，这说明，该酒店人事部经理的判断基本准确，即面试工作质量高。如果考核结果与面试评分不相吻合或相距甚远，说明其面试评分不符合实际，面试工作存在问题，需要找出问题之所在。

作为一名优秀的人事部经理，必须研究如何改进面试工作，使之尽可能

完善。

总而言之，面试的技巧运用得当，能使酒店招募到合适的人选，从而保证酒店的正常运转，提高酒店员工素质，为酒店目标的实现而创造条件。

## 五、面试方法和技巧

面试的方法与技巧，是指面试实践中解决某些主要问题与难点问题的技术与方法，它是面试操作经验的累积。每个人所累积与掌握的技巧不尽相同，但有一些是面试中经常运用且被大家所公认的技巧与操作方式。

### 1. 如何“问”

(1) 自然、亲切、渐进、聊天式的导入。无论哪种面试，都有导入过程，在导入阶段中的提问应自然、亲切、渐进、聊天式地进行。提问一般从容易回答的问题开始，然后步步加深。

(2) 通俗、简明、有力。面试主考的提问与谈话，应力求通俗、简明，不会给被试者带来误解，不要用生僻的词语或少用专业性太强的词汇；提问的内容、方式与词语，要适合被试者的接受水平。

除特殊要求，一般不要提让人难堪的问题，也不要在枝节性问题上过分纠缠。

此外，主试人提问时，还应注意自己提问的说话语气等。

(3) 注意选择适当的提问方式。面试中的提问大致有以下几种：

①封闭式。这是一种只要求被试者做简单句的回答。例如“你是什么时候参加工作的?”

②开放式。是指所提出的问题被试者必须加以说明或解释，从而反映出其素质特点。如“你在与顾客打交道时？最怕的是什么?”

③半结构式。半结构式是介于封闭式与开放式之间的谈话方式。采用半结构式谈话方法，既有利于建立良好的谈话气氛，又能保证面试的公平与公正。这要求主试人能够灵活掌握提问的方式，顺其自然，让被试者在回答时尽量说出自己的感受、意见与观点。

④假设式。该提问一般用于了解应试者的反应能力与应变能力。有时为了委婉地表达某种意思，也采用此提问方式。例如：“假如不能被录用，你如何看待呢?”

⑤连续式。这种提问一般用于压力面试中，也可以用于考查被试者的注意力、瞬时记忆力、情绪稳定性、分析判断力、综合概括能力等。如：“我提三个问题：第一，你为什么想到我们单位来？第二，到我们单位后有何打算？第三，你报到工作几天后，发现实际情况与你原来的想像不一致，你怎么办?”

⑥压力式。这种提问方式带有某种挑战性，其目的在于创造情境压力，以此考查被试者的应变力与忍耐性。如："你过去频繁换单位，有什么能证明你在我们单位愿意长期服务？"

⑦启发式。又称为引导式。主要用于征询应试者的某些意向、需求或获得一些较为肯定的回答。如涉及薪酬、福利、待遇和工作安排等问题，如："工作压力大，你觉得怎么样？"

（4）问题安排要先易后难，循序渐进。面试问题，一般都要事先准备好，尤其基本问题与重点问题，事先都要拟定安排好。问题的提出，要遵循先易后难、先具体后抽象、先微观后宏观的原则，有利于被试者适应，特别是对有些紧张、拘谨的被试者更要如此。

（5）善于应用谈话技巧来控制局面。注意面试内容、方式上的衔接和处理，不拘泥于事先所规定的问题，而是针对特定的面试目标，在面试目标范围内，根据被试者的回答中所反映出的有价值的信息，进行追踪性发问。并能在被试者滔滔不绝而且离题很远时，采用恰当的方式制止。

（6）必要时可以声东击西。当觉察被试者不太愿意回答某个问题而你又想有所了解时，可以采取声东击西的策略。如对某些敏感问题可以不直接提问，而采用投射的方式："别人对这个问题是怎么看的？"来了解被试者的意见。

（7）积极亲近，调和气氛。面试过程中气氛和谐亲切，有利于被试者说出自己的真实想法。理解与同情是沟通情感的基础，如果主试者能换位思考，就有可能获得更有价值的信息。

（8）坚持"准、实"的原则。面试提问的目的，是通过被试者对问题的回答，进一步考查其思想水平和能力素质。因此提问要"准"，要"实"，而不是问"难"、问"倒"被试者。提问必须有利于挖掘被试者的品德与能力素质，有利于被试者的经验、潜能与特长的充分展现，有利于被试者真实水平的发挥。

（9）注意为被试者提供弥补缺憾的机会。面试中被试者处于被动地位，尤其是初次面试的人会紧张，往往发挥不出自己应有的水平，因此在提问过程中，要注意创造弥补缺憾的机会，提一两道可以自由发挥的问题，如"你最感兴趣的事是什么？"

**2．如何"听"**

（1）要善于发挥目光、点头的作用。面试过程中，主试人的目光在注意被试者回答时，要恰到好处，轻松自如，并伴以适当的点头，给人一种对他感兴趣、在认真听他回答的感觉，以免使被试者感到紧张，形成压力。

（2）要善于把握与调节被试者的情绪。在倾听被试者回答的过程中，要善于把握与调节被试者的情绪，使之处于良好的状态，正常发挥。当发现被试者处于

紧张状态时，可以采取“示弱”、“请教”的技巧，唤起被试的自信心，使其戒心松弛，如：“据说你非常擅长……能否谈谈……”如果被试者情绪过于低沉时，可以采取“夸奖”、“鼓励”的方法等。

(3) 注意从言辞、语气等方面区别被试者的内在素质水平。一个人说话快慢、用词风格、语调等都反映了一个人的内在素质。如说话快且平直的人心情急躁、缺乏耐心，动作较为迅速。

**3. 如何“观”**

“听其言，观其行，而知其人”，说明“观”是十分重要的。因此在观察时要注意：

(1) 谨防以貌取人。容貌本来与人的内在素质没有必然的联系，但由于日常生活中的心理定势、艺术影响，面试时难免先入为主，以貌取人。

(2) 坚持目的性、客观性、全面性与典型性原则。即事先要明确面试的目的、面试的项目以及观察的标志与评价的标准。面试中要使自己的面试活动紧紧围绕面试目的进行，迅速而准确地捕捉到揭示内在素质和评价意义的信息。主试人在面试中不要带着任何主观意志，一切本着实事求是，从考生实际表现出发进行测评。要把握带有典型意义的行为反应。

(3) 充分发挥感官的综合效应与直觉效应。面试时集问、视、闻与分析于一体，因此产生一种综合效应，其中直觉效应尤为明显。这是其他测评形式所没有的。对于有丰富面试经验的主试人来说，要充分发挥其直觉的作用，并为直觉的结果提供“证据”支持。

**4. 如何“评”**

面试经过“问”、“听”、“看”，最后都必须归结到“评”上来。为了提高“评”的效率与效果，可以采取以下方法：

(1) 选择适当的标准形式。面试测评的标准一般是由项目、指标与标度共同构成，如：能力素质、应变能力、优秀。项目规定所测素质的性质、内容与范围；指标揭示所测素质的形式、特征与标志；标度规定所测素质的级别、差异与水平。

(2) 具体测评与综合评价相结合。面试时的信息量大，为了提高测评的准确性，在具体测评基础上，还应对被试者进行整体性的评价，这有利于提高面试的效果。

(3) 全面观察和比较。对难以揭示与把握的特征，面试中通过采取集体面试的方式，进行相互比较，把握各自特点。

(4) 过程与结果相结合。面试的特点在于既能获得测评结果，又能观察被试者回答问题的反应过程，了解其回答的思路、表情、表现等。

5．**提高面试质量的方法**

面试从设计、组织、实施到最后录用，是一个系统过程。在重视面谈技巧的基础上，要提高面试的质量，还应该按照一定的科学程序进行，包括：主试人的选择、培训；给每个主试人提供职位说明书；告知其观察什么、注意听什么；如何有效地利用所“看”到与“听”到的信息，正确、客观地解释被试者的行为反应；以及如何坚持面试操作的统一原则，采取公平一致的评判标准等。都有利于提高面试的质量和效果。

## 本章小结

1．有效的招聘方法取决于劳动力市场，工作空缺的类型和酒店的特征等多种因素，但是酒店人力资源部门在制定招聘策略时必须牢记以下四个问题：第一，我们开展招聘工作的目标是什么？第二，我们需要招到怎样的员工？第三，我们需要应聘人接收到什么样的信息？第四，这些信息怎样才能最好地传达给应聘人？

2．酒店员工招聘的过程：第一步是确定与酒店人力资源供给相关的劳动力市场；第二步是以此为对象开展征召活动。对酒店的征召活动作出积极的事实反应的人就成为工作的应聘人；第三步是酒店对应聘人的挑选工作，由此产生录用的员工。

3．招聘收益金字塔。指招聘从酒店获得应征信函开始，经过笔试、面试等各个筛选环节，最后才能决定正式录用或试用。在这一过程中，应聘者的人数变得越来越少，就像金字塔一样。而招聘收益指的是经过招聘过程中的各个环节筛选后留下的应聘者的数量，留下的数量大，我们就说招聘收益大，反之就说招聘的收益小。到底为招聘到某种岗位上足够数量的合格员工应该付出多大的努力可以根据过去的经验数据来确定，招聘收益金字塔就是这样一种经验分析工具。

4．真实工作预览的优点是：第一，展示真实的未来工作情景可以使工作申请人首先进行一次自我筛选，判断自己与这家酒店的要求是否匹配；第二，真实工作预览可以使工作申请人清楚什么是可以在这个酒店中期望的，什么是不可以期望的；第三，这些真实的未来工作情景可以使应聘人及早做好思想准备；第四，酒店向应聘人全面展示未来的工作情景会使应聘人感到酒店是真诚的，可以信赖的。

5．酒店在准备实际工作预览的内容时，应该注意以下五个方面：第一，真实性；第二，详细程度；第三，内容的全面性；第四，可信性；第五，应聘人关心的要点。

6．酒店的招聘工作应该遵循以下原则：第一，申请书和个人简历必须按照规定的时间递交给招聘部门，以免造成丢失；第二，每个申请人在招聘过程中的某些重要活动（如来酒店面试）必须按时记录；第三，酒店应该及时对申请者的工作申请作出书面答复，否则会给申请人造成该酒店工作不力或傲慢的印象；第四，应聘人和雇主关于就业条件的讨价还价应该以公布的招聘规定为依据，并及时记录；第五，没有接受酒店提供的雇用条件的应聘者的有关材料应该保存一段时间。

7．酒店招聘渠道，可分为：内部招聘渠道。通常是由本单位员工的介绍，包括其亲友、熟人。这一来源有利有弊。有利之处是：第一，应聘者能较快地适应工作环境；第二，节省招聘费用等。但也存在不利之处：这种招聘渠道易在员工中形成小群体。外部招聘渠道。是酒店员工的主要来源，与内部招聘相比，它涉及面广，招聘费用大，工作程序更复杂。

8．外部招聘工作有以下程序：外部招聘计划；发布信息；面试；审核材料；测验；体检；录用；培训。

9．发布招聘信息。(1) 通过大众传播媒介传播招聘信息的方法就是招聘广告；(2) 职业介绍机构是为社会上的求职者介绍职业的官方或非官方的机构。酒店只要将有关招聘信息传递给职业介绍机构，职业介绍机构就会向酒店提供合适的应聘者；(3) 职业学校。向职业学校招聘员工；(4) 专业院校。院校招聘是酒店获得潜在管理人员以及专业技术人员的一条重要途径；(5) 计算机数据库。

10．利用就业服务机构进行招聘时，专家提出了以下几点建议：①向职业介绍机构提供一份精确而完整的工作描述；②限定职业介绍机构在潜在的应聘者筛选过程中所用的程序或工具；③应当定期地审阅那些被接受或被否决的应聘者的材料；④最好能与一两家职业介绍机构建立长期性的关系。

11．要深入了解应聘者及其职业适应性的情况，则需要通过对应聘者的面试来考察。因为：面试有利于酒店和应聘者的双向选择；面试可使酒店直观了解面试者。当然，从面试中很难了解应聘者的内在性格和实际的工作能力。

12．面试程序分为三个阶段。面试前阶段，做好充分的准备工作是保证面试质量的关键，所以，在面试前必须做好准备。(1) 确定面试目的、评估标准和选择条件。(2) 制定面试提纲和内容，供面试时使用。面试中阶段，在面试中必须注意：①面试者所提问题要有启发性，避免“是”或“否”的简单答复。②面试者要善于倾听，不要随意打断应聘者的陈述。③面试结束时，给应聘者以提问的机会，告诉应聘者何时可以得到答复，并对应聘者前来参加面试表示感谢。④在面试中，最好不要涉及一些敏感问题，如：宗教、个人隐私等。面试后阶段，面试结束后，应立即整理面试记录，并进行分析，对应聘者作出总体评价，核对有关材料，经全面归纳评估，作出结论，将结论通知应聘者。

13．确定面试内容，是面试前的工作重点。面试应包含以下几项内容：①仪表风度；②知识的广度与深度；③实践经验与特长；④工作态度与求职动机；⑤事业进取心；⑥反应能力与应变能力；⑦分析判断与综合概括能力；⑧兴趣爱好与活力；⑨自我控制能力与情绪稳定性；⑩口头表达能力。此外，面试时还应了解应聘者的工作与生活中的需要或亟待解决的问题，介绍酒店及拟聘职位的情况与要求，讨论有关工薪、福利、待遇等切身利益问题的解决方案，准备并回答应聘者可能要问到的一些问题等。

14．面试的组织，包括：面试的场所布置；创造宽松的气氛；制订面试参考指导及评分表；给应聘者以客观的评价。

15．面试中的提问方式大致有以下几种：①封闭式。这是一种只要求被试者做简单句的回答；②开放式。是指所提出的问题被试者必须加以说明或解释，从而反映出其素质特点；③半结构式。半结构式是介于封闭式与开放式之间的谈话方式；④假设式。该提问一般用于了解应试者的反应能力与应变能力；⑤连续式。这种提问一般用于压力面试中，也可以用于考查被试者的注意力、瞬时记忆力、情绪稳定性、分析判断力、综合概括能力等；⑥压力式。这种提问方式带有某种挑战性，其目的在于创造情境压力，以此考查被试者的应变力与忍耐性；⑦启发式。主要用于征询应试的某些意向、需求或获得一些较为肯定的回答。

16．面试提问时应当注意：（1）自然、亲切、渐进、聊天式的导入；（2）通俗、简明、有力。面试主考的提问与谈话，应力求通俗、简明，不会给被试者带来误解，不要用生僻的词语或少用专业性太强的词汇；（3）注意选择适当的提问方式；（4）问题安排要先易后难，循序渐进；（5）善于应用谈话技巧来控制局面；（6）必要时可以声东击西；（7）积极亲近，调和气氛；（8）坚持“准、实”的原则；（9）注意为被试者提供弥补缺憾的机会。

17．面试过程中要注意“问”、“听”、“观”、“评”。要善于发挥面试人的主导作用；谨防以貌取人；要坚持目的性、客观性、全面性与典型性原则；按科学程序实施；提高面试的质量和效果。

## 案例分析

**【案例1】**

### 失控的面试[①]

玛莉亚·弗兰兹（Maria Fennandez）是一位聪明，受人欢迎和见识广博的

① 〔美〕加里·德斯勒著：《人力资源管理》，第227页，中国人民大学出版社1999年版。

机械工程师，于1992年6月毕业于州立大学，拥有工程学位。在毕业前的春季，她出去参加了许多工作面试，并认为这些面试多数是礼貌的，而且给自己和未来的雇主留下一个彼此都很重要的事实上的良好印象是相当有益的。因此，她对于下一步参加一个她最想去工作的公司的面试抱有很大的期望，这个公司是至尊环境公司（Apex Environmental）。她一直对清洁环境抱有强烈的兴趣，并坚信在至尊这种公司中工作，才能最好地利用自己的培训和技能。她认为，在至尊公司工作能使自己有一个成功的职业生涯，同时使世界变得更美好。

但是，面试对她来说却是一个灾难。当她进入面试房间时，就有五个人，包括公司总裁、两位副总裁、市场部经理以及一位工程师开始铺天盖地地提问。她感觉这些问题的主要目的是使自己犯错误，而不是寻找自己在工程技术方面能向公司提供什么。提问从不必要的无礼貌问题（“如果你是如此聪明的一个人，你为什么在大学时从事服务员工作?”）到无关的性别歧视问题（“你是否计划安定下来并在任何时候很快开始家庭生活?”）。面试之后，她分别与两位绅士（包括总裁）会晤，会晤几乎全部集中在她的技术专长方面。她认为这些后来的会晤进行得非常好。但是，鉴于小组面试的明显无目的和心胸狭窄这个事实，她对于几天后得到了该公司的工作感到吃惊。

至尊公司提供的工作使她必须思考几件事情。从她的观点来看，工作本身是完美无缺的——她喜欢自己将要做的事情，喜欢这个行业以及公司的位置。并且，事实上公司总裁与其他管理小组成员一样在后来的讨论中表现得相当礼貌。她唯一想知道面试小组是否是故意制造紧张来观察自己如何应付压力，如果是，他们为什么这样做?

**问题：**

1. 你将怎样解释玛莉亚经历的小组面试的性质？此外，你认为它反映了公司的一个深思熟虑的面试策略，还是反映了公司管理方面的疏忽？若是疏忽，你将怎样改善至尊公司的面试过程？

2. 如果你是玛莉亚，你会接受至尊公司的工作吗？如果你没有把握，是否有额外信息帮助你做决定？如果有，这些信息是什么？

3. 玛莉亚所申请的应用工程师职位要求：

(1) 机械工程方面的优秀技术技能；

(2) 投身于污染控制领域的工作精神；

(3) 很好地和自信地与工程问题的顾客打交道的能力；

(4) 愿意到世界各地出差；

(5) 一个智力高和明智的人。

当你面试该职位的求职者时，你将问些什么问题？

【案例2】

### 远翔机械有限公司[①]

远翔机械有限公司最近几年在物色中层管理干部上陷入了两难的困境。该公司是制造销售高精度自动机床的，目前重组成六个半自动制造部门。高层管理层相信这些部门经理有必要了解生产线和生产过程，因为许多管理决策需在此基础上作出。传统上，公司一直严格地从内部提升中层干部。但后来发现这些提拔到中层管理职位的从基层来的员工缺乏相应的适应他们新职责的知识和技能。

这样，公司决定从外部招募，尤其是那些工商管理专业的优等生。通过一个职业招募机构，公司得到了许多有良好工商管理专业训练的毕业生作为候选人。从中录用了一些，先放在基层管理职位，以备经过一阶段锻炼后为提升为中层管理人员做好准备。但在两年之中，所有的这些人都离开了该公司。

公司又只好回到以前的政策，从内部提拔，但又碰到了过去同样素质欠佳的老问题。不久就有几个重要职位的中层管理人员将退休，亟待有称职的后继者来填补这些空缺。面对这一问题，公司想请些咨询专家来出些主意。

**问题：**

1．你认为造成此公司招募中层管理者困难的原因是什么？

2．从公司内部提升基层干部和从外部招聘专业对口的大学应届毕业生至中层，各有何利弊？

3．如果你是咨询专家，你会给公司提出什么建议？

【案例3】

### 面试时的常见问题

学林出版社1999年12月出版的由许书扬、胡仪全编著的《TOP100面谈题目排行榜》一书列出了面试的100个关键题，摘录如下，以供参考：

1．谈谈你自己吧？

2．你有什么问题要问吗？

3．你的期望待遇是什么？

---

① 余凯成编著：《人力资源管理》，第161页，大连理工大学出版社1999年版。

4. 为什么想离开目前的工作？

5. 你觉得自己最大的长处是什么？

6. 你觉得自己最大的弱点（缺点）是什么？

7. 你多快可以开始来上班？

8. 目前的工作上，你觉得比较困难的部分在哪里？

9. 为什么你值得我们雇用呢？

10. 工作中最令你喜欢的部分是什么？

11. 对于目前的工作，你觉得最不喜欢的地方是什么？

12. 你找工作时最在乎的是什么？请谈一下你理想中的工作。

13. 请介绍你的家庭。

14. 请谈谈在工作时曾经令你感到十分沮丧的一次经验。

15. 你最近找工作时曾面谈过哪些工作？应征什么职位？结果如何？

16. 请你用英文介绍目前服务的公司。

17. 如果我雇用你，你觉得可以为部门带来什么样的贡献？

18. 你觉得自己具备什么样的资格来应征这项工作？

19. 谈谈你最近阅读的一本书或杂志。

20. 你觉得你的主管（同事）会给你什么样的评语？

21. 你如何规划未来，你认为5年后能达到什么样的成就？

22. 你觉得要获得职业上的成功需要具备什么样的特质及能力？

23. 谈谈你觉得对于自己的表现不甚满意的一次工作经历。

24. 由你的履历来看，你在过去5年内更换工作颇为频繁，我如何知道如果我们录用你，你不会很快地离职？

25. 你曾经因为某一次特殊经验而影响日后的工作态度吗？

26. 你最近是否参加了培训课程？谈谈培训课程的内容。是公司资助还是自费参加？

27. 对于工作表现不尽理想的人员，你会以什么样的激励方式来提升其工作效率？

28. 你曾听说过我们公司吗？你对本公司的第一印象如何？

29. 你如何克服工作的低潮期？

30. 你与同事之间的相处曾有不愉快的经历吗？

31. 谈谈你对加班的看法。

32. 请描述目前主管所具备的哪些特质是你认为值得学习的？

33. 你对我们公司了解多少？

34. 你目前已离职了吗？

35. 如果这份工作经常要出差出国，平均每个月两次，每次约5天，你可以接受吗？

36. 你开始投入找工作的时间有多久了？

37. 你自认为还有哪些方面可以再加强？

38．如何由工作中看出你是个主动自觉的人？

39．在你过去的销售经验中，曾遇到什么样的难题，你如何克服它？

40．你通常从事什么样的休闲活动？

41．你对这份工作有什么样的展望？

42．你如何让部属有杰出的工作表现？

43．对于“变化”你如何应付？

44．你为何挑选这三位人士作为你的推荐人？

45．请描述你目前（或之前）的主管最令人不满的地方是什么？

46．你认为这个产业在未来5年内的趋势如何？

47．你的主管认为你在哪些方面有改进的必要？

48．你的工作通常能在时限内完成吗？

49．你对于社团活动的看法如何？

50．你觉得“秘书”（或其他职务）的工作内容究竟是什么？

51．你为什么选择念（历史）系？

52．你在同一家公司待了这么长的时间，难道不觉得若要再去重新适应新的企业文化，可能会产生严重的水土不服现象吗？你的适应能力应变能力如何？

53．对于明知实施后会引起反弹的政策，你仍能贯彻到底吗？

54．如果时光能倒流，你会选择不—样的大学生活吗？

55．你认为“成功”的定义是什么？

56．如何兼顾事业与家庭？

57．你觉得他人的肯定对你很重要吗？以（员工关系）这样性质的工作而言，通常是吃力不讨好的，你如何让自己保持冲劲呢？

58．你认为什么是自己最需要改进的？

59．你觉得学生时代所接受的各项培训足以令你胜任这份工作吗？

60．如果你有机会重新选择，你会选择与原来不—样的工作领域吗？

61．你曾经有解雇员工的经验吗？

62．请谈谈工作中比较会令你感到无力感的部分？

63．你觉得自己还有哪些方面的特长是没有写在履历表上的？

64．你比较喜欢团队合作的工作方式，还是独立作业？

65．在你之前的工作经验中，哪一项是值得继续沿用至目前的？

66．你觉得你在时间安排运用方面的能力如何？

67．通常对于别人的批评，你会有什么样的反应？

68．如果明知“这样做不对”，你还是会依主管的指示去做吗？

69．你知道这份工作需要常常加班吗？你觉得你能配合吗？

70．什么样的管理风格是你所欣赏的？

71．你如何作出决策？

72．当你进入一家新的公司或新的产业，你会以何种方式获得相关知识？

73. 身为一名业务人员，当你被客户拒绝时，你会如何处理？

74. 你对于主管的学历、能力都低于你有什么样的看法？

75. 你还有继续念研究生的计划吗？

76. 请叙述你个人的管理风格？

77. 谈谈最近一次因为工作而情绪失控的情形。

78. 你对于“创业”有什么样的看法？

79. 你的主管常建议你哪方面的能力有待加强？

80. 你会希望做你老板的工作吗？为什么？

81. 你与同事之间相处发生问题时，你会怎么做？

82. 可否描述一下你自己的个性？

83. 你的工作内容中包括列预算、审核费用，以及监督部门支出的流向等方面吗？谈谈你在这方面的经验。

84. 如果我们的竞争对手也有意录用你，你的态度如何？

85. 你对于与女性主管共事的看法如何？

86. 你为什么会考虑接受一份各方面条件都低于目前的工作？

87. 你会考虑接受低于目前的待遇吗？

88. 你可以接受职务外调的安排吗？

89. 如果客户在柜台处大声抱怨，你如何处理？

90. 如果你接到一客户的抱怨电话，你确知无法立即解决他的问题时，你会如何处理？

91. 你有继续进修的计划吗？通常下班后的时间，你都做些什么？

92. 如果你进入本公司，对于这项职务以及这个部门，你打算做什么样的改变？

93. 你在×××公司时，曾经有机会对制度或组织层面进行调整改变吗？

94. 你觉得什么样的人最难相处？

95. 请叙述你一天的工作情形。

96. 你在学校时曾参与哪些课外活动？

97. 求学时，曾经利用课余打工吗？

98. 你在学校时，曾担任系上或社团干部吗？是什么样的职务？

99. 我注意到你曾担任校园刊物的编辑，你的主要工作是什么？

100. 你曾经与晋升的机会失之交臂吗？

**问题：**

1. 你对以上所提出的问题有何看法，它们是否有效？对无效的问题应如何改进？

2. 如果是同一问题，询问语气不同结果会怎样？请举例说明。

## 练习题

1．酒店人力资源部门在制定招聘策略时必须牢记哪些问题？

2．简述酒店员工招聘的过程。

3．什么是招聘收益金字塔？

4．什么是真实工作预览？它的优点是什么？酒店准备实施工作预览的内容时，应该注意哪些方面？

5．酒店招聘工作应该遵循哪些原则？

6．试分析面试工作的三个阶段应当注意的问题。

7．简述酒店招聘面试的主要内容。

8．试述面试中的提问方式和应当注意的问题。

# 第5章 酒店员工培训

**本章提示与学习目的：**

现代化酒店管理中，要提高劳动生产率，健全酒店的组织机构，就必须对酒店员工进行有计划的培训。酒店的各个部门、岗位，各种熟练工人、非熟练工人、管理人员、专业技术人员等必须接受酒店的培训。因此，了解酒店员工培训的重要作用；了解在什么情况下需要对员工进行的培训；培训能提高人的哪些技能；培训内容包括哪些方面，以及培训者必须完成的任务是什么；掌握员工培训的各种具体方法；熟悉常用方法的内容、特点和作用；掌握具体方法的实施程序；能够对培训的效果进行评估等，是我们学习这一章的目的。

酒店的竞争是人才的竞争，酒店的差异是人才的差异。人才是酒店成功的基础，任何企业的经营只有在有了称职的人才之后才能做到“人尽其才，物尽其用，事成其功”。经营的组织、手段，先进的管理模式固然重要，但掌握并使之产生高效的仍然是人。不管创造了多么完善的组织，引进多么现代化的服务流程和管理程序，如果没有使之发生效力的人，那么，也只是一纸空文。

所以，员工的培训和教育是酒店人力资源管理的一项重要的工作，这项投资也是一项最重要和最值得的投资。

## 第一节　酒店培训与人力资源开发

### 一、酒店培训与教育

要想使酒店经营进一步科学化，合理化，规范化，酒店管理人员就必须对酒店自身组织结构、设施设备、资金成本、技术方法，员工及人际关系等各种因素加以协调，只有在这些因素之间的关系相互均衡的情况下，各个因素之间才能构成一个有机的整体，并发挥出最大的功效。在现代化的酒店中，要想提高员工的劳动生产率，劳动能力，要想健全酒店的组织机构，就必须对酒店员工进行有计划的培训，进一步挖掘人的潜力，发挥人的积极性，从而达到企业的最终目标。

每位应聘到酒店就职的新员工，无论他以前是否有曾经在酒店工作过的经

历，均需经过培训，这样才能够适应本酒店的工作环境，工作方法与工作过程。酒店中的培训工作内容广泛，各个层次机会均等，从最基层的操作性培训到最高层的专业化培训。这里，最基层的操作性培训是由不同部门、岗位的主管对新员工或见习生进行的工作指导，而且由主管进行直接检查。此类培训虽然内容简单，但是却可以称之为酒店培训工作的基础环节。

酒店业属于服务业，每天有数以千计的各方顾客到酒店住宿、就餐、娱乐、会友，是公开对外营业的。为了使酒店工作和服务达到要求的水准，正规的、有计划的系统培训对于酒店员工来说是必需的。

随着酒店自身的发展，服务项目的增加、酒店政策及工作程序的改变，管理阶层为了改善机构内的整体工作效率，以适应外界环境的变化、竞争的加剧，还要求酒店必须对有一定经验的员工也进行培训。

作为酒店的高层管理人员，通常对一些能够有效改变酒店工作效率的现代化管理思想、技术、方法比较感兴趣，而且希望能够尽快使酒店的下属员工认识并掌握它们。如用计算机网络管理系统来取代手工操作。但是从另一个角度来说，酒店的高层管理人员应当认识到有责任让中层管理人员、各级主管及基层员工接受正确的培训。

为了更加全面地去认识酒店培训工作，在这里需要将教育和培训作一个比较。

人的基本能力的掌握与发展，就知识而言是通过教育这一过程实现的，而教育则是一个长期的过程；人的某一种特殊能力的掌握与运用，就使用而言往往有赖于培训，培训一般不需要很长的学习时间。教育和培训在概念上的主要区别在于：

(1) 教育是有助于一个人的成长并适应各种社会环境，更加侧重于整体的发展，而培训主要针对于人对某一项特殊技能的掌握与熟练运用，侧重于某一方面的发展与提高。

(2) 教育通过各种知识的传授使一个人的基本能力得以提高，而培训则着重于基本能力在某种环境中的运用。

(3) 教育的根本目的是造就一个人对整个社会发展的一般适应能力，而培训的目的则是使某一个人适应人生过程中的某一项特殊需要。

就广义而言，培训属于教育的概念范畴，因为教育和培训的作用都是培养人的能力；从狭义角度上讲，培训则是一种和教育相关，但又具有自身独立性的过程。

为了提高工作效率与服务质量，酒店每年均花费大量资金购买昂贵的办公设备与各种设施，而没有掌握这些设备设施操作技能的员工，不仅无法有效地增加这些设备设施的效用，而且还会有碍于其正常效率的发挥，尽管这些员工可能受

过良好教育，但缺乏特殊培训，因而无法胜任这些工作。

酒店开展的培训应当是包括整个酒店范围的，而非只有某一部门或某一层次的员工。酒店除了在人事制度上规定某些岗位或员工应当具有的教育水平与任用资格以外，应当明确下述人员必须接受酒店的培训：

(1) 新员工。

(2) 对于转岗晋升的员工，必须接受各级培训。

(3) 特殊的培训计划。根据需要对酒店的各个部门、岗位，各种熟练工人、非熟练工人、管理人员、专业技术人员等进行培训。

## 二、酒店培训的作用

酒店员工培训，对于整个酒店的经营活动可以产生良好的效果，也可以使员工的工作水准与服务质量得到提高。具体来说，良好的酒店培训可以为酒店带来以下益处：

### 1. 降低无谓的损失及浪费

对设备性能与工作程序不了解的员工常常会损坏设备的零部件或造成材料的浪费。也可能由于服务的不礼貌，对客人态度不佳，而影响酒店的声誉。通过有目的的培训可以使上述现象大大减少。

### 2. 改善工作方法

员工的使用配备应以合理经济为原则，把复杂的工作过程加以简化，通过培训让员工熟练掌握，可以提高工作效率，充实工作内容。

### 3. 减少员工流失率

培训可以令员工对酒店及各部门工作进一步加深认识，协调各部门间的关系，从而促进和改善员工关系，减少人与人之间的隔膜。

### 4. 减轻管理人员的负担

员工经过培训后，对自己的工作更加熟练，工作水准随之提高。从而使管理人员无论在监督工作方面还是在指导工作方面都可相应地减轻负担。

### 5. 减少时间上的浪费

培训能够提高员工的劳动生产率，从而提高时间的使用率。

### 6. 减少设备维修开支

熟悉操作规程的员工能够按照正常规则操作各种设施设备。意外事故的发生率可大大降低。

7．改善酒店的产品和服务质量

培训可以产生素质良好的员工，从而使酒店的产品水准得到保证及提高。

8．提高员工的士气

员工通过培训可以学习到许多方面的知识，能够掌握各种各样的技巧，对工作更加熟悉，员工的自信心自然得以增强。

总之，培训是酒店生存发展的重要保证之一。

## 三、培训的时机

可以说，培训工作在酒店尚未开业以前就已经开始，而且随着酒店经营规模的进一步扩大，培训工作内容及任务量也在日益加大。除了按照酒店规定对员工进行的培训以外，如果酒店在经营过程中出现下列现象也需要培训：

1．新员工的招聘

新员工只有在接受入店教育及岗位培训并经考核试用后，才能够被接收为酒店的正式员工。

2．员工的工作表现未能达到酒店的要求

员工工作水平下降，客人表示不满情形的增多，都说明员工的工作表现脱离了酒店的要求，应及时组织培训。

3．工作标准与服务质量有改善的需求

当酒店之间开始产生竞争或竞争加剧时，当酒店星级提高时，需要对酒店的员工进行全面的培训，从整体上提高工作标准与服务质量。

4．酒店经常接到投诉

每一个酒店都不可能做到没有投诉，但经常出现的投诉或对某一问题处理的重复性投诉，都表明员工的工作质量或酒店的产品质量有待提高。

5．工作方法或程序有所改变

只有将新的工作方法与程序教给了员工，员工才有可能对这些新的工作方法与程序加以掌握。

6．员工的调动或晋升

无论是调换工作岗位还是晋升，员工在担任一项新的工作之前，必须经过培训。

**7. 员工违反纪律的情形增加时**

这一现象的出现表明员工的工作态度需要加以纠正。

**8. 浪费及损坏事件的增加**

这可能说明员工不按操作程序进行工作，也可能说明员工的责任心有所下降，无论哪一种情况，均需进行培训。

**9. 成本增加，利润反而下降**

导致成本增加的一个主要原因是工作效率下降，也说明员工工作水准降低。

**10. 员工需要经常加班加点，员工投诉工作量负担不平衡**

这种情况说明员工的使用配备有可能不合理，需要进行组织调整。

**11. 引进新的技术设备及向客人提供新的产品**

引进设备，提供新产品的目的都是为了提高酒店的质量水平，与其相配合，员工必须接受适当的培训以使用新的设备和了解新的产品。

培训是酒店管理的一项基本功能，可以说是酒店中最有效、最有价值的工具。培训的目的在于使员工掌握某种特殊工作所需要的知识与技能，从而使酒店的总体目标在每一位员工的工作中得以实现。

## 第二节　酒店员工培训的内容

培训可被理解为为人提供了三种技能：概念技能、人际关系技能和技术技能。概念技能是指与观念、概念有关的技能，通常是指在大学里所受的教育。人际关系技能是指左右旁人情绪的技能，这一技能对旅游业特别重要。技术技能是指需要反复操作的技能，如打字，算账，订房手续等。

### 一、法律知识、酒店规章制度等培训

为了维护酒店正常经营，必须对酒店员工进行有关法律知识和涉外酒店的外事纪律、酒店的规章制度等的培训。如：在美国，酒类经营者不得向明显醉酒的顾客再出售酒精饮料，不得鼓励顾客过度饮酒，否则要承担第三者责任。

### 二、礼貌培训

在语言和体态语上，要求员工必须注意遣词造句和语气，使人感到亲切。如欢迎、问候、致谢、道歉、告别的规范，并辅之以得体、自然的体态语，学会运用体

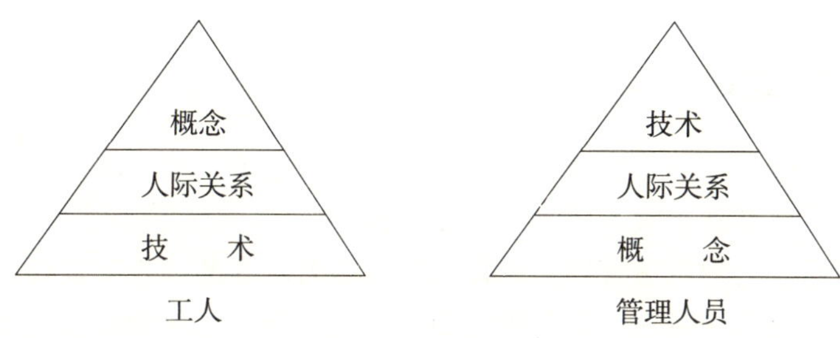


**图5－1　员工与管理人员知识结构**

态语以及在不同文化背景下的沟通方式，如：你好、请、谢谢、对不起、再见。

在举止行为上，尽可能满足客人要求，主要还表现在尊重客人的礼节习惯等方面，如：前台服务员站立时决不允许靠桌子；对客人使用合适的问候语；不允许电话铃响过两次以上才去接；接待一个怒气冲冲的顾客需要一系列的操作程序，要让客人平稳下来，转怒为安，最后感到高兴等。

形体训练，酒店礼节礼貌，客源国礼仪。

希尔顿的每家酒店都设立了一个礼貌委员会，由总经理，副经理和人事部长等成员组成。在部门会议上常就旅客关系进行讨论，示范说明如何处理，并放映有关电影。如告诉员工如何有效使用电话，如何通过个人行为体现公司形象，以及如何同心协力做好本部门工作，如何加强部门间的配合。酒店要求员工机智灵活，如有时要主动询问客人需要，有时应完全按客人的要求去做，使他们得到最大满足。希尔顿酒店总部每月通过员工投票，给每个评上“礼貌服务员”的员工授奖。

如果员工在工作中出了差错，我们习惯满脸笑容地向客人道歉，而按照西方习惯，则要求非常严肃地表示道歉，以显示道歉者的诚意。员工不经过国际礼仪知识的学习，就不会了解西方人的风俗习惯，从而引起客人的误会和不满。这些细节问题就关系到酒店的形象和服务质量。

## 三、保安培训

加强保安工作主要是增强员工的保安意识，掌握保安安全和酒店消防知识的基本技能和方法。因为酒店内的抢劫、偷盗案不断发生，酒店管理部门现已特别强调保安培训。

如前台服务员要核实客人的姓名和房号后才能发钥匙。客人留在客房门上或服务台上的钥匙要立即收起，以免被人取走。保安人员巡逻时要检查每间客房的门锁，看到门半开时，要立即给该客房打电话，如没人接，应进房检查，确定安

全情况。

## 四、卫生培训

酒店的环境、设施、用具和食品等卫生清洁至关重要，因为卫生清洁往往和安全相关联，这是酒店服务质量的重要指标。

美国康乃尔大学旅馆管理学院在对三万多名旅客的调查中发现，有60%的人把卫生清洁列为第一需求。有些酒店因为环境不洁，老鼠骚扰、用具脏污，会使旅客产生焦虑不安、厌恶、愤怒的情绪，严重损害了旅馆的声誉。所以必须高度重视和从各方面去满足清洁卫生的需求。

主要内容有：

细菌学。细菌产生的历史，生长、繁殖、形状和生活习性。

传染病。与细菌、病毒等有关的疾病，传染病的传播方式，食物腐烂发酵的原因。

昆虫和动物的控制。由动物和昆虫传播的疾病，生物圈、昆虫和动物的习性，杜绝对食物的污染与毁坏。

餐具卫生。对消灭细菌的各种有效措施的使用，正确的餐具消毒。

食品处理。食品保存、冷冻以及导致食物变质的因素。细菌和食品中毒、传染病的关系。

个人卫生。洗手、休息室卫生，制服、毛巾使用等。

洗涤和消毒措施。洗涤剂、蒸气、漂白粉等的选用。

在美国，因为人们对食品卫生的重视，所以它是酒店经营成败至关重要的因素。一些大酒店对此非常重视，并以卫生清洁作为招揽客人的手段。酒店经理应随时检查卫生状况，不允许任何不符合卫生的情况存在。如制服脏了、身体有异味、指甲有污垢、未戴工作帽、抓头皮、在厨房抽烟、重感冒仍去工作等。一家大酒店创始人霍华德·约翰逊，曾在酒店捡起碎纸和烟头，这实际上是树立了榜样，起到了现场培训的效果。

因为缺乏卫生管理而引起的法律纠纷有很多。一家可接待500万客人的连锁餐馆曾被起诉的食物案件有：

| | |
|---|---|
| 鸡尾酒中有骨头 | 3件 |
| 食物过敏 | 1件 |
| 食物中有玻璃 | 1件 |
| 食物中有金属碎片、瓷片 | 2—4件 |
| 鸡骨刺伤了口腔 | 1件 |
| 吃鸡崩了牙 | 1件 |
| 鱼类食品中毒 | 1件 |

# 第三节　培训方案的实施

## 一、培训者的工作任务

负责实施培训的员工是培训项目中的重要组成部分，其工作的好坏对培训项目的成败具有关键性的影响。这些培训者必须完成以下几个方面的任务：第一，通知每个参加培训项目的员工的培训时间、地点和日程安排；第二，安排培训设施，检查培训中的物质要求，包括座位、食物和供给，确保培训所使用的设备能够正常地使用，并使训练场所尽量模拟实际工作环境，使培训对象容易集中注意力；第三，发布培训项目，把培训目标告诉培训对象，让受训者大致了解训练的内容，知道训练中的各个环节及其连续性；第四，在培训过程中，要强调学习任务的重点和特点，尽量用受训者熟悉的术语、观念和实例来说明，引导每位被培训者对培训题目的热情。培训者还应该尽量提供受训者亲身实践的机会，并及时地强化受训者的学习效果。

在培训过程中，有时还可以采取小组培训的方法，在建立培训小组时，应该注意以下几点：第一，鼓励小组内部成员之间的相互沟通，这有助于激发员工的工作欲望，鼓励小组成员的投入；第二，强调小组内部的互动和小组成员之间相互依靠的需要；第三，强调小组的目标和责任，鼓励小组成员承担自己的责任；第四，重视小组工作的技巧，给出成功的和失败的小组工作的案例。

## 二、员工脱产培训方法

员工培训的方法可以划分为脱产培训和在职培训两个基本类别。我们首先说明脱产培训中可以选择的培训手段，然后再说明在职培训的做法。各种脱产培训又可以划分为信息传达类的脱产培训和模拟方法类的脱产培训。培训的信息传达技术包括演讲、会议、函授课程，电影、阅读清单，闭路电视和录像、行为示范和计算机辅助教学等。培训的模拟方法包括案例教学法、角色扮演法，循序渐进和群体练习，分内工作方法和商业游戏等。如果让受训者在工作现场学习的成本过高或者过于危险的话，那么模拟训练就将成为唯一的选择，如训练厨师就是这样一种情况。不难发现，脱产培训的手段有很多种类，它们在组织中的应用的广泛程度也有一定的差别。表5－1是美国100名以上员工的组织使用的培训手段的调查结果。

表 5－1　　　　培训手段及其应用程度

| 培训方法 | 使用这种方法的组织所占的比重（%） |
| --- | --- |
| 录像带 | 92 |
| 演讲 | 90 |
| 一对一教学 | 79 |
| 角色扮演 | 62 |
| 游戏/模拟 | 54 |
| 录音带 | 51 |
| 幻灯片 | 46 |
| 电影 | 43 |
| 案例研究 | 41 |
| 自我评价/自我测试 | 41 |
| 非计算机化的自学 | 27 |
| 多媒体 | 17 |
| 远程电话会议 | 11 |
| 远程可视会议 | 10 |
| 计算机联网会议 | 3 |

资料来源：George T. Milkovich and John W. Boudreau, *Human Resource Management*, Richard D. Irwin, 1994, P.510.

各种培训方法的特点有很大的差别。采用教师讲演方法进行培训可以迅速而有效地传达知识，但是这种方法的缺点是容易产生单向沟通的缺点，这意味着如果教师不能注意到受训者在学习方式、能力和兴趣等方面的差异，如果没有重视受训者的反馈，就很难得到很好的培训效果。为了克服这种缺点，教师应该在讲授过程中穿插适当的讨论。近年来，视听技术在培训中的作用日益显著。远程电话会议的特点是教学双方无法看到对方，但是可以通过声音进行交流。而远程可视会议的特点是受训者和教师配备电视和话筒，学员可以和远方的教员进行交流，不仅能够听到对方的声音，还可以看到对方的表情和演示。可视电话的出现将为这种培训提供良好的基础。通过电影、闭路电视和录像带等方法进行远程培训适用于下述情况：第一，培训中需要示范各个步骤的衔接；第二，用讲解的方法无法说清的时候，如操作层技术的培训；第三，酒店业务分布广，让受训者实地受训成本过高的情况。

运用高科技手段的培训主要是指运用计算机和多媒体的培训，计算机辅助训

练可以进行高度的仿真模拟。在美国联邦速递公司的高科技培训中，每位投递员和客户服务代理使用一个具有互动特点的计算机程序来测试他们的工作知识，记录他们的技能水平，并利用这些资料来帮助公司对员工的前程进行规划，促进员工的个人发展。这一计算机程序的辅助教材是一套包括 25 张光盘的互动式教学内容的课程。在这种课程中，计算机会根据每位受训者的水平显示不同的动画内容。这种培训在联邦速递公司每年都进行一次。联邦速递公司已经建立了一千二百多个这种培训场所。这种以计算机为基础的培训方式有很多优点：一是它便于根据受训者的不同要求对培训内容进行剪裁；二是生动的画面容易提高受训者的参与程度；三是声音和图像便于说明学习要点。当然，这种培训手段的缺点也很明显，那就是成本比较高。但是这种培训也有降低成本的方面。因为它不需要受训者的空间转移，减少了脱产培训的时间和公司旅行费用。

所谓的“干中学”类型的培训方法包括模拟、商业游戏，行动学习和行为塑造。“干中学”类型的培训是复制现实工作中的主要成分，然后让受训者在这种环境中扮演一个角色或者制定有关这一环境的决策，然后得到反馈来判断他们的行为或决策的有效性。模拟方法经常在飞机驾驶员的培训中使用。商业游戏由几个员工或员工小组一起参加，各个小组要根据其面临的经济环境对有关的经济变量作出决策。商业游戏一般需要使用计算机系统来跟踪计算竞争的结果。案例研究一般提供给受训者一个现实的问题，然后由受训者进行分析，并给出自己的解决方案。角色扮演通过让受训者扮演另一种身份的角色，并与其他人模拟这种角色面临的环境，来使受训者理解和体会别人的切身感受。在培训理论中，经常把商业游戏、案例研究和角色扮演合并在一起的方法称为行动学习。但是行动学习中的游戏、案例和所扮演的角色是公司面临的真实问题或职位。行为塑造的理论依据是人们能够形成适当行为的心理模式，这一方法的目标是发掘受训者在看到某一行为之后模仿的能力。行为塑造首先要介绍所需要学习的技能，然后让受训者观察完成所培训技能成功的行为，集体讨论这一行为的有效性，然后每个受训者在其他受训者面前实际操作，最后得到自己行为有效性的反馈。

## 三、员工在职训练

员工在职培训方法主要包括职前教育、教练法（让有经验的员工或直接上司进行训练）、助理制（用来培养公司的未来高级管理人才）和工作轮调（让未来的管理人员有计划地熟悉各种职位）。事实上，大多数培训特别是非管理工作的培训都采取在职培训的形式，因此在职培训是最常用、最必要的训练方法。在职培训能够为员工提供一个真实的工作环境、线索和回报。在美国，政府为了鼓励公司实施在职培训，对那些为不经过培训就无法胜任工作的人提供在职培训的公司给予资助。

在职培训的优点是：第一，节约训练成本，不需要在工作场所以外再安排仿真教室，也不需要准备训练器材和教材；第二，受训者迅速得到工作绩效的反馈，学习效果明显。它的缺点是经理人员对待在职培训的态度不够重视，常常对在职培训没有很好地设计，不明确在职培训的目标，在实施过程中也不指派训练有素的教员，结果是员工在经过了在职培训之后收获甚微。虽然很多人都相信在职培训的成本比较小，因为它几乎不发生任何直接成本，但是，在职培训的潜在风险在于，新员工可能损坏机器设备，生产出不合格产品，浪费原材料。在职培训的实施程序如表5-2所示。

表5-2　　在职培训的程序

| 步　骤 | 内容要点 |
|---|---|
| 第一步：<br>培训的准备工作 | 1. 确定为了使受训者能够有效、安全、经济和聪明地完成工作必须掌握的知识。<br>2. 准备好必要的工具、设备、原材料。<br>3. 安排好工作场所，使之与将来员工希望保持的工作场所相一致。 |
| 第二步：<br>受训者的准备 | 1. 让受训者身心放松。<br>2. 对于工作要求已经知道的部分受训者。<br>3. 使受训者有兴趣和愿望学习做这一工作。 |
| 第三步：<br>示范与展示 | 1. 说明新知识和操作程序。<br>2. 慢速、完整、清晰、耐心地进行讲解，每次只解释一个要点。<br>3. 检查学习效果，对受训者提问，并对受训者不清楚的地方进行重复。<br>4. 确保受训者确实掌握了所学习的内容。 |
| 第四步：<br>实际演练 | 1. 尝试着让受训者进行实际操作。<br>2. 用为什么、怎样、什么时候和什么地方这样的问题对受训者进行提问。<br>3. 观察受训者的操作，纠正错误，必要的时候重复指导内容。<br>4. 继续上述过程，直到培训者确信受训者已经掌握了所学习的内容。 |
| 第五步：<br>巩固阶段 | 1. 经常性检查，确保受训者遵循了要求的内容。<br>2. 逐渐减少监督的频率和近身指导，直到受训者能够在正常的监督条件下胜任工作的要求。 |

## 四、培训效果的评估

培训效果是指在培训过程中受训者所获得的知识、技能、才干和其他特性应用于工作的程度。培训效果可能是积极的，这时工作绩效得到提高，也可能是消极的，这时工作绩效恶化，还可能是中性的，即培训对工作绩效没有产生明显的影响，这种情况下的损失是培训经费和时间的浪费。

在对培训项目的结果进行评价时，需要研究以下问题：第一，员工的工作行为是否发生了变化？第二，这些变化是不是培训引起的？第三，这些变化是否有助于酒店目标的实现？第四，下一批受训者在完成相同的培训后是否会发生相似的变化？对变化的衡量涉及以下四个方面：

### 1. 反应

即受训者对这一培训项目的反应，受训者是否感到培训项目的好处，包括受训者对培训科目，培训教员和自己收获的感觉。

### 2. 学习效果

即受训者对所教授的内容的掌握程度，受训者是否能够回忆起和理解对他们进行培训的概念和技能。这可以用培训后的闭卷考试或实际操作测试来考察。需要牢牢记住的是，如果受训者没有学会，那么培训者就没有发挥作用。

### 3. 行为变化

即员工由于参加这一培训所引起的与工作有关的行为发生的变化，受训者是否在行为上应用了学习到的这些概念和技能（参看表5-3）。需要注意的是，由于工作经历的逐渐丰富、监督和工作奖励方式的变化都可能对员工的行为产生影响。为了克服这种干扰，可以使用控制组方法，即将员工分为训练组和未受训练控制组。在实施训练之前，衡量各组的工作绩效，在实施训练之后，再衡量各组的工作绩效，通过比较发现训练的效果。在这个问题上，应该注意培训组的绩效变化将在培训结束后，经过一段时间的实践才能体现出来，了解这一性质对正确评价培训项目的效果很重要。

### 4. 培训后果

即受训者行为的变化是否积极地影响了组织的结果，有多少与成本有关的积极后果（如生产率的提高、质量的改进，离职率的下降和事故的减少）是由于培训引起的，受训者在经过培训之后是否对组织或他们的工作产生了更加积极的态度。其中，对反应和学习效果的衡量主要是主观感受，所以有时称为内部标准，即对行为和培训后果的衡量主要是客观结果，所以有时称为外部标准。

表 5-3 新员工培训评价表

| | 项　目 | 第1次评价 | 第2次评价 |
|---|---|---|---|
| 修饰外表的考评 | 1. 服装整体干净整洁、有稳重感 | | |
| | 2. 不浓妆艳抹，香水不搽太浓 | | |
| | 3. 服饰配件或手表等搭配得当，不过于华丽 | | |
| | 4. 头发不会脏乱、不随便染发 | | |
| | 5. 鞋子不会肮脏 | | |
| | | | |
| 上班下班的规则 | 1. 遵守上班时间规定 | | |
| | 2. 问候声音清脆、有精神 | | |
| | 3. 不会在下班时间之前就收拾准备回家 | | |
| | 4. 整理收拾桌上或周围东西后才下班 | | |
| | 5. 下班时打招呼也都确实做到 | | |
| | | | |
| 问候措辞 | 1. 与顾客或同事打招呼应清脆、愉快 | | |
| | 2. 措辞不会像学生时代那样草率 | | |
| | 3. 确实地回答 | | |
| | 4. 了解敬称的用法 | | |
| | 5. 上班中不闲聊 | | |
| 工作态度 | 1. 充满干劲 | | |
| | 2. 表现出对新工作的关心与兴趣 | | |
| | 3. 早一天学会工作进展方法的态度 | | |
| | 4. 不会毫无理由随便离开座位 | | |
| | 5. 有时间观念 | | |
| 工作方式 | 1. 接待不会胆怯 | | |
| | 2. 接电话时，一定准备纸、笔 | | |
| | 3. 了解工作的重要 | | |
| | 4. 了解工作时应有的态度 | | |
| | 5. 了解工作完成期限的重要 | | |

资料来源：吴战凯、王玺著《最新人力资源管理表格及核心制度》，中国纺织出版社 2003 年版。

20 世纪 70 年代，美国学者布鲁斯沃（K.Brethower）和拉姆勒（G.Rummler）对培训项目的评价标准和衡量方法进行了研究，总结出来的方法现在仍然具有很大的影响。他们的贡献如表 5－4 所示。

**表 5－4　　　培训项目的评价方法**

| 我们想知道什么 | 衡量什么 | 衡量项目 | 获取数据的方法 | 获取数据的替代方法 |
|---|---|---|---|---|
| 受训者是否满意？如果不是，为什么？<br>1. 概念不相关<br>2. 培训场所设计<br>3. 受训者安排的不合适 | 培训期间受训者的反应 | 联系<br>胁迫<br>学习的轻松程度 | 受训者的评论、对教员的评论、对练习的问题、对练习的行为方式 | 观察<br>面谈<br>问卷 |
| | 培训后受训者的反应 | “值不值”相关程度或者学习动力 | 对项目的行为方式<br>关于项目概念的问题 | 观察<br>面谈<br>问卷 |
| 教学素材是否教会了概念？如果没有，为什么？<br>1. 培训教室的结构<br>2. 课程<br>——表述<br>——例子<br>——练习 | 培训期间受训者的表现 | 理解、应用 | 学习时间做练习的成绩表达 | 观察、文件检查 |
| | 培训结束时受训者的表现 | 理解、应用、设施、内容的衔接 | 对未来的行动方案<br>做练习时所使用的工具表达 | 观察、文件检查、面谈、问卷 |
| 所学习的概念是否被应用？如果没有，为什么？<br>1. 概念<br>——不相关<br>——太复杂<br>——太含糊<br>2. 工具不适合<br>3. 环境不支持 | 绩效改进计划 | 分析、行动计划、结果 | 讨论<br>文件<br>结果 | 观察、面谈、文件检查、问卷（关键事件） |
| | 解决难题技术 | 提出的问题、计划的行动、采取的行动 | 讨论<br>文件<br>结果 | 观察、面谈、文件检查、问卷（关键事件） |
| | 不断管理方法 | 工作的努力程度、人员管理程序 | 讨论<br>会议<br>文件 | 观察、面谈、文件检查、问卷（关键事件） |

续表

| 我们想知道什么 | 衡量什么 | 衡量项目 | 获取数据的方法 | 获取数据的替代方法 |
|---|---|---|---|---|
| 概念的应用是否积极地影响了组织？如果不是，为什么？ | 难题解决 | 问题的识别<br>分析、行动、结果 | 讨论<br>文件<br>结果 | 面谈<br>文件检查<br>问卷（关键事件） |
| | 危机的预测和预防 | 潜在危机的识别<br>分析<br>行动 | 讨论<br>文件<br>结果 | 面谈<br>文件检查<br>问卷（关键事件） |
| | 绩效衡量具体到一个特定的培训项目 | 产出的衡量过渡或者诊断的方法 | 业绩数据 | 文件检查 |

资料来源：George T. Milkovich and John W. Boudreau, *Human Resource Management*, Richard D. Irwin, 1994, pp. 516～517.

酒店在评价培训项目的效果时所使用的评价项目很重要，此外，进行评估的时间和所使用的评估方法也很重要。假如酒店的销售收入在实施一个培训项目之后比实施之前上升了20%，我们并不能断言这都应该归功于这次培训。很多人力资源管理专家认为，最合适的评价培训项目方法应该是以合理的成本就能够采集到数据，同时这些数据对关键决策的制定者是最有意义的。

## 五、培训方法的有效性比较

虽然我们无法笼统地讲哪一种培训方法比所有其他的方法优越，但是根据既定的培训项目的目标，我们可以发现存在着一些比较有效的方法。1972 年美国学者小卡罗尔和佩因以及伊凡采维奇发表的一项对人事专家的调查结果为我们提供了许多启示，如表 5－5 所示。这次调查的方法是让这些人事专家评价各种培训方法，即评价在帮助员工获得知识，改变员工态度，发展员工解决问题的能力，发展员工的人际关系技巧，获得参与许可和员工保持获得的知识等方面的有效性。所排列的次序越高，反映专家认为这种方法越有效。

**表 5-5　　　　　　　　　　培训方法有效性比较**

| 培训方法 | 获得知识 | 改变态度 | 解决难题技巧 | 人际沟通技能 | 参与许可 | 知识保持 |
|---|---|---|---|---|---|---|
| 案例研究 | 2 | 4 | 1 | 4 | 2 | 2 |
| 讨论会 | 3 | 3 | 4 | 3 | 1 | 5 |
| 讲课（带讨论） | 9 | 8 | 9 | 8 | 8 | 8 |
| 商业游戏 | 6 | 5 | 2 | 5 | 3 | 6 |
| 电影 | 4 | 6 | 7 | 6 | 5 | 7 |
| 程序化教学 | 1 | 7 | 6 | 7 | 7 | 1 |
| 角色扮演 | 7 | 2 | 3 | 2 | 4 | 4 |
| 敏感性训练 | 8 | 1 | 5 | 1 | 6 | 3 |
| 电视教学 | 5 | 9 | 8 | 9 | 9 | 9 |

资料来源：Terry L. Leap and Michael D. Crino，Personal，*Human Resource Management*，Macmillan，1989，P. 291.

# 本章小结

1．现代化的酒店中，要想提高员工的劳动生产率、劳动能力，要想健全酒店的组织机构，就必须对酒店员工进行有计划的培训，包括从最基层的操作性培训到最高层的专业化培训。

2．人的基本能力的掌握与发展，就知识而言是通过教育这一过程实现的，而教育则是一个长期的过程；人的某一种特殊能力的掌握与运用，就使用而言往往有赖于培训，培训一般不需要很长的学习时间。教育和培训在概念上的主要区别在于：(1) 教育是有助于一个人的成长并适应各种社会环境，更加侧重于整体的发展，而培训主要针对于人对某一项特殊技能的掌握与熟练运用，侧重于某一方面的发展与提高；(2) 教育通过各种知识的传授使一个人的基本能力得以提高，而培训则着重于基本能力在某种环境中的运用；(3) 教育的根本目的是造就一个人对整个社会发展的一般适应能力，而培训的目的则是使某一个人适应人生过程中的某一项特殊需要。

3．酒店开展的培训应当是包括整个酒店范围的，而非只有某一部门或某一层次的员工。酒店除了在人事制度上规定某些岗位或员工应当具有的教育水平与任用资格以外，应当明确下述人员必须接受酒店的培训：(1) 新员工；(2) 对于

转岗晋升的员工，必须接受各级培训；(3) 特殊的培训计划。根据需要对酒店的各个部门、岗位，各种熟练工人、非熟练工人、管理人员、专业技术人员等进行培训。

4. 酒店员工培训，对于整个酒店的经营活动可以产生良好的效果，也可以使员工的工作水准与服务质量得到提高。酒店培训可以为酒店带来以下益处：降低无谓的损失及浪费；改善工作方法；减少员工流失率；减轻管理人员的负担；减少时间上的浪费；减少设备维修开支；改善酒店的产品和服务质量；提高员工的士气。培训是酒店生存发展的重要保证之一。

5. 除了按照酒店规定对员工进行的培训以外，如果酒店在经营过程中出现下列现象也需要培训：新员工的招聘；员工的工作表现未能达到酒店的要求；工作标准与服务质量有改善的需求；酒店经常接到投诉；工作方法或程序有所改变；员工的调动或晋升；员工违反纪律的情形增加时；浪费及损坏事件的增加；成本增加，利润反而下降；员工需要经常加班加点，员工投诉工作量负担不平衡；引进新的技术设备及向客人提供新的产品。

6. 培训为人提供的三种技能：概念技能、人际关系技能和技术技能。概念技能是指与观念、概念有关的技能，通常是指在大学里所受的教育。人际关系技能是指左右旁人情绪的技能，这一技能对旅游业特别重要。技术技能是指需要反复操作的技能，如打字、算账、订房手续等。

7. 培训内容包括：法律知识、酒店规章制度等培训；礼貌培训；保安培训；卫生培训。

8. 在培训方案的实施过程中，培训者必须完成以下几个方面的任务：第一，通知每个参加培训项目的员工的培训时间、地点和日程安排；第二，安排培训设施，检查培训中的物质要求，包括座位、食物和供给，确保培训所使用的设备能够正常地使用，并使训练场所尽量模拟实际工作环境，使培训对象容易集中注意力；第三，发布培训项目，把培训目标告诉培训对象，让受训者大致了解训练的内容，知道训练中的各个环节及其连续性；第四，在培训过程中，要强调学习任务的重点和特点，尽量用受训者熟悉的术语、观念和实例来说明，引导每位被培训者对培训题目的热情。培训者还应该尽量提供受训者亲身实践的机会，并及时地强化受训者的学习效果。

9. 建立培训小组时，应该注意几点：第一，鼓励小组内部成员之间的相互沟通，这有助于激发员工的工作欲望，鼓励小组成员的投入；第二，强调小组内部的互动和小组成员之间相互依靠的需要；第三，强调小组的目标和责任，鼓励小组成员承担自己的责任；第四，重视小组工作的技巧，给出成功的和失败的小组工作的案例。

10. 员工培训的方法可以划分为脱产培训和在职培训两个基本类别。脱产培

训又可以划分为信息传达类的脱产培训和模拟方法类的脱产培训。培训的信息传达技术包括演讲、会议、函授课程，电影、阅读清单，闭路电视和录像、行为示范和计算机辅助教学等。培训的模拟方法包括案例教学法、角色扮演法，循序渐进和群体练习，分内工作方法和商业游戏等。各种培训方法的特点有很大的差别。运用高科技手段的培训主要是指运用计算机和多媒体的培训，计算机辅助训练可以进行高度的仿真模拟。以计算机为基础的培训方式有很多优点：一是它便于根据受训者的不同要求对培训内容进行剪裁；二是生动的画面容易提高受训者的参与程度；三是声音和图像便于说明学习要点。

11. “干中学”类型的培训方法包括模拟、商业游戏，行动学习和行为塑造。“干中学”类型的培训是复制现实工作中的主要成分，然后让受训者在这种环境中扮演一个角色或者制定有关这一环境的决策，然后得到反馈来判断他们的行为或决策的有效性。

12. 员工在职培训方法主要包括职前教育、教练法（让有经验的员工或直接上司进行训练）、助理制（用来培养公司的未来高级管理人才）和工作轮调（让未来的管理人员有计划地熟悉各种职位）。事实上，大多数培训特别是非管理工作的培训都采取在职培训的形式，因此在职培训是最常用、最必要的训练方法。在职培训的优点是：第一，节约训练成本，不需要在工作场所以外再安排仿真教室，也不需要准备训练器材和教材；第二，受训者迅速得到工作绩效的反馈，学习效果明显。

13. 在职培训的程序。第一步：培训的准备工作，确定为了使受训者能够有效、安全、经济和聪明地完成工作必须掌握的知识；准备好必要的工具、设备、原材料；安排好工作场所，使之与将来员工希望保持的工作场所相一致。第二步：受训者的准备，让受训者身心放松；对于工作要求已经知道的部分受训者；使受训者有兴趣和愿望学习做这一工作。第三步：示范与展示，说明新知识和操作程序；慢速、完整、清晰、耐心地进行讲解；检查学习效果，对受训者提问；确保受训者确实掌握了所学习的内容。第四步：实际演练，尝试着让受训者进行实际操作；用为什么、怎样、什么时候和什么地方这样的问题对受训者进行提问；观察受训者的操作，纠正错误，必要的时候重复指导内容；继续上述过程，直到培训者确信受训者已经掌握了所学习的内容。第五步：巩固阶段，经常性检查，确保受训者遵循了要求的内容；逐渐减少监督的频率和近身指导，直到受训者能够在正常的监督条件下胜任工作的要求。

14. 培训效果的评估。对培训项目的结果进行评价时，需要研究以下问题：第一，员工的工作行为是否发生了变化？第二，这些变化是不是培训引起的？第三，这些变化是否有助于酒店目标的实现？第四，下一批受训者在完成相同的培训后是否会发生相似的变化？对变化的衡量涉及以下四个方面：反应；学习效

果；行为变化；培训后果。

15．20世纪70年代美国学者布鲁斯沃和拉姆勒对培训项目的评价标准和衡量方法进行了研究，总结出来的方法现在仍然具有很大的影响。

16．培训方法的有效性比较。1972年美国学者小卡罗尔和佩因以及伊凡采维奇对人事专家的调查结果为我们提供了启示。这次调查的方法是让这些人事专家评价各种培训方法，即评价在帮助员工获得知识，改变员工态度，发展员工解决问题的能力，发展员工的人际关系技巧，获得参与许可和员工保持获得的知识等方面的有效性。所排列的次序越高，反映专家认为这种方法越有效。

## 案例分析

**【案例1】**

### 新培训计划[①]

目前，卡特洗衣公司尚无正规的上岗引导或培训政策或程序。詹妮弗认为这正是为什么她父亲和她希望雇员遵守的标准总是未被遵守的一个原因。

可以用几个事例来说明这一点。在前台接待客户方面，卡特父女希望采用一定的程序和惯例。例如，应当用杰克称为“热情招呼”的态度向所有顾客表示欢迎。对顾客拿来的任何衣服都应马上检查有无损坏或异常的污渍，以便顾客能注意到这些问题，以免日后来取衣服时因这些损坏或异常污渍错误地指责本店。然后，应立即将这些衣服装进一个尼龙袋，以便把它们同其他顾客的衣服分开。然后还必须仔细将这位顾客的姓名、电话号码和准确日期写在卡片上，并在所有卡片副本上清楚地注明。这位店员还应当抓住时机努力向这位顾客推销其他一些服务项目。比如，给衣物做防水处理（如果顾客拿来的是件雨衣的话），或者直接告诉这位顾客说：“你知道现在人们都在清洗春季的衣服，这个月全月我们都实行特价衣服清洗。”最后，在这位顾客离店时，这位店员应该说些礼貌周全的话，如“祝你一天愉快”或“开车小心点儿”。店里其他各项工作，如熨衣、洗衣、除污垢、定期维修投币洗衣设备等等，同样也有一定的步骤和程序，最重要的是卡特父女希望看到标准得以执行。

詹妮弗认为，由于缺乏适当的雇员培训和上岗引导，公司还有其他一些问题。例如，上个月，两名小雇员感到非常心烦，因为他们发现在那一周的周末（星期五）没有给他们发工资，而在第二周的星期二才给他们发工资（同卡特所有雇员一样）。卡特父女利用这额外的两天，一方面了解每个人的

① 〔美〕加里·德斯勒著：《人力资源管理》，第257—258页，中国人民大学出版社1999年版。

工作时间并计算他们的工资；另一方面的原因是，按杰克的说法："坦率地说，我们晚几天给雇员发工资，这样有助于保证在他们向我们提出辞职之前，至少提前几天通知我们。我们肯定会一分不少地付给他们应得的报酬。同时，从心理学角度看，我们发现，如果他们还没有拿到上周工资的话，他们一般就不太可能在周五傍晚走出店门下周一就不再露面了。用这种方式他们起码会提前几天给我们辞职通知，这样我们就可以有时间找人替代工作。"

詹妮弗说，上岗引导还可以介绍其他一些东西，包括公司关于带薪休假，迟到及旷工、保健及住院治疗津贴等政策，有关保持清洁而安全的工作场地、个人仪表及卫生、填写工时记录表、个人电话及邮件等问题，以及公司关于在工作中防止滥用材料、吃东西或吸烟等问题的措施。

詹妮弗相信，实施上岗引导及培训计划有助于确保雇员了解从事本职工作的正确方式。而且，她和她父亲都认为，只有当雇员了解了从事其工作的正确方式时，才能指望他们以卡特公司希望的方式实际完成工作任务。

**问题：**

1．具体说明在卡特公司的新雇员上岗引导计划中，应包括些什么内容以及应怎样设计这些内容？

2．在人事管理课上，詹妮弗提出用工作任务分析记录表来确定一个雇员承担的任务时问道："我们是否应当采用这样的表来分析柜台服务员的工作？如果应当，请说明填写完成后的柜台服务员工作任务分析记录表的大致情况。"

3．在培训熨衣工、去污工、管理人员、柜台服务员时，她应使用哪些具体的培训方法，为什么？

**【案例2】**

## 波音公司的新计算机系统[①]

1990年，西雅图波音商用航空集团公司准备在其商用零部件部门安装公司有史以来最大的计算机系统。该部门向各商用航空公司出售零部件。这个新计算机系统的目的是使该部门的许多工作任务自动化，如更新库存报表、回答顾客询问以及定价等。

波音公司的管理人员知道，这个新计算机系统的安装，要求对雇员进行广泛的再培训，这几乎会对零部件部门所有的700名雇员发生影响，而且这种影响不仅仅是在使用这个新计算机系统的技术方面。例如，该部门的办公

① 〔美〕加里·德斯勒著：《人力资源管理》，第258—259页，中国人民大学出版社1999年版。

室会成为无纸办公状态。而对雇员来说更可怕的也许是他们得花更多的时间在计算机终端上工作，此外，由于每个雇员会更相信别人准确输入的计算机信息，人际关系会变得更加互相依赖。雇员们必须理解，突然间他们拥有了许多依赖他们的“顾客”，而事实上这些顾客是其他零部件部门的雇员。

培训协调人在实施培训计划时深有体会地说：“我们认识到仅提供技术培训不能保证新系统的成功运行。”这个新系统的用户需要掌握和处理当系统投入运行时他们将经历的变化的手段。这个培训小组想做到通过培训，将系统运行可能引起的压力和混乱降到最低。更准确地说，它想做到使每个使用新系统的雇员成为“以顾客为中心”雇员，提供本零部件部门同事或顾客所需要的信息。

由于该部人员多种多样，波音公司知道面临着一个挑战：这些人中有一半人在货栈工作，负责部件的装运、收货和仓储；另一半人则在约48公里开外的一间办公室里工作。而且，这些人的受教育程度也参差不齐。

在确定培训计划的性质时，波音公司面临多种选择。由于其已有一个完整的公司内部培训部，因此，一方面是让内部培训部来实施培训；但另一方面，要在很短的时间内对700名雇员进行培训可能需要一个适应这个培训计划运作要求的咨询、培训和开发公司的服务。培训部还必须考虑要采用的各种培训方式，如研讨班、录像教学、讲座以及书籍等。波音公司考虑请一个总部设在旧金山的咨询公司来做，该公司在迅速设计大规模培训计划方面享有盛誉，其培训开发方式主要是利用书面资料和录像资料组织研修、参与式练习，采用范例以及讲座实施研修。

但是，在决定究竟是由公司内部还是让咨询公司来组织实施培训计划之前，波音公司认为必须使实际培训目标更明确。例如，除纯技术方面的培训之外，还需要让使用计算机系统的雇员更进一步以顾客为中心，也许必须开发雇员沟通和判断的技能，以便在他们需要从该计算机系统得到数据输入员目前不提供的特殊信息时，也能够让有关人员了解他们的需求。

**问题：**

1．你认为该零部件部门的雇员需要接受何种培训？

2．你如何确定什么是具体的培训目标？

3．你认为波音公司请外部的咨询公司来组织这个培训比较合适，还是应当由本公司自己来组织实施？

4．无论是由本公司还是由咨询公司来做，请说明你怎样设计这个必需的培训计划。

## 练习题

1．试分析教育和培训的辩证关系。
2．酒店开展培训应当包括哪些人员？
3．简述酒店员工培训的作用和意义。
4．除按照规定外，在哪些情况下酒店需要进行员工培训？
5．培训能够为人提供哪几种技能？员工培训的内容包括哪些方面？
6．在培训实施过程中，培训者必须完成哪些方面的任务？
7．员工培训的方法可以划分为哪几种基本类别？它们各自包括哪些具体方法？
8．试说明在职培训的实施程序。
9．对培训项目的结果进行评价时，需要研究哪些问题？

# 酒店员工的考评

**本章提示与学习目的：**

酒店是劳动密集型的企业，酒店管理说到底就是对人的管理。定期对酒店员工的工作状况进行有序、公正、科学的考评，对酒店人力资源的开发和利用、对提高全体员工的素质、调动和发挥全体员工的积极性，有着重要的现实意义。它也是保证酒店经营活动顺利进行的必要条件，是增强酒店活力和竞争力的重要前提，是提高酒店的服务质量、创造良好社会经济效益的有效保证。通过本章的学习，要了解员工考评的含义和作用；把握酒店员工考评的标准；了解人员素质测评的构成和基本要素；熟悉员工考评的实施程序和步骤；了解参评人员的构成模式和作用，掌握“360度考评”方法；了解考评工作的要求，把握实施考评必须遵循基本原则，熟悉实现考评标准化、客观化、常模化、可靠性和有效性的途径；能够进行考评技术的分类，熟悉常用的工作考评方法，如：等级评定法，考核清单法，配对比较法，强制分布法，要素考评法，绩效考评法，关键事件法，评语法，行为锚定评分法等的特点、实用范围和操作；了解考评工作中产生各种偏见的危害等，是我们学习这一章的目的。

## 第一节　酒店员工考评的作用

### 一、什么是酒店员工的考评

在酒店日常管理活动中，把经过选拔、招聘，符合岗位要求的人员录用和分配到合适的工作岗位上工作一段时间后，就需要在工作过程中定期对员工的工作绩效进行科学的考评，这是酒店人力资源管理部门的一项重要工作。

现代人力资源管理要求应用科学的评价系统，公正、准确地对员工的工作绩效进行考评。所谓“考评”，即考核和评价、评定，是指对一个人的工作实绩进行系统的考察，从而评价其工作行为、工作态度、工作效率、工作效益和内在能力等。一般来说，“考核”是以行为结果为重点，主要用于对员工在一定时期内的考勤、事故、完成工作的数量和质量、取得的经济和社会效益等外在客观的业

绩情况进行考察、确定。而“评价和评定”则针对员工内在的态度、思想和动机、潜在能力、他人的认同等主观因素和行为过程进行考察。因此两者相辅相成，在实际工作中通常结合使用，故称之为“考评”。考评对员工作出相应评价，其目的是为了激励员工的工作热情，有效改进员工自己的工作绩效，发掘员工的潜力，帮助员工成功与发展，促进员工职务升降、调配，使奖惩公平合理，增进部门主管与员工之间的相互沟通、了解等。

## 二、酒店员工考评的作用

酒店员工在工作岗位上的表现好坏、绩效高低直接影响酒店的整体形象和效益。因此掌握和提高员工的工作绩效是酒店管理的目标之一，对员工实行定期的工作绩效考评对实现这一目标的人力资源管理工作具有重要作用。

### 1. 考评是对酒店员工进行激励的有效手段

大多数员工一般都希望知道自己在酒店的工作情况如何，自己的努力是否得到了领导的承认。通过定期考评不仅使酒店掌握每一位员工的具体工作情况，并能及时向员工反馈考评的结果，让他们了解工作的评价，知道自己在工作中存在的不足，掌握酒店管理部门所提倡的规范行为。这有助于员工自觉巩固好的行为，纠正不足，调动他们的工作积极性。由于考评本身就是对工作业绩的评定和认可，因此它能使员工体验到成就感和自豪感，从而增强员工工作的自觉性、主动性。

### 2. 考评是确定酒店员工劳动报酬的依据

考评结果是薪金报酬管理的重要依据。按劳付酬、论功行赏能使员工产生公平感，有助增强员工工作责任感和信心，减少因报酬不合理而导致挫伤员工的工作热情，使有限的人力资源能够充分发挥其应有的作用，并能防止有用人才的流失。

### 3. 考评是决定酒店员工调配和职务升降的依据

考评结果也是员工工作调迁、升降、淘汰的重要依据。通过考评可以评估员工对现任职位的胜任程度及其发展潜力如何。依此对员工的工作岗位实施调配、职务升降，既能依理服人，又能做到人尽其才、才尽其用，减少人才的浪费。

### 4. 考评是对酒店员工进行岗位培训的依据

考评有助于员工的培训工作。这是因为考评能够及时发现员工的长处和不足，以及他们与工作要求之间的差距有多大，依此制定培训措施和计划，能有针对性地对员工进行岗位培训，并可检验培训措施与计划的效果。不断修订培训计

划，使岗位培训真正发挥其应有的作用。

**5. 考评能对酒店员工任用或开除提供法律依据**

考评结果可以提供员工个人的工作胜任情况，为个人的留用或除名提供法律依据。对经多次调整仍考核不称职的人，酒店不可能继续留用而应除名。这完全符合相关政策法规的规定，减少合同双方的矛盾纠纷。

**6. 考评能促进酒店内部上下沟通、彼此了解**

在考评过程中，各种人员之间广泛接触、相互沟通和了解。上下级之间通过面谈或其他渠道，不仅能将考评结果向员工反馈，同时也听其反映、说明和申述。由此促进了上下级之间的沟通，让彼此相互了解各自的期望和要求，加深了酒店内部的人际交流。

**7. 考评能为酒店管理的职能部门进行决策提供参考依据**

工作绩效考评也是酒店管理部门开展人事工作研究的重要途径。当劳动人事部门需要确定新的人员测评指标时，可以用工作成绩考评的结果作为工作成效的标准。因此，工作绩效考评可以用来进行各种人事研究，设计有关人员招聘、预测、录用、调配方面的人事决策方案，检验人事决策的效用，制定人力资源开发的计划等。

## 第二节　酒店员工考评的内容和程序

员工考评用途广泛，因考核对象、目的不同，其考评的内容也不相同。在我国，有关考评工作的研究，长期以来多集中于干部考核工作。其考核内容主要是人员的政治素质、业务能力、知识结构、发展潜力、工作态度、工作成绩等方面。为了适应酒店人力资源管理的需要，使员工考评科学、公正、合理，一般是根据酒店不同岗位的工作要求标准进行具体量化，以确定能反映员工实际状况的绩效考评指标。确定指标主要是围绕以下两个方面的标准进行：

（1）职务标准，就是将职务中所包含的各项工作任务规定下来，从而确定承担该职务的人应该做什么和怎么做。每名员工都有对应的职务，职务强调的是工作任务和工作的难易程度。职务标准是酒店对员工的基本要求，如果员工达不到职务标准，就说明其不能胜任工作。

（2）职能标准，则是规定了员工承担特定职务时所需达到的个人素质标准，是酒店对员工个人应当具备的能力内容和技术水平的期望和要求。职能标准包括知识性和经验性的内容，但对不同的员工来说，实际情况与要求之间存在着差距。

职务标准与职能标准共同规定了该职务从工作内容到任职者资格和素质等方

面的各种要求，也就是所说的绩效标准。其中，职务标准对应的是在工作中表现出来的工作绩效，可通过工作业绩来直接反映，也可以间接地通过员工在工作中表现出来的能力和态度来体现；而职能标准实际上是一种任职资格，往往用于对员工的工作能力或工作潜力进行评价（参看图6－1）。职务标准与职能标准作为评价工作时所使用的客观标准，分别对应着不同的评价内容。通常，在进行绩效评价时，评价的主要内容是员工在工作中表现出来的工作绩效。与之相对应的绩效标准就是职务标准，包括工作业绩、工作能力和工作态度这三个方面的评价内容，由此组成员工考评的三个部分：考绩、考勤和评价。对不同职务的人员进行考评时，其考评的具体内容不尽相同。一般情况下，对生产性员工的考评，可围绕服务的数量、质量、事故、考勤等可精确计量的标准来考核，而对于非生产性员工的考评，则主要是靠人员之间全方位的相互评价来实现。

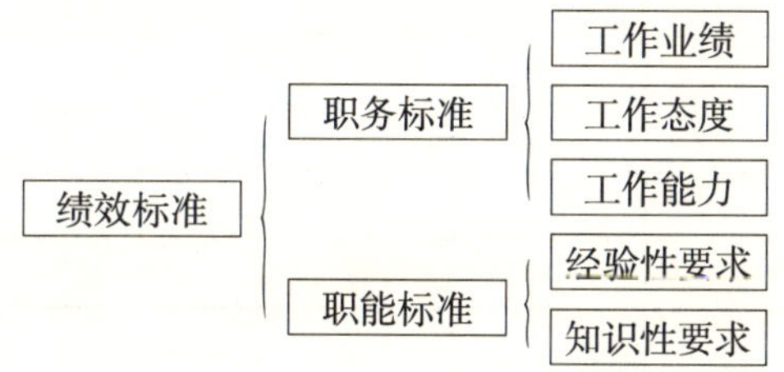


**图6－1　绩效标准的内容**

## 一、考评内容

人员考评的对象、目的和范围复杂多样，因此考评内容也颇为复杂。但就其基本方面而言，习惯上主要是围绕德、能、勤、绩四个方面的要素进行。（参看表6－1）

**表6－1　　要素测评表**

| | 要　素 | 优 | 良 | 中 | 及格 | 不及格 |
|---|---|---|---|---|---|---|
| 政治素质 | 事业心 | | | | | |
| | 纪律性 | | | | | |
| | 原则性 | | | | | |
| | 求实精神 | | | | | |
| | 竞争性 | | | | | |
| | 廉洁性 | | | | | |
| | 民主性 | | | | | |
| | 服务性 | | | | | |
| | 坚忍性 | | | | | |

续表

| | 要素 | 优 | 良 | 中 | 及格 | 不及格 |
|---|---|---|---|---|---|---|
| 能力水平 | 自学能力 | | | | | |
| | 综合分析能力 | | | | | |
| | 口头表达能力 | | | | | |
| | 书面表达能力 | | | | | |
| | 指挥协调能力 | | | | | |
| | 决策能力 | | | | | |
| | 创新能力 | | | | | |
| | 应变能力 | | | | | |
| | 任贤能力 | | | | | |
| | 劝说能力 | | | | | |
| | 交往能力 | | | | | |
| | 业务能力 | | | | | |
| 知识结构 | 马列理论知识 | | | | | |
| | 管理科学知识 | | | | | |
| | 本职专业知识 | | | | | |
| | 知识面 | | | | | |
| 工作成效 | 工作效率 | | | | | |
| | 工作成绩 | | | | | |
| | 群众威望 | | | | | |

1. 德

“德”是指一个人的思想、道德素质和政治表现，在我国干部考评中称之为“政治素质”。关于“德”，我国自古在用人方面就有相应要求，但在不同的历史时代，其内涵不同。因此“德”的标准是随着不同时代，不同阶级、阶层，不同行业而有所变化。在改革开放的今天，“德”的一般标准是坚持党的基本路线，坚持集体主义价值观，富有使命感、责任心和进取精神，遵守职业道德，遵纪守法。具体可分为以下要素，即贯彻执行党的路线、方针、政策，遵纪守法，坚持原则，实事求是，廉洁奉公，团结协作等。

“德”是一个人最主要的内在素质，它决定了一个人的主要行为方向，即为什么人生目的而奋斗，也决定了行为动力的强弱，即为达到目的所努力的程度，还决定了行为的方式和方法，即采取什么手段达到目的。因此在传统人员考评工作中，“德”是考评内容的首要方面。

2．能

“能”即能力水平，主要是指个人认识世界和改造世界的能力和作用。这既包括个人完成一定任务所需具备的实际工作能力，也包括一个人的潜能，也就是每个人为适应社会、环境变化所具有的发展可能性。能力是一个人在先天遗传因素基础上，通过后天实践活动而形成的内在心理素质。因此，对“能”的考评应以内在素质为依据，结合他在工作中的种种具体表现来判断。一般来讲，“能”包括一个人的动手操作能力、认识能力、思维能力、研究能力、应变能力、社会适应能力、创新能力、表达能力、组织指挥能力、协调能力、决策能力等。对不同的职位，其“能”的要求应有不同的侧重。

3．勤

“勤”指一个人的勤奋敬业精神。它既指员工的工作积极性、创造性、主动性、纪律性和出勤率等，也包括员工通过个人努力而获得的适应社会发展需要的知识结构。

其中，知识结构在考评过程中常常又划分为：马列主义理论知识、政策法规知识、管理科学知识、本职专业知识和知识面等五个方面的具体要素。

在考评过程中，不能简单把“勤”理解为只是一个人的出勤率。员工的出勤率只是“勤”的外在表现之一，也不能只把“勤”理解为一个人的文凭高低，而应根据员工的具体条件、实际工作表现等如实全面地综合考评。

4．绩

这里的“绩”仅是指员工的工作结果，即工作实绩和工作成效，包括完成工作的效率、效益和人际关系（干部测评中则突出“群众威望”），而不包括员工的行为和发展。在进行考绩时，既要考评员工的工作数量、质量，也要考评其工作满足社会需要所带来的经济效益和社会效益，还要注重考评员工与其他人员相互交往过程中所得到的评价，也就是其在人们心目中的印象。

由于“绩”的内涵与工作要求联系紧密，其着眼于“已经干出了什么”而不是“能干什么或干什么”。因此，作为酒店员工的日常工作考评，通常是以业绩考评为主。这类考评，虽然也能进行多维度的分解，但考评的重点是已经成为现实的成绩和贡献，而不是其行为与活动过程。其考评的结果，易于量化而且直观，可操作性好，所以日常考评工作多围绕业绩来展开。但这对深入了解员工的潜能、素质以及工作过程的表现等则显得不足，也不利于员工的进一步开发与发展。

## 二、员工考评的程序

根据酒店各种岗位的具体要求来确定不同员工考评的内容和标准，是考评工作实施的首要步骤，也是考评工作能够顺利实施的关键。在此之后，还必须遵行考评的其他步骤。

### 1. 参评人员的确定

根据考评的目的和要求，首先要确定参与考评的人员范围。对于关系到员工命运的重大考评项目，为保证考评结果的公正、客观，一般采用上、下、左、中、右的全方位的人员参与模式，以避免因考评角度单一或是参评人数较少而导致个人评价比重过大，使考评结果缺乏客观性。

全方位的参评者一般是指：直接上级；所管辖的下级；平级同事；被考评者自身；组织人事干部或外聘的人事考评专家和顾问等。如果再加上来自企业外部的顾客和供应商的话，又称之为“360度考评”。

一般认为，合格的参评者应当是：了解被考评职务的性质、工作内容、要求及考评标准和公司的有关政策、规范，熟悉被考评者本人的工作表现，尤其是熟悉本考评期内的实际情况，最好是与被考评者有直接接触，了解其工作特点，而且是能够做到考评公正、客观、有较少偏见的人。

(1) 直接上级。他们熟悉被考评的职务性质、内容和要求，了解岗位的评价标准和公司的有关政策、规范，熟悉被考评者本人的工作表现。他们参与考评，是酒店管理的内容之一。上级掌握着对下级实施奖惩的权利，依据考评结果进行奖惩，能够减少上级主管的主观随意性。但主管上级对下级的评价，在其公正性上也会不太可靠，这是因为频繁的日常直接接触容易产生恩怨，这易使考评掺入个人的感情色彩。因此一般是以一组同级主管共同考评他们的下级，只有大家都同意的判断才作为结论，以减少个人偏见的影响。

(2) 直属下级。下级是最熟悉其主管情况的最佳人选，他们直接与领导者打交道，接受其指挥和监督，因此十分了解上级的能力素质状况、工作作风、领导水平。他们参与考评，能提高考评结果的可靠性。但也有人不太赞同这种看法。这是因为在实际考评过程中，参与考评的下级往往顾虑较多，担心提了上级的缺点被上级记恨而报复，在工作中给小鞋穿，所以违心高估，报喜不报忧。也有的下级不按实际情况进行评价，而是从个人利益出发，把考评当作报复的机会，以主管上级是否照顾自己个人利益为标准判断其好坏，对能坚持原则，工作中严格要求，维护整体利益的上级则评价较低。使考评结果反而丧失客观性。所以，在实际应用中，有一个不成文的看法，就是除特殊情况外，一般真正优秀的管理者，其所得到的评价往往只是中等偏上而不是最优秀。原因是在工作中敢于坚持

原则的人，总会引起部分人的不满。

让下级参与考评，对一些主管上级来说，往往也会产生顾虑，因知道自己的工作考评将要由下级来参与，怕日常工作管多了得罪人，会影响到员工对自己的评价，因此在日常管理中缩手缩脚，充当老好人，尽量少得罪下级，致使管理工作受到损害。

(3) 平级同事。在酒店开展业务时，由于分工协作的需要，使各部门之间、各不同岗位之间的人员，为完成共同的预定目标而相互联系、相互帮助、相互协作。因此他们对彼此的履职情况是最熟悉、最内行的，对被评者的岗位要求也往往很了解。他们的参与考评，对保证结果的客观、公正有重要的意义。

但由于平级同事之间，不存在职务的高低差异，工作联系时又必须相互协商，因此关系应当融洽、信任、团结，彼此才能交往与协作。如果平时因工作而常常相互扯皮、相互拆台，就必然形成矛盾。让有矛盾的人参与考评，会使相互考评的结果失之偏颇。

因此，从另一角度也可看出，平级同事的评价结果的好坏，往往最能反映被考评者的人际关系协调能力。

(4) 被考评者本人。即自我鉴定，也就是在全方位考评中设立的“中位”。这使被考评者在考评过程中，不是仅仅处于被动的地位，而可以公开自我陈述对自身工作业绩的看法。而他们也确是最了解自己所作所为的人。自我考核能令被评者感到满意，消除抵制心理，且能有利于今后工作的改进。

不过自评时，考评维度及其权重的理解可能与上级不一致，常见的情况是被考评者本人的自我考绩的评语往往优于上级的评语和实际的情况，存在心理学中称之为“自我高估”的现象。

(5) 人事管理专职人员和外聘专家、学者。人事部门是考评工作的政策制定者，他们熟悉酒店的有关规定和各工作岗位的要求。并为各部门提供各种考评标准，规定考评的操作程序，培训各部门的主管，监督考评工作的运行，确保考评的形式和标准符合国家的法律规定。由他们和外聘专家组成考评的小组，其考评结果易公正、客观。具有较高可比性。

作为人力资源管理的专家、学者，他们具有相应的理论知识，掌握考评的专门技能。聘请他们参与酒店员工考评工作，能够受到酒店各级人员的欢迎，因为专家、学者与员工之间没有利害冲突，考评中较容易做到公正、客观。聘请他们，既可对人事部门的工作给予指导，以减少考评过程中的困难和矛盾，又可缩短考评时间，提高考评工作的可靠性和效率。

(6) 顾客和供应商。作为服务性行业，让顾客和供应商参与考评有利于酒店工作的改进和得到社会的好评，并有利于在员工中树立良好的服务意识，提升酒店的整体形象。

### 2. 考评时间的确定

定期进行员工考评是酒店人力资源管理的需要，一般大约间隔半年或一年进行一次，实践中常用的年度考评就属于此。也可以在完成一项特殊任务或重大项目之后，针对员工在这期间的表现及时进行考评，依此奖惩。

考评虽是人事部门的正常工作，但考评安排既不能太频繁，也不能间隔太久。太频繁不仅浪费精力和时间，干扰酒店的日常工作，造成员工不必要的心理负担，而且会使人事部门陷入繁琐的考评结果统计工作中，很难及时作出考评结论，只好敷衍了事，造成的结果是多必然滥，最终使考评流于形式。但考评间隔周期太长，则不利于奖勤罚懒，调动员工积极性。考评结果反馈太迟，失去时效，不利于工作改进，并使员工觉得考评作用不大，没有实际意义。

一般说来，定期实施考评，建立完整、系统的员工考评档案，依考评结果实行奖惩，对提高酒店管理水平、调动广大员工工作积极性具有重要的意义。

### 3. 考评的工作要求

考评工作，不仅要确定与岗位要求相一致的考评内容，而且必须坚持标准化、客观化、常模化、可靠性和有效性的实施原则。

(1) 标准化。所谓考评标准化，就是指开展考评工作时的各种条件和实施程序的一致性。也就是进行同一考评的条件和程序要始终保持一致，以保证所有的被考评者是在完全等同的情况下接受考评，以体现考评的公正性。

这就要求对每一次考评都规定有自己的标准程序，而每次实施考评时，必须严格按照这一标准程序进行，无论是谁主持、谁参与都不能例外。例如，考评的指导语、考评的时间控制、考评的环境条件等都应基本相同。

(2) 客观化。客观化是指在评定考评结果时，要有统一的客观评定标准，防止评定结果受评定者个人的主观偏见的影响。也就是说，无论谁来对同一考评作出最后的评定结论，其评定结果都应当是完全相同的，不会因评定者不同而造成结论不同。

(3) 常模化。常模化是指在解释和分析同类考评结果时，也只能有一个相同的参照系列。这种作为参照系列的样本结果，就叫做“标准常模”，它是一大批条件相似的被考评者在该项考评中所得结果的平均分布状况，用其作为衡量尺度，以比较每位员工的考评情况，从而评定谁优谁劣。即：个人考评结果高于常模时为优，低于常模为劣，与常模相近为正常。

(4) 可靠性和有效性。可靠性即信度，有效性即效度。要想使考评的结果准确而客观，就要求考评标准本身具有相应的信度与效度。

所谓信度是指考评结果的可信程度。一种考评的可信程度可以用信度系数来衡量。信度系数的取值范围是0—1.00之间，一般要求考评结果的信度系数应大

于等于 0.80。确定考评信度一般是以考评结果的一致性为标准。常见信度有：再测信度；同测信度；半分信度。三种信度分别用三种不同的方法获得：

①再测信度就是应用“测验—再测验”的方法，即是用同一考核标准在不同的时间，对同一被考评者进行两次考评，然后计算两次考评结果之间的相关系数，这一相关系数就是“再测信度系数”。

②同测信度就是应用“等同测验”的方法，即事前设计两份相似的考评表，两表一次同时考评，然后计算两者之间的相关系数，这一相关系数就是“同测信度系数”。

③半分信度则是采用“半分测验”的方法，即把考评内容按一定的原则分为两部分，考评一次完成，然后计算两部分考评结果之间的相关系数，这一相关系数就是“半分信度系数”。

无论应用何种考评方法，应当首先知道它的信度系数是多少，如果信度系数过低，则说明该考评标准或方法存在问题，可靠性低，其结果难以说明被考评者的具体情况，故不能使用。

效度则是指考评本身的有效性，即考评所获结果与工作绩效间的相关程度。效度高则说明考评得到了想要的东西，效度低则是纳入了无关信息，反而把有关信息忽略掉，结果与要求不相符。考评的有效性可以用效度系数来衡量。效度系数的取值范围是 0—1.00 之间，一般要求考评结果的效度系数应大于等于 0.40，最低不能低于 0.30。常用的效度有：

①经验效度，是一种常用的建立考评结果有效性的方法。有两种具体实施办法：一是预测效度。就是首先对要了解其工作表现的被考评者（如新应聘者）进行一次考评，不论其考评结果如何都记录在案，并让被考评人员试工作一段时间。然后，对每一个被考评者在试用期间的实际工作表现作出客观评定，把他们的评定结果与记录在案的考评结果相比较，从而确定原来考评结果的实际预测性，这个实际预测性的高低也就是预测效度。

另一种建立考评结果的经验效度的具体实施办法是同时效度。就是在规定的时间内，以在职人员作为考评对象进行工作考评，然后将考评结果与他们在规定时间内的实际工作表现相互关联比较，从而确定考评标准有效性的高低，这个有效性就称之为同时效度。

②合理效度（内容效度、结构效度）。

③表面效度（它与考评本身无关，而与实际工作有关，受参评者对考评的动机、态度的影响，这种效度的高低直接影响考评工作的质量）。

为了保证酒店考评具有较高效度，就必须注意三个方面的要求：一是应采用适当的考评方法；二是要着重考核具体的、可量化的、能直接反映员工工作情况的指标；三是要提高参评人员的认识。只有这样才能使影响考评结果的各种不利

因素的作用降至最低。

4. **组织条件和考评动员**

考评工作的实施还有赖于组织条件的好坏，如：酒店决策层对考评工作的重视与支持程度；考评工作是否纳入酒店管理制度的建设；各级部门主管的积极参与和接受相关知识的教育与培训；考评结果真正用于人事决策；考评工作过程是否发扬了民主、让全体员工直接参与等，对整个考评工作效果都有极大的影响。

员工考评本是一项涉及面广的工作，为使各部门的参与人员明确考评的目的、作用和意义，使参评者对考评工作产生认同，必须进行考评的组织动员，让参评人员全面了解考评工作的重要性，形成共识，端正态度，掌握考评的标准、内容和具体的操作程序及方法，尽量设法消除日常人际交往中形成的亲疏、恩怨对考评结果的不利影响，减少开展考评工作的阻力。

5. **考评数据资料的统计分析**

考评的原始资料回收以后，必须进行统计分析，把每位被考评者的个人情况统计出来，对某些应当进行加权处理的项目、资料还必须按要求认真处理，形成员工个人的考评档案。然后在个人基础上，分门别类汇总出全体员工的各种平均考评情况，以作比较参考。

6. **考评结果的评估和反馈**

整个考评工作结束后，人事部门应对考评的结果进行评估，从各方面搜集信息，以获取人们对考评工作在组织准备、实施过程、效果反应等方面的意见或要求，为今后不断改进考评工作创造条件。

有效的员工考评，是酒店人事部门全面掌握整个酒店员工基本情况、制定工作计划、进行人事决策、开发人力资源等各项工作的客观基础，是人事部门正常运行和管理的保证。

考评结果不仅要用于人事决策，而且也是对员工进行激励和培训的标准。不将考评结果反馈给被评的员工，考评也就失去它重要的激励、奖惩与培训的功能。反馈的方式主要是面谈。其内容一般包括：考评成绩、优点和不足，今后的发展方向和希望，以及对考评本身的看法和意见。

结果反馈的内容包含着对员工个人素质、工作态度、业务水平、服务质量和工作绩效的肯定或批评，会牵涉员工个人在酒店工作中的地位、报酬、人际关系、能力、威信、群众印象等问题，因而会带来较大的心理压力，所以谈话颇为敏感，应掌握谈话所需技巧和方法，以免挫伤员工的积极性。

# 第三节　酒店员工考评的方法

酒店对员工进行定期的考评，其宗旨是通过考评了解员工在考评期限内的工作表现与酒店对其期望的成绩之间的差距，肯定成绩，指出不足，帮助员工提高工效、扬长避短，同时以考评结果为依据，实施奖惩，达到激励员工、提高工作效率和服务质量的目的。为此必须了解、掌握有关的考评方法。

## 一、考评技术的分类

酒店企业在实际中具体应用的考评方法种类繁多，但从其性质来看，可以归纳成两大类：

### 1. 客观考评法

这种考评是针对实际工作中能够具体量化的指标进行考核，一般是对两类硬性指标进行考核：一是生产指标，如产量、销售额、客房率、原材料消耗、能耗率等；二是个人工作指标，如出勤率、事故率等。对这些指标的考核基本上是过硬的、客观的、定量的，因而也应是最可信的。然而事实上影响工作绩效的原因很多，受自身不可控的环境性因素影响太大，例如，外部客观经济极为景气或十分萧条，会直接影响酒店的效益，员工个人工作绩效必受相应影响，但他们对此后果不能负全部责任。这说明有时用硬性考核貌似公正，实际上其可信度并不太高。再则，从事复杂脑力劳动的专业人员和管理人员，其绩效很难有效量化为直接的可测指标。

总之，客观考评法太重工作结果，忽略被评者的工作行为和内在动机，太重短期效果，牺牲长期利益，所以，客观考评法通常只适合于一线从事简单劳动的员工，并且考评结果仅作为主观考评法的一个补充而已。

### 2. 主观考评法

这类考评虽依赖于参与考评的个人的主观判断，容易受其内在心理的影响，但比较现实可行，适用范围广，能够用于包括管理、专业人员以及服务人员在内的各类员工考评。如果再采用数理统计方法，用经过精心设计的程序，从不同角度仔细考评员工创造绩效所需的各种工作行为，就能够显著提高考评的信度，减少考评的偏差。主观考评法可分为下列两类：

（1）相对考评法。这是一种传统的考评法，是把被考评者与他人相对照，从而评出排列顺序或等级的办法，所以又可称为比较法。

（2）绝对考评法。该方法不是通过比较来进行评判，而是直接根据被考评员

工的行为及表现来进行评定。这类考评法在实践中运用最为普遍，并演变出多种不同的形式，能够满足不同行业、不同岗位的考评要求。

## 二、常用的工作考评方法

为保证把考评工作做好，就必须根据酒店工作的性质、任务和要求采用恰当的考评方法。在实际工作中，常用的工作考评方法有：

### 1．等级评定法

等级评定法是按被考评员工个人工作绩效的优劣程度，通过比较来确定每一个人的相对等级或名次，所以又可称为等级排序法，即根据全体被考评员工的绩效排出顺序。排列方向可以从最好排至最差，也可以反过来由最差到最好。排序比较可以按某个特定的绩效维度（如工作质量、服务态度等）进行，也可以是对员工整个工作状况进行综合排序。按照分级程序的不同，等级法可分为：

（1）简单等级排序法。这就是在全体被考评员工中先挑选出绩效最出色的一位列于序首，再找出次优的列作第二名，依此类推，直到最差的一个列于序尾。

（2）交替等级排序法。与上述分级程序不同，此法从典型性入手，首先找出最优者，然后返回去对比找出最差者。下一步则找出次优者，接着再找出次差者，循此程序，由易渐难。中等绩效者较为接近，必须仔细辨别，直到全部排完为止。

（3）尺度评价法。该方法通常从不同维度进行考评，如政治素质、能力、工作表现和知识结构等为考评的标准尺度。每一维度又分为优、良、中、及格、差五个等级。然后就每一维度的各个等级，作出具体文字说明。实施考评时，将每位被考评的员工情况同等级说明一一对照，按其相近似的程度来评出等级。在各维度等级的基础上，按规定要求转换成分数并汇总，作为被考评员工的考评等级。（参看表6-2）

表6-2　员工绩效评价表

单位名称：　　　　填表时间：　　　年　　月　　日

<table>
<tr><td>被评价者姓名：</td><td>部门：</td><td>职务：</td></tr>
<tr><td>评价者姓名：</td><td>部门：</td><td>职务：</td></tr>
<tr><td colspan="3">评价期间：　　　年　　月一　　　年　　月</td></tr>
<tr><td colspan="3">评价尺度及分数<br>杰出（6分）　优秀（5分）　良好（4分）　一般（3分）　较差（2分）　极差（1分）</td></tr>
</table>

续表

<table>
<tr><td colspan="2" rowspan="2">评价项目</td><td colspan="6">评价得分</td></tr>
<tr><td>上级评价</td><td>同事评价</td><td>下级评价</td><td>自我评价</td><td>权　重</td><td>备　注</td></tr>
<tr><td rowspan="5">个人素质</td><td>品德修养</td><td></td><td></td><td></td><td></td><td>%</td><td></td></tr>
<tr><td>个人仪表仪容</td><td></td><td></td><td></td><td></td><td>%</td><td></td></tr>
<tr><td>坚持真理，实事求是</td><td></td><td></td><td></td><td></td><td>%</td><td></td></tr>
<tr><td>意志坚定，不骄不躁</td><td></td><td></td><td></td><td></td><td>%</td><td></td></tr>
<tr><td>谦虚谨慎，虚心好学</td><td></td><td></td><td></td><td></td><td>%</td><td></td></tr>
<tr><td rowspan="5">工作态度</td><td>热情度</td><td></td><td></td><td></td><td></td><td>%</td><td></td></tr>
<tr><td>信用度</td><td></td><td></td><td></td><td></td><td>%</td><td></td></tr>
<tr><td>责任感</td><td></td><td></td><td></td><td></td><td>%</td><td></td></tr>
<tr><td>纪律性</td><td></td><td></td><td></td><td></td><td>%</td><td></td></tr>
<tr><td>团队协作精神</td><td></td><td></td><td></td><td></td><td>%</td><td></td></tr>
<tr><td rowspan="5">专业知识</td><td>专业业务知识</td><td></td><td></td><td></td><td></td><td>%</td><td></td></tr>
<tr><td>相关专业知识</td><td></td><td></td><td></td><td></td><td>%</td><td></td></tr>
<tr><td>外语知识</td><td></td><td></td><td></td><td></td><td>%</td><td></td></tr>
<tr><td>计算机应用知识</td><td></td><td></td><td></td><td></td><td>%</td><td></td></tr>
<tr><td>获取新知识</td><td></td><td></td><td></td><td></td><td>%</td><td></td></tr>
<tr><td rowspan="5">工作能力</td><td>文字表达能力</td><td></td><td></td><td></td><td></td><td>%</td><td></td></tr>
<tr><td>逻辑思维能力</td><td></td><td></td><td></td><td></td><td>%</td><td></td></tr>
<tr><td>指导辅导能力</td><td></td><td></td><td></td><td></td><td>%</td><td></td></tr>
<tr><td>人际交往能力</td><td></td><td></td><td></td><td></td><td>%</td><td></td></tr>
<tr><td>组织、管理与协调能力</td><td></td><td></td><td></td><td></td><td>%</td><td></td></tr>
<tr><td rowspan="5">工作成果</td><td>工作目标的达成</td><td></td><td></td><td></td><td></td><td>%</td><td></td></tr>
<tr><td>工作效率</td><td></td><td></td><td></td><td></td><td>%</td><td></td></tr>
<tr><td>工作质量</td><td></td><td></td><td></td><td></td><td>%</td><td></td></tr>
<tr><td>工作创新效能</td><td></td><td></td><td></td><td></td><td>%</td><td></td></tr>
<tr><td>工作成本控制</td><td></td><td></td><td></td><td></td><td>%</td><td></td></tr>
<tr><td colspan="2">分数合计</td><td></td><td></td><td></td><td></td><td>100%</td><td></td></tr>
<tr><td colspan="2">工作表现综合评价</td><td></td><td></td><td></td><td></td><td></td><td></td></tr>
<tr><td rowspan="2">优势及劣势项目分析</td><td>优势分析</td><td colspan="6"></td></tr>
<tr><td>劣势分析</td><td colspan="6"></td></tr>
<tr><td rowspan="2">项目的建议与训练</td><td>有待提升技能</td><td colspan="6"></td></tr>
<tr><td>参加培训项目</td><td colspan="6"></td></tr>
<tr><td rowspan="2">工作预期</td><td>明年目标</td><td colspan="6"></td></tr>
<tr><td>预期表现</td><td colspan="6"></td></tr>
</table>

资料来源：北京银通国泰管理咨询有限公司，《职位说明书与绩效考核范本》，中国商业出版社2003年版。

2．考核清单法

这种考评法用得也较普遍。这类考评法还可分为下述两种：

(1) 简单清单法。此法通常只考核员工的总体状况，不再分维度考核。先将与某一特定职务占有者工作绩效优劣相关的多种典型工作表现与行为找出，供考评者逐条对照被考评者实际状况校核，将两者一致的各条勾出，即成为现成的评语。下面就是一份预先拟定的绩效考核清单中的一部分：

①工作中显现出厌倦懈怠的神态与行为。

②工作可靠，总能按时完成所布置的任务。

③与同事合作协调，相处融洽。

④掌握工作中某方面的技能有困难。

⑤要求多少就干多少，但从不做额外奉献。

⑥脾气很好，从不与他人争吵。

⑦有时控制不了自己，较易发火。

⑧工作中只需极少的上级监督指导。

⑨对上级的批评指导，能虚心接受。

这清单可以很长，工作各主要方面的好、中、差情况都列入。有了这一串现成的备选条目清单，考评只要照单勾出，便捷易行，有经验的上级不难填好这份清单。

(2) 加权总计评分清单法。事实上，各工作维度对绩效的作用并不相等，例如“工作敏捷利索”与“人际关系融洽”对一线员工的绩效虽都有影响，但前者就比后者更重要。因而该方法是按分解的维度分别考核评分后，再汇总计分。因此，可以根据各工作维度对绩效的重要程度，分别给予不同权重系数，使不同维度的得分在汇总分数中所占的比重不同。一般每一维度按三级至九级中的某一尺度给分，并乘以权重。考核时各维度条目打乱混排，使考评者不致根据对被评员工某一方面印象较深而影响对其他方面评分的公正性与客观性。但最后要分别按各维度求得单项计分，再加出总分，便可既知某特定方面情况，又知道总体状况。(参看表6－3)

表6－3　绩效评价指标与权重表

| 级　别 | 基本职责评价 | 关键业绩指标评价 | 工作目标评价 | 日常工作评价 |
|---|---|---|---|---|
| 操作工 | 100% | 无 | 无 | 无 |
| 普通员工 | 80% | 无 | 20% | 无 |
| 项目类员工 | 20% | 50% | 30% | 无 |
| 销售类员工 | 无 | 30% | 50% | 20% |
| 经理级员工 | 无 | 60% | 20% | 20% |

应当注意的是：每年年初在绩效评价前，根据当年的业务特点，对绩效评价

中的关键指标进行调整和更新，在得到被评价者的认可后执行。

对于从事不同性质工作的员工来说，各项绩效评价分数在总分中所占的权重有所不同。具体如下表所示：

表 6-4　　各项绩效评价分数所占的权重表

<table>
<tr><td colspan="2" rowspan="2">部门或职位类型</td><td colspan="4">各项评价分数所占权重</td></tr>
<tr><td>自我评价与上级评价</td><td>下属评价</td><td>同事评价</td><td>客户评价</td></tr>
<tr><td colspan="2">管理人员</td><td>70%</td><td>30%</td><td>—</td><td>—</td></tr>
<tr><td rowspan="8">非管理人员</td><td>销售部</td><td>70%</td><td>—</td><td>20%</td><td>10%</td></tr>
<tr><td>客户服务部</td><td>50%</td><td>—</td><td>20%</td><td>30%</td></tr>
<tr><td>市场部</td><td rowspan="6">80%</td><td rowspan="6">—</td><td rowspan="6">20%</td><td rowspan="6">—</td></tr>
<tr><td>技术部</td></tr>
<tr><td>人力资源部</td></tr>
<tr><td>财务部</td></tr>
<tr><td>行政部</td></tr>
<tr><td>MIS 部</td></tr>
</table>

资料来源：北京银通国泰管理咨询有限公司，《职位说明书与绩效考核范本》，中国商业出版社 2003 年版。

### 3. 配对比较法

配对比较法（对偶比较法）是将某一部门全体员工，逐一配对比较，按照逐对比较中被评为较优的总次数来确定等级名次。与球赛的记分方法相似，每赢一场积三分，最后汇总，以得分高低排出名次。这种方法系统性强，科学合理，但该方法通常只考评总体状况，不分解维度，也不测评具体行为，其结果仅反映相对的等级顺序。当被考评人数过多时，配对比较实际很难进行。所以人数通常在 10 人左右为好。

### 4. 强制分布法

又叫强制分配法。此法是按事物“两头小，中间大”的正态分布规律，先确定好各等级在总数中所占的比例。例如若划分成好、中、差三等，则每等分别占总数的30%、40%和 30%；若分成优、良、中、差、劣五个等级，则每等级分别占 10%、20%、40%、20%与 10%。然后按照每人绩效的相对优劣程度，强制列入其中的某一等级（参看表 6-5、表 6-6）。这种方法注重好、中、差在特定群体中的比例。它并不仅仅以个人的工作表现为依据，而要考虑群体的情况，“水涨船高”，使身处不同群体中的员工都能划分为不同等级。同时，为尽量避免考评者个人感情因素的掺入所造成的偏差，该方法把描述各种绩效状况的大量陈述句分成由四至六

句组成的单元，每一单元中的那些句子描述的都是绩效中同一方面的情景。有的单元中的各句看上去全是褒意，但其中其实只有约半数才真正与所考评的维度有关，考评者参照被考评者的工作状况，与这些句子逐条对比勾选，但既然句子虚实参半，所以个人的偏见便难施其伎了。

表 6－5　　　　　　组长、领班绩效评价表

| 姓　名 | | 部　门 | | 职　等 | | | | | |
|---|---|---|---|---|---|---|---|---|---|
| 出　勤<br>奖　惩 | 迟到 | 旷工 | 产假 | 婚假 | 丧假 | 病假 | 事假 | 奖励 | 处分 |
| | | | | | | | | | |
| 加（扣）分 | | | | | | | | | |

| 项目 | 评价内容 | 配分 | 初核 | 复核 | 评语 |
|---|---|---|---|---|---|
| 技能经验 | 经验丰富，能举一反三，且常提供改进意见 | 20 | | | 初评 |
| | 学识、经验较一般人良好，工作熟练 | 16 | | | |
| | 肯上进，接受指导尚能应付工作 | 12 | | | |
| | 不求上进，尚需继续加以训练 | 8 | | | |
| | 对工作要求茫然无知，工作疏忽 | 4 | | | |
| 处理能力 | 理解力极强，对事务判断极正确，处理能力极强 | 20 | | | |
| | 理解力强，对事务判断正确，处理力强 | 16 | | | |
| | 理解、判断力一般，处理事务不常有错误 | 12 | | | 复评 |
| | 理解较迟钝，对复杂事务判断力不够 | 8 | | | |
| | 迟钝，理解判断力不良，经常无法处理事务 | 4 | | | |
| 协调督导 | 与人协调无间，为工作顺利完成尽最大努力 | 20 | | | |
| | 爱护部属，常给予督导与训练 | 16 | | | |
| | 肯应部属要求，协调处理事件 | 12 | | | |
| | 仅在必要协调的工作上和人合作，并不常督导 | 8 | | | |
| | 精神散漫，不肯与人合作与督导部属 | 4 | | | 分数 |
| 责任心 | 任劳任怨，竭尽所能达成任务 | 20 | | | |
| | 工作努力，分内工作非常完善 | 16 | | | |
| | 有责任心，能自动自发 | 12 | | | |
| | 工作常需督促方能完成 | 8 | | | 等级 |
| | 敷衍了事，无责任心，做事粗心大意 | 4 | | | |

续表

<table>
<tr><td rowspan="5">工作勤惰</td><td>不浪费时间，不畏劳苦，交付工作抢先完成</td><td>20</td><td></td><td></td><td rowspan="6"></td></tr>
<tr><td>守时守规，不偷懒，勤奋工作</td><td>16</td><td></td><td></td></tr>
<tr><td>虽少迟到早退，但上班后常不在工作岗位</td><td>12</td><td></td><td></td></tr>
<tr><td>借故逃避繁重工作，不守工作岗位</td><td>8</td><td></td><td></td></tr>
<tr><td>时常迟到、早退，工作不力，时常远离工作岗位</td><td>4</td><td></td><td></td></tr>
<tr><td colspan="3">合计</td><td></td><td></td></tr>
<tr><td colspan="2">被评价人意见及希望：</td><td colspan="4">评价人意见及希望：</td></tr>
</table>

表 6－6　　管理人员绩效评价表

姓名：　　　　部门：　　　　岗位：　　　　评价日期：

<table>
<tr><td rowspan="2">评价因素</td><td rowspan="2">对评价期间工作成绩的评价要点</td><td colspan="5">评价尺度</td></tr>
<tr><td>优</td><td>良</td><td>中</td><td>可</td><td>差</td></tr>
<tr><td rowspan="4">1. 工作态度</td><td>A. 把工作放在第一位，努力工作；</td><td>14</td><td>12</td><td>10</td><td>8</td><td>6</td></tr>
<tr><td>B. 对新工作表现出积极态度；</td><td>14</td><td>12</td><td>10</td><td>8</td><td>6</td></tr>
<tr><td>C. 忠于职守，坚守岗位；</td><td>14</td><td>12</td><td>10</td><td>8</td><td>6</td></tr>
<tr><td>D. 对下属的过失勇于承担责任。</td><td>14</td><td>12</td><td>10</td><td>8</td><td>6</td></tr>
<tr><td rowspan="4">2. 业务工作</td><td>A. 正确理解工作指示和方针，制定适当的工作计划；</td><td>14</td><td>12</td><td>10</td><td>8</td><td>6</td></tr>
<tr><td>B. 按照下属的能力和个性合理分配工作；</td><td>14</td><td>12</td><td>10</td><td>8</td><td>6</td></tr>
<tr><td>C. 及时与有关部门进行必要的工作沟通；</td><td>14</td><td>12</td><td>10</td><td>8</td><td>6</td></tr>
<tr><td>D. 在工作中始终保持团队精神，顺利推动工作。</td><td>14</td><td>12</td><td>10</td><td>8</td><td>6</td></tr>
<tr><td rowspan="4">3. 管理监督</td><td>A. 在人事关系方面，部下没有不满或怨言；</td><td>14</td><td>12</td><td>10</td><td>8</td><td>6</td></tr>
<tr><td>B. 善于放手让下属去工作，鼓励他们乐于协作的精神；</td><td>14</td><td>12</td><td>10</td><td>8</td><td>6</td></tr>
<tr><td>C. 十分注意生产现场的安全卫生和整理整顿工作；</td><td>14</td><td>12</td><td>10</td><td>8</td><td>6</td></tr>
<tr><td>D. 妥善处理工作中的失败和临时追加的工作任务。</td><td>14</td><td>12</td><td>10</td><td>8</td><td>6</td></tr>
<tr><td rowspan="4">4. 指导协调</td><td>A. 经常注意保持提高下属的工作积极性；</td><td>14</td><td>12</td><td>10</td><td>8</td><td>6</td></tr>
<tr><td>B. 主动改善工作和提高效率；</td><td>14</td><td>12</td><td>10</td><td>8</td><td>6</td></tr>
<tr><td>C. 积极培训、辅导部下，提高他们的技能和素质；</td><td>14</td><td>12</td><td>10</td><td>8</td><td>6</td></tr>
<tr><td>D. 注意实施目标管理，使工作协调进行。</td><td>14</td><td>12</td><td>10</td><td>8</td><td>6</td></tr>
<tr><td rowspan="4">5. 工作效果</td><td>A. 正确认识工作意义，努力取得最好成绩；</td><td>14</td><td>12</td><td>10</td><td>8</td><td>6</td></tr>
<tr><td>B. 工作方法正确，时间和费用安排合理有效；</td><td>14</td><td>12</td><td>10</td><td>8</td><td>6</td></tr>
<tr><td>C. 工作业绩达到预期目标或计划要求；</td><td>14</td><td>12</td><td>10</td><td>8</td><td>6</td></tr>
<tr><td>D. 工作总结和汇报准确真实。</td><td>14</td><td>12</td><td>10</td><td>8</td><td>6</td></tr>
</table>

续表

<table>
<tr><td>
1．通过以上各项的评分，该员工的综合得分是：______________分<br>
2．你认为该员工应处于的等级是：(选择其一) [　] A [　] B [　] C [　] D<br>
　A．240 分以上；B．240—200 分；C．200—160 分；D．160 分以下。<br>
3．评价者意见<br>
______________________________<br>
　评价者签字：______________日期：________年______月______日
</td></tr>
</table>

资料来源：北京银通国泰管理咨询有限公司，《职位说明书与绩效考核范本》，中国商业出版社 2003 年版。

### 5．要素考评法

是一种最常用的量化考评方法。它通常根据考评目的设定维度（一般是以基本要素或工作标准来确定），然后把各个维度分解为若干项目，每一项目划分多个等级，进行量化考评。例如：

| | | | | | |
|---|---|---|---|---|---|
| 事业心： | 高 | 较高 | 一般 | 较低 | 低 |
| 责任感： | 高 | 较高 | 一般 | 较低 | 低 |
| 服务态度： | 好 | 较好 | 一般 | 较差 | 低 |

要素考评法在本质上与加权总计评分清单法相近，但清单法必须使用行为描述性语句，量表法则不一定，有时只用纯数字而不附文字说明，最简单的甚至只用列有均等刻度或分数段的标尺，由考评者选择打钩就行。

量表法考评虽然不及清单法工作量大，但也需作较多的准备与设计工作。它的准备工作，首先是维度的选定，维度力求简洁、纯净，即只涉及同一性质的工作活动，并且必须可以明确定义；项目则可以取典型行为作基础，也可取特定心理品质，但必须是可以量化的。(参看表 6－7)

表 6－7　　中层经理绩效评价样表（综合素质）

<table>
<tr><td>姓　名</td><td></td><td>职　务</td><td></td><td>上岗时间</td><td></td></tr>
<tr><td>工作内容</td><td colspan="5">1.<br>2.<br>3.</td></tr>
<tr><td>评价项目</td><td>自　评</td><td>结果（分数）</td><td>复　评</td><td>结果（分数）</td><td>综合评价</td></tr>
</table>

续表

| | | | | | |
|---|---|---|---|---|---|
| 领导能力 | A<br>B<br>C<br>D | | A<br>B<br>C<br>D | | 1. |
| 决策能力 | A<br>B<br>C<br>D | | A<br>B<br>C<br>D | | |
| 沟通能力 | A<br>B<br>C<br>D | | A<br>B<br>C<br>D | | 2. |
| 创新意识 | A<br>B<br>C<br>D | | A<br>B<br>C<br>D | | |
| 业务知识 | A<br>B<br>C<br>D | | A<br>B<br>C<br>D | | 3. |
| 成本意识 | A<br>B<br>C<br>D | | A<br>B<br>C<br>D | | |
| 工作业绩 | A<br>B<br>C<br>D | | A<br>B<br>C<br>D | | |
| 判断能力 | A<br>B<br>C<br>D | | A<br>B<br>C<br>D | | |
| 自评总分数 | | | 复评总分数 | | |
| 评价等级 | A：优秀　B：良好　C：合格　D：不合格 | | | | |
| 自评人签字 | | | 评价人签字 | | |
| 评价时间 | | | | | |

资料来源：北京银通国泰管理咨询有限公司，《职位说明书与绩效考核范本》，中国商业出版社 2003 年版。

**6．绩效考评法**

绩效考评法是一种对个人或小组工作业绩定期考核和评价的方法。其考评重点是具体工作的数量、质量、效益、完成任务情况以及服务满意度等。通常是根据不同职务标准和职务要求来设定考评内容，因此针对性较强，容易量化，并体现岗位要求与考评内容的一致性。所得结果可比性强，能较真实地反映员工的实际工作水平，让被考评者看到自己的努力与岗位要求之间的差距或不足，便于其今后改进和提高，对于酒店管理来说，进行绩效考评本身不是目的，而只是借以提高管理水平，明确责任目标，调动广大员工积极性，以获得更高的业绩水平而使用的手段。

**7．关键事件法**

该方法是以工作日志为依据进行考评的一种方法。在管理制度健全的单位或部门，采用这一方法省时省力。但在缺乏相应工作记录的情况下，则需在考评前对要考评员工每人保有一本“考评日记”或“绩效记录”，由被考评者直属上级随时记载。需要说明的是，所记载的事件既有好事（如某日提前多久完成了所分派给他的某项重要任务），也有不好的事（如某日因违反操作规程而造成一次重大的质量事故）。所记载的必须是较突出的、与工作绩效直接相关的事，而不是一般的、琐细的、生活细节方面的事。所记载的应是具体的事件与行为，不是对某种品质的评判，如“此人是认真负责的”等。最后还应指出，事件的记录本身不是评语，只是素材的积累，但有了这些具体事实作根据，经归纳、整理，便可得出可信的考评结论。从这些素材中不难得出有关被考评者的长处与不足，在向此人反馈时，不但因有具体事实作支持而易于被接受，而且可充实那些抽象的评语，并加深被考评者对它们的理解，有利于以后的改进。（参看表6-8）

**表6-8　　客户服务主管的绩效标准**

| 工作职责 | 增值产出 | 绩效标准 |
|---|---|---|
| 领导客户服务团队为客户提供服务 | 满意的客户（为客户解决的问题和提供的信息） | 1．一个月内客户投诉次数不超过5次；<br>2．一个月内没有在承诺的期限之内解决的客户投诉次数不超过1次；<br>3．95%以上的客户能够对服务中以下方面感到满意：<br>* 客服人员能够迅速到达；<br>* 客服人员能对所有问题做出准确回答；<br>* 客服人员非常有礼貌；<br>* 问题解决的结果。 |

续表

| 工作职责 | 增值产出 | 绩效标准 |
| --- | --- | --- |
| 向领导和相关人员提供信息和数据 | 提供的信息和数据（常规的报告、对信息要求做出的应答） | 一个季度内，信息接收者提出的投诉不超过一次，这种不满意可能会来自：<br>* 不正确的数据；<br>* 想要的东西没有找到；<br>* 提供信息迟到。 |
| 为解决问题提供建议 | 所提供的解决问题的建议 | 1. 客户对解决问题的建议表示满意；<br>2. 解决问题的方案。 |
| 对下属的管理 | 下属的生产力和工作满意度 | 1. 下属有能力和按照时间表工作；<br>2. 通过调查发现：<br>* 员工能够理解公司的发展方向、部门的目标和自己的角色；<br>* 员工能够了解上司对自己的期望；<br>* 员工能够了解自己的工作表现以及在哪些方面需要改进；<br>* 员工拥有胜任工作的知识和技能。<br>优秀绩效的表现：<br>培养出可以替代客户服务经理的员工。 |

资料来源：北京银通国泰管理咨询有限公司，《职位说明书与绩效考核范本》，中国商业出版社 2003 年版。

8. **评语法**

这是一种传统定性的考核方法。通常是让考评者根据自己对被考评者的印象，写出书面鉴定意见来。考评的内容、篇幅、重点等可由考评者自由掌握，不存在严格的标准规范。通常只需按一定的习惯格式对被考评者的优点与缺点、成绩与不足、潜在能力、改进的建议及培养方法等加以说明，因此是属于一般评价。每篇评语各具特色，只涉及总体不细分维度，既无定义又无行为对照标准，所以不作相互对比。加之几乎全部使用定性描述无量化数据。依此难以作出准确的人事决策。但这种方法操作简单灵活，省时省力，反馈简捷，又符合传统习惯，所以至今仍受欢迎。

9. **行为锚定评分法**

行为锚定评分法（英文缩写：BARS）是国外在考评中采用较多的一种方法。它实质上是把量表评分法与关键事件法结合起来，兼具两者长处。它为每一职务的各考评维度都设计出一个评分量表，并有一些典型的行为描述性说明与量表上

的一定刻度（评分标准）相对应和联系（即所谓锚定），来作为对被考评者实际表现评分时的参考依据。由于这些典型说明词数量毕竟有限（一般不会多于10条），不可能涵盖千变万化的员工实际工作表现，也很难与被考评者的实际表现完全吻合。但有了量表上的这些典型行为锚定点，考评者依此为参考，在给分时便会有一定分寸。这些代表了从最差到最佳典型绩效的、有具体行为描述的锚定说明词，不但使被考评者能较深刻、信服地了解自身的现状，而且还可从中找到具体的改进目标。(参看表6-9)

表6-9　**一般管理人员年度绩效评价标准**

| 评价目标 | | 评价标准 | | | | | 得分 |
|---|---|---|---|---|---|---|---|
| 工作态度20分 | 责任心 | 消极被动不负责任 | 有时责任心强，但多数情况下缺乏责任心 | 有一定的责任心并敢于对自己的工作负责，知错就改 | 责任心强，能清楚地知道自己的责任，并勇于负责 | 对任何事情都有强烈的责任心且积极付诸行动 | 得分 |
| | 分值5 | 0 | 1 | 2—3 | 4 | 5 | |
| | 积极性 | 无论怎样督促也不上进，工作挑挑拣拣，避难就易 | 遇问题和困难就垂头丧气，不出成果 | 不知疲倦，不断进取 | 求知欲强，并把知识用于实践，弥补自己工作中的短处，永不满足，努力提高自己素质 | 勇于挑战，不畏困难；为实现目标竭尽全力 | 得分 |
| | 分值5 | 1 | 2 | 3 | 4 | 5 | |
| | 原则性 | 原则性差，是非不分，常常拿原则做交易 | 原则性较差，有时为了情面放弃原则 | 一般情况下，能坚持原则，但不能硬碰 | 原则性较强，是非分明，能开展批评与自我批评 | 原则性强，敢于硬碰，能够同违法乱纪的现象作不懈的斗争 | 得分 |
| | 分值5 | 0 | 1 | 2—3 | 4 | 5 | |
| | 协调性 | 不推不动，但求自己方便合适 | 只考虑本职工作，对其他事情不闻不问 | 理解领导意图，主动为领导分担责任，乐于助人 | 充分理解群体目标，乐意为群体目标的实现做贡献 | 不惜牺牲自我，通力合作 | 得分 |
| | 分值5 | 1 | 2 | 3 | 4 | 5 | |

续表

| 评价目标 | | 评价标准 | | | | | 得分 |
|---|---|---|---|---|---|---|---|
| | 纪律性 | 组织纪律性差，有违法乱纪行为 | 组织纪律性较差，规章制度执行不严，偶有违纪现象 | 有一定组织纪律性，能遵守党纪国法和各项规章制度 | 组织纪律性较强，自觉遵守党纪国法和各项规章制度 | 组织纪律性强，带头遵守党纪国法和各项规章制度，并督促他人遵守 | 得分 |
| | 分值 5 | 0 | 1 | 2—3 | 4 | 5 | |

资料来源：北京银通国泰管理咨询有限公司，《职位说明书与绩效考核范本》，中国商业出版社 2003 年版。

行为锚定评分表的制定，通常是由高层领导、考评者及被考评者的代表、人力资源管理工作者、有时还有外聘专家共同民主制定的。因此在实施过程中容易形成共识，减少对考评工作的抵触情绪和阻力。

## 第四节　酒店员工考评中的常见偏见

在考评工作过程中，要求参评人员对考评项目必须实事求是。然而在实践中由于受主观或客观条件的限制，会使人在看待问题时，尤其是在看待他人时，往往受个人认识偏见的影响而形成歪曲的社会知觉，对别人的行为作出错误的归因判断，使考评结果缺乏真实、可靠性。因此了解人在考评过程中产生的各种偏见，以及这些偏见的表现和产生根源，对提高考评工作质量具有现实意义。

### 一、晕轮效应

晕轮效应，也就是日常生活中所说的“以点概面”、“爱屋及乌”。这是指我们在观察某个人时，对于他的某种品质或特征有清晰明显的知觉，由于这一特征或品质从观察者的角度来看非常突出，从而掩盖了对这个人其他特征和品质的知觉。这就是说，这一突出的特征或品质起着一种类似晕轮的作用，使观察者看不到他的其他品质，从而由一点作出对这个人整个面貌的判断。晕轮效应往往在判断一个人的道德品质或性格特征时表现得最明显。

当评价者仅把某个因素作为最重要的因素，并根据这一因素对员工作出一个好坏的全面评价，就会产生晕轮效应的错误。例如，某一前厅主管非常重视整洁，并把它作为酒店服务质量评价中的一个重要因素来看待。当让他对他的下级进行考评时，他会因某人平时不太注意整洁这一点，给了他一个较低的评价。甚

至还有意无意地让这个评价又转移到其他因素上，从而对其他考评项目也给予不适当的低评价。如果这个员工平时很整洁的话，则可能得到相反的评价结果。所以，在考评中，晕轮效应的错误对有关员工和组织都会造成损害。

美国社会心理学家阿希用实验证明了晕轮效应的存在。他给被试者看一张列有五种品质的表格（聪明、灵巧、勤奋、坚定、热情），要求被试者想像一个具有这五种品质的人，被试者普遍把具有这五种品质的人想像为一个理想的、友善的人。然后，他把这张表格中的热情换为冷酷，再要求被试者根据这五种品质（聪明、勤奋、坚定、冷酷、灵巧）想像出一个适合的人，结果发现，被试者普遍推翻了原来的形象，而产生了一个完全不同的形象。这表明，热情—冷酷的品质起着晕轮作用，影响了对一个人的总体印象。

晕轮效应的产生，往往是由于参评者对被考评者不熟悉、了解很少的情况下，对其作出总体评价的结果，但这也是在日常考评工作中常见的情况。了解晕轮效应，有助于克服考评工作中自己看待别人时的偏见，也有助于了解其他人产生这种偏见的根源。

## 二、优先效应

优先效应是指一个人最先给人留下的印象具有强烈的影响，这实质上就是通常所说的第一个印象的作用。如果一个人在初次见面时给人留下了良好的印象，就会影响人们对他以后一系列行为的看法和解释，反之也是一样。

心理学中曾经有过一个实验：给两组大学生看一个人的照片，在看这张照片之前，对一组大学生说，照片上的人是一个屡教不改的罪犯，对另一组大学生说，照片上的人是一位著名的学者。然后，让这两组大学生分别从这个人的外貌来说明他的性格特征。结果对同一张照片做出了两种截然相反的解释。第一组大学生说：深陷的目光里隐藏着险恶，高耸的额头表明死不改悔的秉性。第二组大学生说，深沉的目光表明他思想的深刻性，高耸的额头表明了在科学道路的探索上无坚不摧的坚强意志。这一实验说明了第一个印象对于社会知觉的重要影响。

为进一步说明优先效应，国外曾进行了一项实验。向四组大学生介绍一个陌生人，对第一组说，这个人是外倾型的。对第二组说，这个人是内倾型的。在第三组，先讲述这个人的外倾特征，后讲述他的内倾特征。在第四组，先讲述他的内倾特征，后讲述他的外倾特征。然后让这四组学生分别想像出对这个陌生人的印象。第一组和第二组学生得到的印象是显然易见的。在第三组和第四组中，关于这个陌生人的印象完全符合提供的信息的顺序，先提供的信息总是占优势。这就是说，第三组学生普遍把陌生人想像为外倾型，第四组普遍把他想像为内倾型。这一实验说明了优先效应的存在。

因此，考评组织者应重视优先效应（第一印象）对考评客观性的不良作用，

应通过组织手段和人员培训来避免其影响，减少考评中对人作出的错误判断。

## 三、近因效应

近因效应，又称为近期行为偏见。它是指在长期人际交往中，一个人往往最后给人留下的印象最为深刻。也就是说，在考评过程中，参评者会不自觉地以被考评者近期行为表现为依据作出评价。而在制度化的考评中，每位酒店员工都准确地知道何时安排对自己的工作考核和评价，尽管他们的某些行为可能并不是有意识的，但常常是在评价之前的几天或几周内，员工的行为会有所改善，积极性会有所提高，劳动效率也趋于上升。对于评价者来说，最近行为的记忆要比遥远的过去行为更为清晰，因此获得相对的好评是很自然的事情。然而，考核评价通常是指一个特定的时期，因此评价个人的成绩应当考虑其整个时期的工作情况，否则就会造成考评的偏差。实践中许多考核评价的结果不真实，不是考评方法的问题，而是某种方法被不恰当地使用所造成。比如，评价者有可能没有受到足够的培训，或实际使用的评价方法与工作无关等。

心理学的研究证明，优先效应和近因效应都会在考评中发挥作用，影响考评的客观、真实性，但它们在不同条件下有不同的作用。一般来说，在考评不经常接触的人时，优先效应的影响较大，而在考评经常打交道的人时，如果在熟悉的人的行为上出现某种新异的表现，则近因效应的作用更大。

## 四、集中趋势

集中趋势是指在等级评定过程中，评价者不实事求是地将员工的表现评价为接近平均或中等水平时所发生的一种常见错误。拉开差距本是等级评价法最主要的特点，由于一些业绩评定表要求评价者对过高或过低的评价必须写出书面说明或鉴定。在这种情况下，评价者可以通过只给出平均等级而避免“麻烦”。但这种过于集中的评价结果会使考评扭曲，使考评所具有的积极作用难以充分发挥。

## 五、定型作用

部门主管进行考核评价时，会因个人生活中逐渐形成的习惯、观念、看法或固定形象的影响，在考评中对员工的个人特征，如民族、宗教、性别、残疾或者年龄等有关方面存在着偏见，从而对员工作出歧视性评价，使结果丧失真实性。

评价中的歧视现象，可能源于上述原因之外的其他因素。例如，态度温和的人可能仅仅因为其不对结果提出强硬的反对理由而得到很苛刻的评价。但无论是由何种原因引起，其结果都是错误的。

## 六、宽松或严格

在考评中部门主管给予下级不该得的高评价被称为宽松。这种行为产生的动机往往是为了避免引起评价争议而充当“老好人”。当使用的考评标准难以具体量化而主观性较强时，或是要求评价者与员工一起讨论评价结果时，这种情况容易发生。宽松会造成管理混乱。当要求员工改进其工作时，他们会认为自己的表现评价不错，所以也不知道怎样去提高自己的工作业绩，而继续维持原状。而其他员工，特别是那些工作表现比较出色的员工，则可能会对宽松的评价感到不满，产生干好干坏一个样的印象。尤其是如果涉及晋级、加薪或其他奖励时更是如此。宽松使奖勤罚懒最终难以具体落实。

对一个员工的工作业绩过分地批评和苛求被称为严格。尽管宽松通常要比严格盛行，但一些部门经理评价采用的标准往往要比制度规定的标准更为苛刻。这种行为可能是由于对各种评价因素缺乏了解而造成的。如果一个经理对所管辖整个部门过分严格，则这个部门的员工在奖励、加薪和提升方面都将受到影响，挫伤他们的工作积极性。而部门主管对某个特定人的评价过于严格，则往往是由于受到个人偏见的影响。

国外一项研究显示，在被调查的经理中，70%以上的人承认，对员工进行抬高或降低的评价，都是上级有意给下属这样做出的。之所以如此，是有原因的。其故意抬高或降低评价的原因是：

**1．抬高评价的原因**

（1）认为太精确的评价将对下属员工的工作动机和业绩有不利影响。

（2）希望提高员工工作业绩的合格率。

（3）期望避免部门不光彩事情的扩散。

（4）希望避免产生一个消极的、永久的，并可能在将来仍会影响员工的不利业绩记录。

（5）需要对那些因为个人问题考评受到影响但却一贯业绩优秀的人进行保护。

（6）希望对那些即使业绩考评不高但已付出了很大努力的员工进行奖励。

（7）避免与某些难以管理的员工对抗。

（8）希望以好评换取较差或令人生厌的员工自动离开该部门。

**2．降低评价的原因**

实施考核评价的部门经理，手中掌握有生杀大权。在有些情况下，他们实质上控制着评价过程的每个方面。他们不愿客观地评价其下属员工，而往往降低评

价的原因是：

（1）以确立或显示自己的权威，特别是在经理所操纵的评价决定着员工们的加薪和提升以及未来命运时更是如此。

（2）担心给员工良好的业绩评价会使其感到惊喜而骄傲。

（3）是为了惩罚一个顽固的或难以对付的员工。

（4）为了迫使某个不愿与自己合作的员工辞职。

（5）为将要解雇的人编制一个有说服力的不称职记录。

（6）为了缩小或减少凭业绩提薪的员工数量。

以上是被调查经理对他们宽松或严格做法的解释，无论是因何种原因，采用何种方式，其结果都大大降低了考核评价制度的有效性。因此，应该对有权的评价者进行考评的相关培训，让他们了解由于评价者的认识错误而导致的严重后果。

考评中的偏见是客观存在，为了尽量减少员工考评中的偏见，除加强参评人员的培训外，特别需要注意的是，必须按特定岗位的工作说明和工作要求来确立工作评价的标准。这是员工考评工作能否取得成效、克服个人偏见的关键所在。

总之，考评工作作为人力资源管理的一项重要任务，要想取得良好的效果，除了专职人力资源管理部门的努力之外，它的实施与执行，还有赖于酒店高层领导者的重视和支持，依赖于各部门和各级管理人员的协同配合及全体员工的积极参与。除此之外，考评制度本身也需要随实践而经常检查和不断完善。人力资源管理部门要善于听取员工对考评的反馈意见。作为既是考评参与者又是被考评者的广大酒店员工，让他们了解工作中存在的问题与不足，能够对考评工作的改进提出有针对性的建议，人力资源管理部门应当从整个酒店的全局利益出发，虚心采纳，以提高考评工作的科学性。

## 本章小结

1.“考评”，即考核和评价、评定，是指对一个人的工作实绩进行系统的考察，从而评价其工作行为、工作态度、工作效力、工作效益和内在能力等。一般来说，“考核”是以行为结果为重点，主要用于对员工在一定时期内的考勤、事故、完成工作的数量和质量、取得的经济和社会效益等外在客观的业绩情况进行考察、确定。而“评价和评定”则针对员工内在的态度、思想和动机、潜在能力、他人的认同等主观因素和行为过程进行考察。因此两者相辅相成，在实际工作中通常结合使用，故称之为“考评”。

2. 酒店对员工实行定期的工作绩效考评具有重要作用：考评是对酒店员工进行激励的有效手段；考评是确定酒店员工劳动报酬的依据；考评是决定酒店员

工调配和职务升降的依据；考评是对酒店员工进行岗位培训的依据；考评能对酒店员工任用或开除提供法律依据；考评能促进酒店内部上下沟通、彼此了解；考评能为酒店管理的职能部门进行决策提供参考依据。考评还可以用来进行各种人事研究，设计有关人员招聘、预测、录用、调配方面的人事决策方案，检验人事决策的效用，制定人力资源开发的计划等。

3. 员工考评用途广泛，因考核的对象、目的不同，其考评的内容也不相同。干部考核内容主要是人员的政治素质、业务能力、知识结构、发展潜力、工作态度、工作成绩等方面。

4. 员工考评必须根据酒店不同岗位的工作要求和标准，进行具体量化，使其成为能反映员工实际状况的绩效考评指标。一般主要是围绕以下两个方面的标准进行：(1) 职务标准，将职务中所包含的各项工作任务规定下来，从而确定承担该职务的人应该做什么和怎么做。职务标准是酒店对员工的基本要求，如果员工达不到职务标准，就说明其不能胜任工作；(2) 职能标准则是规定了员工承担特定职务时所需达到的能力标准，是酒店对员工个人应当具备的能力内容和技术水平的期望和要求。职务标准与职能标准共同规定了该职务从工作内容到任职者资格和素质等方面的各种要求，也就是所说的绩效标准。

5. 考评内容。人员考评的对象、目的和范围复杂多样，因此考评内容也颇为复杂。但就其基本方面而言，习惯上主要是围绕德、能、勤、绩四个方面的要素进行。"德"是指一个人的思想、道德素质和政治表现，在我国干部考评中称之为"政治素质"。在传统人员考评工作中，"德"是考评内容的首要方面。"能"即能力水平，主要是指个人认识世界和改造世界的能力和作用。这既包括个人完成一定任务所需具备的实际工作能力，也包括一个人的潜能，也就是每个人为适应社会、环境变化所具有的发展可能性。对不同的职位，其"能"的要求应有不同的侧重。"勤"指一个人的勤奋敬业精神。它既指员工的工作积极性、创造性、主动性、纪律性和出勤率等，也包括员工通过个人努力而获得的适应社会发展需要的知识结构。在考评过程中常常又划分为：马列主义理论知识、政策法规知识、管理科学知识、本职专业知识和知识面等五个方面的具体要素。"绩"是指员工的工作结果，即工作实绩和工作成效，包括完成工作的效率、效益和人际关系（干部测评中则突出"群众威望"）。以业绩为主的考评对深入了解员工的潜能、素质以及工作过程的表现等显得不足，也不利于员工的进一步开发与发展。

6. 员工考评的程序。根据酒店各种岗位的具体要求来确定不同员工考评的内容和标准，是考评工作实施的首要步骤，在此之后，还必须遵行考评的其他步骤：参评人员的确定；考评时间的确定；考评的工作要求；组织条件和考评动员；考评数据资料的统计分析；考评结果的评估和反馈等。

7. 确定参与考评的人员范围。对于关系到员工命运的重大考评项目，为保

证考评结果的公正、客观，一般采用上、下、左、中、右的全方位的人员参与模式，以避免因考评角度单一或是参评人数较少而导致个人评价比重过大，使考评结果缺乏客观性。全方位的参评者一般是指：直接上级；所管辖的下级；平级同事；被考评者自身；组织人事干部或外聘的人事考评专家和顾问等。如果再加上来自企业外部的顾客和供应商的话，又称之为“360度考评”。

8．考评的工作要求。考评工作不仅要确定与岗位要求相一致的考评内容，而且必须坚持标准化、客观化、常模化、可靠性和有效性的实施原则。(1) 标准化。是指开展考评工作时的各种条件和实施程序的一致性。也就是进行同一考评的条件和程序要始终保持一致，以保证所有的被考评者是在完全等同的情况下接受考评，以体现考评的公正性。(2) 客观化。客观化是指在评定考评结果时，要有统一的客观评定标准，防止评定结果受评定者个人的主观偏见的影响。(3) 常模化。常模化是指在解释和分析同类考评结果时，也只能有一个相同的参照系列。这种作为参照系列的样本结果，就叫做“标准常模”，它是一大批条件相似的被考评者在该项考评中所得结果的平均分布状况，用其作为衡量尺度，对每位员工的考评情况进行评定。(4) 可靠性和有效性。可靠性即信度，有效性即效度。信度是指考评结果的可信程度。 种考评的可信程度可以用信度系数来衡量。信度系数的取值范围是0—1.00之间，一般要求考评结果的信度系数应大于等于0.80。确定考评信度一般是以考评结果的一致性为标准。常见信度有：①再测信度；②同测信度；③半分信度。效度则是指考评本身的有效性，即考评所获结果与工作绩效间的相关程度。效度高则说明考评得到了想要的东西，效度低则是把有关信息被忽略，结果与要求不相符。考评的有效性可以用效度系数来衡量。效度系数的取值范围是0—1.00之间，一般要求考评结果的效度系数应大于等于0.40，最低不能低于0.30。常用的效度有：①经验效度；②合理效度（内容效度、结构效度）；③表面效度。

9．考评方法种类繁多，但从其性质来看，可以归纳成两大类：一是客观考评法，适合于一线从事简单劳动的员工；二是主观考评法，包括相对考评法和绝对考评法。

10．常用的工作考评方法：(1) 等级评定法。包括：简单等级排序法、交替等级排序法和尺度评价法；(2) 考核清单法。包括：简单清单法和加权总计评分清单法；(3) 配对比较法；(4) 强制分布法；(5) 要素考评法；(6) 绩效考评法；(7) 关键事件法；(8) 评语法；(9) 行为锚定评分法。

11．考评中的常见偏见。包括：(1) 晕轮效应，是指在观察某个人时，对于他的某种品质或特征有清晰明显的知觉，由于这一特征或品质从观察者的角度来看非常突出，从而掩盖了对这个人其他特征和品质的知觉；(2) 优先效应，是指一个人最先给人留下的印象具有强烈的影响，这实质上就是通常所说的第一印象

的作用；(3) 近因效应，又称为近期行为偏见。它是指在长期人际交往中，一个人往往最后给人留下的印象最为深刻；(4) 集中趋势，是指在等级评定过程中，评价者不实事求是地将员工的表现评价为接近平均或中等水平时所发生的一种常见错误；(5) 定型作用，考核评价时，会因个人生活中逐渐形成的习惯、观念、看法或固定形象的影响，在考评中对员工的个人特征，如民族、宗教、性别、残疾或者年龄等有关方面存在着偏见，从而对员工作出歧视性评价，使结果丧失真实性；(6) 宽松或严格。在考评中部门主管给予下级不该得的高评价被称为宽松。这种行为产生的动机往往是为了避免引起评价争议而充当“老好人”。对一个员工的工作业绩过分地批评和苛求被称为严格。对员工进行抬高或降低的评价是有原因的。

12．在考评中部门主管抬高评价的原因：(1) 认为太精确的评价将对下属员工的工作动机和业绩有不利影响。(2) 希望提高员工工作业绩的合格率。(3) 期望避免部门不光彩事情的扩散。(4) 希望避免产生一个消极的、永久的，并可能在将来仍会影响员工的不利业绩记录。(5) 需要对那些因为个人问题考评受到影响但却一贯业绩优秀的人进行保护。(6) 希望对那些即使业绩考评不高但已付出了很大努力的员工进行奖励。(7) 避免与某些难以管理的员工对抗。(8) 希望以好评换取较差或令人生厌的员工自动离开该部门。

13．部门主管降低评价的原因。实施考核评价的部门经理，手中掌握有生杀大权。在有些情况下，他们实质上控制着评价过程的每个方面。他们不愿客观地评价其下属员工，而往往降低评价的原因是：(1) 以确立或显示自己的权威，特别是在经理所操纵的评价决定着员工们的加薪和提升以及未来命运时更是如此。(2) 担心给员工良好的业绩评价会使其感到惊喜而骄傲。(3) 是为了惩罚一个顽固的或难以对付的员工。(4) 为了迫使某个不愿与自己合作的员工辞职。(5) 为将要解雇的人编制一个有说服力的不称职记录。(6) 为了缩小或减少凭业绩提薪的员工数量。

## 案例分析

【案例 1】

### 民主评议中层干部[①]

衡山宾馆实施全员劳动合同制后，对各岗位的工资作了调整。但宾馆内部有些人认为，工资调整的结果，使干部得利大于群众，即使干部的能力、

① 选自蒋一帆等著：《酒店管理 180 例》，东方出版社 1997 年版。

品质与业绩平平。因而一些人产生了不平衡心理，影响了宾馆内部的凝聚力。

宾馆管理层意识到其间隐含的问题十分严重，必须迅速帮助广大员工认识劳动人事制度改革的深远意义，同时还必须采取有效措施提高干部的自身素养。于是，领导层决定在干部工作实绩考核的基础上，增加职代会民主评议干部的内容，并作为制度。

随后，由宾馆管理层牵头，对全店所有中层干部进行民主评议。评议采用信任度打分的办法，请员工代表根据10个方面的信任依据写出一个综合信任度，并规定60%为及格线。这10个方面是：1．执行政策。2．思想品德。3．廉政自律。4．劳动纪律。5．办事公道。6．民主作风。7．工作责任心。8．团结协调。9．仪表仪容。10．工作成效。

评议会开得严肃认真，每个代表肩负本部门同事的信任与委托，认真地对每位干部的表现打分。评议结果如下：中层以上干部的平均信任度为90.28%，不及格者仅1人，占被评干部总数的3.6%。

职代会主席团根据评议结果，按“加强干部管理考核”的有关规定，对那位信任度不及格的干部提出处理意见：

1．下浮薪点一档，由部门副经理降为助理级。

2．给予书面提醒一次。

3．给予一次改进机会，建议三个月后由所在部门员工对其再评议一次，如果及格，可考虑恢复到原来薪点。

另外还建议宾馆党政主要负责人找其本人谈话，进行教育。

宾馆管理层听取了职代会主席团的汇报，肯定了广大代表对干部基本状况的评议是可信的，也同意主席团对于不及格干部的处理意见，并决定由宾馆分管领导把评议情况反馈给干部本人，供他们改进工作时参考。还要求干部正确对待员工代表的评议意见，正确对待组织的评价，正确对待自己的工作实绩。

**评析：**

不少酒店在实施劳动人事制度的改革时，首先丢掉了多年来的铁饭碗，采用全员劳动合同制，有些酒店还采用薪点工资制。新的工资制根据每个员工的岗位、工种、能力、业绩等因素确定工资额。在通常情况下，干部的薪点比普通员工要高，这种分配制度对于干部不是一种偏爱，而是提出了更高的要求。普通员工认为干部的表现应该胜过自己，这是可以理解的，也是合理的。

衡山宾馆在全店范围内实施薪点工资制后，及时摸到群众的思想，并采取措施，使干部置于群众的监督之下，使他们的行为多一份约束。这种做法既符合国际酒店的一般管理原则，又符合我国的具体情况。

衡山宾馆大胆采用职代会代表对中层干部民主评议的方法，是有一定基础

的，那就是宾馆的党政领导有两个“充分信任”：一是充分信任广大员工的思想觉悟和参与管理的能力；二是充分信任干部能经受住民主评议的考验。这次评议结果表明，宾馆领导的这一决策是有基础的，达到了预期目的。

**问题：**

1．你对宾馆采用的民主评议方法有何看法？它与业绩考评有何区别？职代会民主评议管理人员的制度对加强酒店管理有何现实意义？

2．宾馆针对中层干部特点所提出的10个评议方面，你认为是否全面？在评议中应当如何打分？对不同部门的干部是否需要进行加权处理？在这10个评议方面中，哪些方面可以具体化？应如何量化？

**【案例2】**

**全面质量综合考核**①

年初，三寓宾馆向全店下达了任务和目标。3月底，为了解各部门落实任务的具体情况，酒店组成了4个考核小组，在总经理和书记的带领下，对第一季度14个部门的各项工作进行了为期两天的全面质量综合考核。

考核小组在酒店的各个部门，先是召开座谈会，听取部门经理介绍前3个月的情况，查看了有关记录和客人投诉，接着便是现场考评。

每位考核小组人员手中都有一份“三寓宾馆部门全面质量综合考核评分表”，每位考评员按评分表上的项目进行打分，并任意抽查两名服务员进行现场考核，考核内容主要是应变能力。考评员故意设计了几道难题，看服务员如何应答。

全面质量综合考核小组分别对娱乐部、饮食部、客房部、营业部等部门进行考核，连工会、办公室、人事部、财务部以及质培部本身都需接受考评。

**评析：**

三寓宾馆的质量检查一向抓得很紧，经多年来的摸索，总结出一整套全面质量综合考核评分办法。这套办法有如下几个特点：

第一，考核范围遍及酒店每一部门，共性和单例考核项目达422项之多。不管前台还是后台，一律须接受考核，连工会、质培部、人事部、办公室都不能例外。

---

① 选自蒋一帆等著：《酒店管理180例》，东方出版社1997年版。

第二，评分标准划一，满分均为 100 分，这样便于比较优劣。

第三，评分办法相当科学。以客房部为例，考核第一部分为“经济指标完成情况”（15%）；第二部分为“设施设备保养情况”（9%）；第三部分为“卫生质量”（14%）；第四部分为“服务质量”（20%）；第五部分为“操作规范标准”（20%）；第六部分为“培训工作”（4%）；第七部分为“政治思想工作及行政管理工作”（18%）。从中可以看到，“服务质量”和“操作规范标准”两项所占分量大，体现了酒店对它们的重视。

第四，做到了“尽量让数据说话”。在“操作规范标准”一栏中，定量化数据随处可见。如在客房部、营业部、饮食部、动力部等部门的这一栏中均有大量的定量化标准。

**问题：**

1．你认为工作质量考核的特点是什么？采用这一方法如何对部门管理者进行考评？

2．以客房部考核内容为例，你认为其中七个维度的权重是否合理，为什么？

## 练习题

1．简述员工考评的含义、内容和作用。

2．确定员工绩效考评指标的标准是什么？

3．简述人员素质考评的内容构成。

4．什么是全方位人员参与模式或“360 度考评”？

5．试分析考评必须坚持的实施原则。

6．常用的工作考评方法有哪些？

7．简述考评中的常见偏见。

8．为什么在考评中，有的部门主管会抬高或降低评价？

# 第7章 酒店员工的激励

**本章提示与学习目的：**

酒店是劳动密集型的企业，现代酒店管理通常把人放在管理的中心位置，酒店的生存和发展目标只有通过全体员工的共同努力才能实现。因此，激发广大员工的工作积极性，提高员工的士气，是保持酒店企业生机和活力的客观要求，对酒店企业管理具有重要意义，也是酒店人事管理工作成效的综合反映。从管理角度把握激励和人的行为周期；了解需要和动机的含义、作用和特点，以及在人的行为过程中的关系；了解需要的分类和相关理论；把握员工激励具有重要作用的表现；了解、掌握各种有关人员激励的理论，如：行为激励理论、认知激励理论和综合激励理论等的内容、特点和作用；熟悉人员激励必须遵循的原则；掌握人员激励的奖励和惩罚的基本形式；注意奖励和惩罚过程中的相关问题，学会应用奖惩技巧和能够采取物质奖励与精神奖励相结合的方法；重视激励的综合应用要求，提高激励的效用，是我们学习这一章的目的。

酒店广大员工除必须具备完成工作任务的能力外，是否具有出色完成本职工作的愿望和动力，是酒店管理者应当考虑的重要问题。为激发广大员工的积极性和进取心，促使员工自觉地发挥其聪明才智，挖掘其潜能，就需要进行激励管理。作为酒店人力资源管理部门，在其日常工作过程中，应当尽可能地利用和创造各种条件，结合自己酒店的情况和特点，采用恰当的激励手段和方法，来提高员工的工作积极性，增强员工的群体意识，使员工队伍保持高昂的士气，齐心协力地为实现整个酒店的目标而努力。一个酒店人事管理水平的高低与成效，其中一个重要的尺度就是看酒店员工队伍的面貌和士气。所以，酒店人力资源管理部门的工作人员应了解和掌握有关激励的理论和方法，把员工激励作为人力资源管理的日常工作业务的环节之一，开发人力资源的工作目标才能得到落实。

## 第一节　酒店员工的激励概述

在酒店人力资源管理与开发活动中，应用现代企业管理的“激励理论”来提高酒店员工的工作积极性，是酒店人事管理中普遍运用的工作方法与手段。

## 一、激励概述

所谓“激励”，是指利用和创造各种条件对个体进行刺激，从而使其内部激发出相应能量来推动行为，以响应外部的刺激。从管理角度讲，便是酒店尽可能地创造和利用能满足员工各种需要的条件，激发员工的工作动机，促使员工产生实现酒店目标的特定行为的过程。通俗地说，就是激发士气、干劲，调动广大员工的积极性和创造性，以提高酒店的服务质量和工作效率。

激励对于管理，特别是对于人力资源的开发与管理具有重要意义。因为人员激励既是调动员工积极性的主要手段，又是提高员工素质的有力杠杆，而且还是形成良好企业文化的有效途径。人力资源管理的基本目的是：吸引、保留、激励与开发企业的人力资源，其中激励是核心，因为激励既然能够激发起员工的干劲，也就能够吸引来并保留住他们，而开发本身就是重要的激励手段。激励的重要性，不仅在于它能使员工安心和积极地工作，它还能使广大员工对本单位产生认同，自觉接受酒店的目标与价值观，对酒店产生强烈的责任感和归属感。

然而，激励是一种复杂的现象，它涉及人的需要、动机、态度、价值观等，还要受员工个人特点以及社会文化背景等因素的影响。

## 二、人的行为过程

### 1. 行为周期

人的行为的发生是由内在的需要所引起的，在外部因素的诱导下，需要转化为动机，动机推动行为，行为指向目标，通过努力达到目标，满足人的需要，又在新的需要驱使下开始新的行为周期，由此循环往复。(见图7-1)

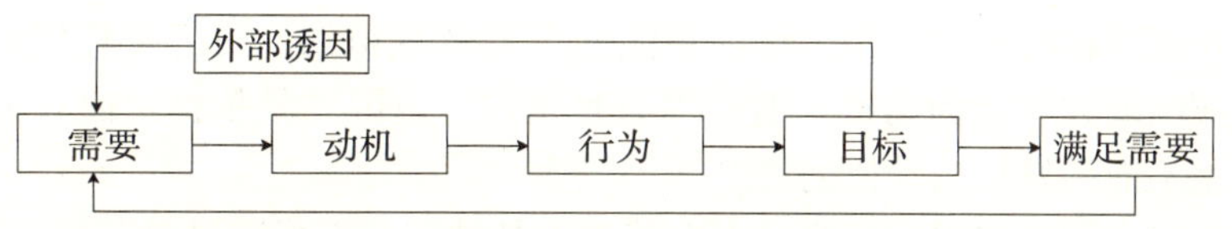


**图7-1 动机激发模式**

### 2. 需要和动机

(1) 需要。需要是被人感知到的、对一定的生活与发展条件的要求和欲望。或者说需要是有机体对某种生活条件的要求在人脑中的反映。需要是一种心理状态和倾向。当人感知缺乏这种条件时，心里会产生紧张与不安，心理状态失去平衡。为了消除紧张，恢复心理平衡，人必须采取某种行动。因此，需要是行为的

源泉和出发点，正是由于需要的存在，人们才会以一定方式，在一定方面采取行动。所以，心理学认为，需要是个人活动积极性的源泉，动机是反映这一积极性的强度指标，需要越是强烈、迫切，动机所产生的推动力也就越大。

(2) 动机。动机是与需要有关的、推动人的行为活动去达到一定目标的心理动力。即：当需要使人的内心产生行为的驱动力时，就是动机。动机并不是需要，但动机这种内驱力是以需要作为基础的，因此心理学一般是把动机看作是需要的具体化。或者说是当需要一旦被人意识到，并赋之以行动，需要就转化为动机，以动机的形式表现出来。

(3) 行为。行为是由需要所引起，在动机驱使下，为满足需要，消除心理紧张而产生的外在活动表现。动机强度的高低决定行为活动积极性的大小。行为是有方向性、指向性的，总是指向能满足其需要的目标。行为终止于需要的满足。

(4) 目标。目标是行为活动所指向的对象，也就是能够满足活动需要的对象。目标和目的既有联系又有区别，其中，目标是行为活动的对象，是外在的，它确定行为的方向，而目的则是行为活动达到目标后的结果，是反映内在需要的满足状况。现实中常常有这样的情况，实现了行为目标，但结果出乎预料，行为目的没有达到。

(5) 满意感。满意感是行为达到目标后，使需要得到满足，行为的目的得到实现，紧张感及因需要而产生的行为内驱力（即动机）消失时的内心体验。满意感是一个具体行为过程的终点与归宿。

(6) 反馈。内心体验到满意感，会反馈至行为周期的起点，使由需要所导致的心理紧张消失，于是一个行为周期便结束了。只有新的需要产生时，才会重新开始新的行为周期。若未能实现目标，会产生不满，也会反馈到行为起点，此种反馈可以是积极的，促使动机更强烈，也可是消极的，让动机暂时被抑制下来。

(7) 外部因素的诱导。作为诱因它能使需要被意识到，使需要转化为动机，也能加强或削弱人的行为动机，但外因只是条件，内因才是依据。内在无需要，外部刺激是不能引发行为动机的。

从人的行为周期来看，行为是人在感受到某种需要不能满足时所形成的动机推动下产生的，行为具有方向性、指向性，总是为了达到能满足需要的特定目标，行为也才终止于需要的满足。已满足了的需要不再具有激励作用。因此，要激励起行为，既要了解被激励者有何需要，又要有可以满足需要的目标。

### 三、需要和动机的特点

“外因是变化的条件，内因是变化的根据”。激励的目的就是要激发员工内在的工作动机，从而调动员工的积极性与创造性。而人们的动机是由需要所引起，

是为了满足需要才驱使个体行为趋向某个目标，成为推动行为的内在驱动力。因此，从需要着手，去研究、探索有关激励的理论、原则和方法，是完全符合人的心理活动规律的有效途径。

### 1. 需要的多样性

人的需要是多样的，因此其分类的方法也是多种多样的。通常人们总把需要分为自然需要和社会需要，或者是物质需要与精神需要两大类。激励也可根据其所满足的需要类别而划分为物质激励和精神激励两大类。

但这种分类较简单，在实践应用中不利于对激励问题进行深入探讨。为此，许多人从管理的角度，对管理者所关心的那些与工作关联性较大的需要进行分类。一般分类如下：

(1) 外在需要和内在需要。西方组织行为学的研究，提出了外在需要与内在需要的概念，这种分类方法抓住了不同需要的本质特征。外在性需要与内在性需要的区别在于：外在性的需要不能在工作活动本身中求得满足，能满足它们的东西存在于工作之外，控制在组织、领导与同事手中，因而工作只是人们用来满足外在性需要的手段，如金钱和表扬虽然分别为物质性与精神性的东西，但同样只能满足人的外在需要；内在性需要则相反，它们的满足是通过个人在工作活动中的体验来实现，如感受到工作活动的乐趣，体验到完成任务后的成就感等，都属于精神性的东西，能够满足人的高级需要。这些需要的满足都是由工作本身获得，因而工作活动本身便成为人活动的目的。既然满足高级需要的根源就存在于工作过程之中，有效地利用工作本身来直接激励员工积极性，就具有重要的现实意义。

• 外在需要。人的外在性需要可进一步细分为两类：①物质性需要，如工资、奖金、福利等；②社会心理需要，如上级和同事给予的信任、关怀、友谊、表扬、认可、赏识、自主权等精神性的需要，属于人的社交需要。这两种外在性需要的满足都依赖于外部的情景条件，有时是两者兼备，如晋升职位和职称、培训、出国、考察、进修等，往往是既满足了社会心理需要，也同时满足了物质性需要。应当看到，物质性需要与社会心理需要虽然都属于外在性需要，但两者之间却存在差异，在实际应用中应当注意区别，不能忽略。

• 内在需要。同样，人的内在性需要也可细分为两类：①过程导向性需要，这种需要可单纯地在工作活动过程中得到满足，如工作活动有趣而产生快感；工作具有挑战性而感到有机会显示自己的聪明才智，发挥个人潜能；工作使自己得到锻炼与提高，由此而产生兴奋与愉快等，形成内部激励。反之，工作单调乏味，枯燥简单，而感到大材小用，才能无处施展，就会产生沮丧和不满，而降低工作热情。这种内在性需要是从工作过程获得满足，因此一般人们并不关心活动

的结果，即使工作任务未能圆满完成，也不影响员工对工作活动的兴趣。②结果导向性需要，是指通过对工作取得积极成果的感受而得到个人成就感、贡献感与自豪感的满足。这种满足只有在个人经过努力，并圆满完成任务之后才能获得。要注意的是，这种成就感是当事者自身的主观评价，不是他人给予的认可与赞扬，因此同样的结果，不同人的主观感受是不一样的。

• 内、外在需要与激励的关系。外在性激励是源于外在性需要，不论是物质性的还是社会心理的，都会产生出行为的牵引力。内在性激励则是通过工作所蕴含的因素，不论是工作活动过程本身，还是活动结果所产生的行为驱动力。实践中管理者们往往较注意外在性需要的满足，而忽略创造条件使内在性需要的激励作用充分发挥，其实后者的作用更为重要。

最后要指出，在四种分类中，只有第一类是物质性的，其余三类都是精神性的。如果只简单把人的需要分为物质性与精神性两大类，就难以分清内、外在需要本质上的差别，而导致实践中的应用失当。

(2) 马斯洛的“需要层次论”。马斯洛把人的需要分为五类：①生理需要。指对饮食、衣着、住所等涉及个人基本生存的需要。②安全需要，即个人躯体与生命不受到危害的需要和个人生活与就业条件不受威胁的需要。③社交需要，又可称为爱的需要或归属需要。作为社会人，需要与他人进行感情交流，要爱人和被人爱，要归属于一定群体，不愿孤独、寂寞。④尊重需要。指来自外界（组织或他人）给予的赞赏与荣誉和来自内部对自身的信心与尊重，包括对自身命运的掌握与人格保持独立等。⑤自我实现需要。这是需要发展的最高层次，指的是人人都希望充分发挥个人在体力与智力上的潜能，取得成就，以尽量实现自身价值的需要。

马斯洛还进一步提出，在人的需要层次中，生理、安全、社交需要是通过外部来获得满足的，因此属于人的低级需要，而尊重、自我实现需要则只能通过人的内部来获得，属于人的高级需要，而且它们永远不能够完全得到满足。

(3) 阿德弗的需要分类。阿德弗的需要分类，其实就是对马斯洛分类的合并与压缩。阿德弗提出把人的需要分为生存、关联与成长三类，前者相当于马斯洛分类中的生理与安全需要，中者对应于社交需要，后者则相当于自尊、自主与自我实现需要。

(4) 麦克里兰的需要分类。麦克里兰则是把与工作有关的需要分为成就、情谊与权力三类。前两者约相当于马斯洛的自我实现与社交需要，后者则指想要影响与控制他人的需要，也就是通常所说的权力欲望。

2. **需要的层次性**

马斯洛的“需要层次论”首次对人的需要进行层次划分。他认为生理、安

全、社交、尊重与自我实现五类需要由低到高依次处于不同的层次，从而构成一个需要的层次系统。所谓层次的高低，是指尽管在特定时间内，人可以有多种需要并存，但其中却只有一种需要处于主宰地位，支配着人的行为，而把其他需要压抑到人的感知界限以下。而且需要的发展规律是：尚未得到满足的较低层次的需要总是占有主导性的地位，只有在它获得了一定满足之后，紧邻它的高一层次需要才会被解放、被激活而成为主导性需要，来支配人的行为。反之，一旦高一层次的需要不能够获得满足时，低一层次的需要又会重新占据主导性需要的位置。

马斯洛的观点符合人的需要发展规律，因而受到企业界与学术界的极大重视。阿德弗在马斯洛的观点基础上，做了两点修正：一是将马斯洛的需要满足则上移的运动规律补充了一条需要受挫折而下行的机制，即当高层次的成长需要得不到满足受到挫折时，低一层的关联需要会在新的水平上重新显现，而成为主宰行为的主导性需要。同样规律也存在于关联需要与更低一层的生存需要之间。

**3．需要的过程性**

如果从动态的角度来考察激励的过程，那么，对人的激励过程一般是由三个基本环节构成（参看下一节的“期望理论”）：其起点是以需要为基础的激励动力，它驱使人付出相应的努力；中间的环节是这种努力所产生的一定绩效；作为过程终点的最后环节便是奖励，这是行为激励所指定的目标，即可以满足人的需要的东西。被激励者的目标并非绩效，而是所想得到的奖励。所以，工作绩效只是取得奖励这一结果的前提，而奖励才是行为的真正目的，用它来满足人的需要。

**4．激励的目标导向性**

激励总是以能够满足人的需要的对象来作为目标的。目标设置本身就具有激励的作用，而且所设目标越明确、越具体，完成目标的期限规定得越明确，目标设置时员工参与的程度越高，其激励作用也就越大。因为合适的目标对人的行为不仅能够起到引发作用，而且在行为越是趋近目标时，其作用越是强烈，具有强烈的行为导向性。为此，了解并掌握员工的需要种类，设置相应的激励目标，对员工行为的激励具有重要意义。

## 第二节　酒店员工的激励与管理

### 一、员工激励的作用

在酒店管理过程中，之所以把员工激励作为人事管理的日常业务的重要一

环，是因为：

**1．激励是调动员工积极性的主要手段**

研究表明，在缺乏激励的环境中，人的潜力很难得到充分发挥，一般只发挥出很少的部分，即20%—30%，刚刚能保住饭碗，但在良好的激励的环境中，同样的人员却可发挥出潜力的80%—90%。因此，使每位员工始终处在良好的激励环境中，是人力资源开发和管理所追求的理想状态。因为就酒店内部的人力资源而言，同其他资源一样，都是有限的，不能浪费。

**2．员工激励是提高人员素质的有力杠杆**

在实践中，激励也是提高员工素质的主要途径。任何值得奖励的行为都是人员素质优异的表现，也是人员素质提高的证明。对这种行为给予奖励，就是鼓励员工自觉地巩固良好行为，增强自信心、责任感，提高自身素质。反之，受到惩罚的行为都是人员素质低下的表现，或是人员素质下降的信号。惩罚这种行为，就是要求有关人员纠正错误，改变不良行为，以适应工作的需要。

**3．员工激励是形成良好的组织文化的有效途径**

良好的组织文化是组织生存和发展的基础，而良好的组织文化的培育，离不开正反两方面的强化。奖励本身就是正强化，奖励优异的服务行为，就是强化良好的服务意识，批评和惩罚劣质服务行为，则是对服务意识的负强化。奖、罚手段交替运用，可以有效地促进良好服务的群体意识和共同价值观的形成。组织文化建设的好坏，对一个现代酒店企业而言，具有重要的现实意义。

## 二、人员激励理论

由于人的需要是复杂多样的，为能真正有效地调动人的积极性，就需要采用相应的、有针对性的方法对员工进行激励。人们从管理的角度提出了各种不同的人员激励理论，概括起来可分为：外部行为激励理论、认知激励理论、综合激励理论等。其中，行为主义激励理论侧重行为的发生过程，认知派激励理论侧重人的内在感受，它们各有偏重而带有片面性和局限性。综合型激励理论则是在前两类理论的基础上，进行了概括和发展。

**1．行为激励理论**

(1) 传统行为激励论。传统行为主义所提出的行为基本原则是：刺激→反应的公式，用符号表示，即：

$$S \rightarrow R$$

行为主义者认为，这一公式是从生物界到人类社会都适用的普遍原则。行为

主义研究的是人的行为，而不是人的心理、意识、内部世界。根据这个理论，行为主义的研究任务，就是要从外部刺激来推测人的行为反应，或者是以人的行为反应来推测相应的刺激。

根据这个理论，在管理措施上，激励就是应用外部刺激，通过一定的刺激手段来诱发人的行为。企业管理的主要任务，就是要充分运用金钱、物质等外部因素，以诱使员工提高工作积极性。

因此，激励的主要手段是物质刺激，通过选择适当的刺激，即激励手段，来调动员工工作积极性。

(2) 新行为主义激励论。新行为主义又名为操作主义。新行为主义是在传统行为主义的公式：刺激→反应之间增加了一个中间环节，用符号表示就是：

$$S \to O \to R$$

其中：$S$ 为刺激，$R$ 为反应，$O$ 则是一个中间变量，它是指人的主观因素、意图、愿望等。

根据这一理论，激励不能仅仅考虑外部刺激变量，还要考虑到中间变量的影响。具体说来，激励手段中除了考虑金钱这一刺激因素外，还要考虑到劳动者的主观因素，如需求。因此，根据新行为主义的理论，激励手段应当复杂多样，这些手段应包括以下内容：①要从社会心理观点出发分析需要和个人及群体的关系，这种需要既包括物质的，也有精神的内容；②要进行情境分析。因为人的思想经常会受到内、外环境因素的影响而发生变动，因此，要经常对人的情境进行动态分析，以便及时采取措施，使激励过程持续进行；③要使激励目标达到均衡。在个人、工作和各种人际关系中会发生目标间的冲突或不协调，为此，要使目标达到均衡，减少矛盾也十分重要，让个体需求的满足与组织目标的达成趋于一致。

(3) 行为修正激励。是由美国新行为主义者斯金纳提出，他把操作性条件反射与人的行为修正联系在一起，提出了操作性条件反射与行为修正激励论理论。

行为修正激励论的内容是：操作性条件反射与经典式条件反射不同，人的许多行为具有操作性的、工具性的性质，即是由于某种需要而引起的探索或“自发的”活动。在探索的过程中，偶发的一种反应成为达到目的的一种工具，因此人们就学习利用这种反应去操纵环境，去达到目的，来满足需要。由于这种反应是获得某种结果、达到目的的工具，因此又称之为“工具性条件反射”。

操作性条件反射强调只有当被试者作出某一特定行为反应后，才会有作为强化的刺激物（奖励）产生，而行为反应是由被试者主动作出的。因此，操作性条件反射认为，人的行为是在强化的条件下才能学会并加以巩固的，而强化的产生又取决于反应（某种行为结果）。人们通过学习而获得的行为反应，会因强化的增加而巩固，也会因强化的减弱而消退。

行为修正激励论在实践中的应用。将这种理论应用于管理，就产生了行为修正激励论。这一理论表明，当行为的结果有利于个人需要时，行为就会反复出现和巩固，这就起到了正强化、激励的作用。如果行为的结果对个人不利时，这一行为就会削弱或消失，也就是受到了负强化的制约。管理中，对人的某种行为给予及时的肯定和奖赏，能使这种行为巩固、保持和加强，这叫做正强化。对某种行为给予否定和惩罚，会使其减弱和消退，就叫负强化。

正、负强化都是强化的一种方式和手段，运用得当，可以对人的行为进行定向控制和改造，达到预期的状态和指向预定的目标。

奖励就是一种正强化，它能使人得到心理上的满足。因此在工作中应用奖励手段，能够调动并保持员工的工作积极性。但要想充分发挥奖励的正强化作用，应当注意几点：

①创造有利奖励的心理气氛。

②要奖该奖者，切忌弄虚作假。

③奖励要及时，才能给人以鼓励和信心，鞭策人们继续努力。

④奖励的内容应该多样化，真正使奖励内容与形式符合人们的需求。

惩罚作为一种负强化，也能有激励作用，只是所用方式与手段不同而已。一个人如果能够接受批评与惩罚，自觉纠正、改正不良行为，就是激励作用的表现。对违纪员工采取了一些经济制裁的措施，对强化劳动纪律有积极的意义，同样能够有效地提高生产效率。但在采用惩罚手段时，也应当注意几点：

①惩罚与批评的形式要多样化，以减少人们的对抗心理。

②惩罚的内容多样化，要“罚人所怕”，才能真正发挥惩罚的作用。

③惩罚时要做到严而有情。

④惩罚不能滥用，滥用惩罚只会加重人们的抵触情绪。

无论奖惩其本身都不是目的，惩罚也同样是为了要调动人的积极性。因此在采取惩罚手段时，既要坚持原则，又要做到严中有情、有理，才能使人们口服心服，知错就改。要抱有善意，学会以理服人。要“适度”，即轻重适宜。

**2．内容激励**

内容型激励理论是认知派激励论的组成部分。认知激励理论认为，把行为简单地看成是人的神经系统对客观刺激的机械反应，这不符合人心理活动的客观规律。而应当充分考虑人的内在因素，诸如思想意识、需要、兴趣、价值等。将认知心理学理论应用于管理中，就形成了内容型激励理论和过程型激励理论两类。其中，内容型激励理论着重研究激发动机的因素，属于这一类型的包括：马斯洛的“需要层次论”，阿德弗的“生存、关联、成长理论”，麦克利兰的“成就需要论”，赫茨伯格的“双因素理论”等。

(1) 需要层次理论。美国心理学家马斯洛 1943 年在《人的动机理论》一书中提出了他的“需要层次理论”，用于揭示人类需要、愿望的共同规律。马斯洛提出：人的五类需要是由低向高，按等级顺序逐级发展，(参看前面所述) 只有在低一级的需要获得一定满足的前提下，才可能形成高一级的需要，此时的高一级需要就成为驱动行为的主导动力。同时，由于五类需要的获得条件不同，可把它们区分为低级需要和高级需要。①低级需要包括：生理需要、安全需要和社交需要。它们的满足主要是通过外部条件来获得，一旦满足后，需要就会消失；它所激发起来的积极性也随之消失。②高级需要包括：尊重需要和自我实现需要。由于它们是在社会中形成和发展起来的需要，并且只能通过内部来获得满足，因此这种需要是永远不会完全满足的。因而也就成为了推动行为不断进取的主要动力。它说明，真正能够激励人，并让人长期保持积极性的是人的高级需要。但在现实生活中，不是所有的人都能顺利地发展到高级需要，由于各种社会环境因素的制约，不同的人其主导性需要往往停留在不同的需要层次上，从而造成需求差异。

(2) 双因素理论。“双因素理论”是由美国心理学家弗·赫茨伯格在 20 世纪 50 年代提出的。赫茨伯格赞成马斯洛所提出的需要层次论的基本观点，并在此基础上系统阐述了双因素的基本理论：

双因素理论的基本内容。20 世纪 50 年代，赫茨伯格与其同事们一起，从应用的角度对“能满足人的需要的因素”进行了专题研究。赫茨伯格将调查的结果按“满意”与“不满意”这两个因素作了综合分析。通过研究发现，在日常工作中，导致人们对工作满意与不满意的因素是截然不同的，满意与不满意不是同一维度的两极，而是分属于两个不同的维度。

引起满意的主要因素是与工作本身的性质有关的因素，它们是：工作富有成就，工作成绩能得到社会认可，工作本身具有吸引力、能激发责任感，从工作中获得发展、成长等。

导致不满意的主要因素则是与工作环境有关的因素，如：企业政策，行政管理方式，监督，工资待遇，与领导和同事的关系，安全以及工作条件等。

赫茨伯格认为，满意与不满意这两种感觉分别代表了人的不同需求。对工作满意起作用的主要因素是工作中人的成长与发展，而对工作不满意起作用的主要因素是环境的缘故。因此，他把能引起满意的因素称之为“激励因素”，把导致不满意的因素称之为“保健因素”。双因素理论实际就是激励因素、保健因素理论，简称为“双因素理论”。双因素理论认为：激发人的动机的因素有两类，一类为保健因素，另一类为激励因素。

保健因素又称为维持因素，这些因素处理不好，会降低工作积极性。但改善这些因素只能消除不满，不能使人产生满意感，因此没有激励人的作用。这种

因素就像卫生条件那样能保证人不生病，但不能增加健康。在工作中，保健因素能防止人们对工作产生不满，有预防性和保持积极性、维持工作现状的作用。

激励因素是激发员工积极性和工作热情的主要因素，它直接影响人们的工作效率和工作成绩。改善这些因素，就是通过改善工作本身的性质和内容，来提高工作效率，激发人们作出贡献。

赫茨伯格认为，保健因素与人的低级需要有关，处理不当容易引起不满，而激励因素则是与人的高级需要有关，对调动人的积极性起直接的影响作用。

双因素理论在管理中的应用。员工的需要可分为两类：一类为维持性的基本需要，其中包括：物质、经济、安全、所处环境、地位、社会活动等；另一类为激励性的高层次需要，其中包括成长、成就、工作、职责等。要调动职工的积极性，首先得注意保健因素，注意改善工作环境条件，使职工不致产生不满情绪。在此基础上，要利用激励因素去调动员工积极性，激发他们的工作热情。如果仅仅顾及保健因素，是不能使广大员工真正发挥他们的聪明才智，也不可能创造出一流的工作成绩的。

**3. 过程激励**

过程型激励理论着重研究从动机的产生到采取行动的心理过程。属于这一类型的理论包括：弗洛姆的“期望理论”、亚当斯的“公平理论”、杜拉克等的“目标设置理论”以及海特的“归因理论”等。

如果说内容型激励理论是从满足人们生理和心理上的需要方面来激励职工，那么，过程型激励理论则是以“外在的目标”去激励职工。

(1) 期望理论。期望理论是一种过程型的激励理论。它是由弗洛姆在1964年出版的《工作与激励》一书中首先提出来的。

期望理论的基本内容。期望理论认为：人的积极性的高低，取决于他个人对目标价值的估价和对自己实现目标可能性的主观判断。这一理论可用下列公式表示：

$$\text{激发力量} = \text{效价（目标价值）} \times \text{期望值（期望概率）}$$

用符号表示即：$M = V \times E$，其中：

激发力量（$M$）：是指所调动的积极性、潜力的强度，即激励作用的大小。

效价（$V$）：是指个人对工作要达到的目标价值的估价，也就是实现目标后能满足需要的价值，通俗地说就是完成任务后能带来的好处。

期望值（$E$）：是指个人根据以往经验，对实现某个目标的可能性的概率估计。也就是对自己完成任务有多少把握、可能性的大小的主观认识判断，所以期望值又叫期望概率。

根据这一理论公式的含义可以看出：当个人对某个目标的效价看得很高，而

且又判断出自己实现这目标的可能性也很大时，那么，用这一目标来激励他，所焕发出的积极性也就非常大。由于效价和期望值存在不同组合，因而会产生不同的激励力量，其情况有以下几种：

①$V$ 高 × $E$ 高 = $M$ 高　最理想的情况。

②$V$ 中 × $E$ 中 = $M$ 中　中等的情况。

③$V$ 低 × $E$ 低 = $M$ 低　最差的情况。

④$V$ 低 × $E$ 高 = $M$ 低　由于效价低，虽然期望概率高，也难以调动人的积极性。

⑤$V$ 高 × $E$ 低 = $M$ 低　一般也是差的情况，但实践中常常由于目标价值太大，会使人盲目增加期望概率，从而导致提高实现目标的积极性。结果则是事与愿违，严重挫伤个人感情和信心。

提高激励作用的期望模式。如何使激励达到最佳状态，弗洛姆提出了人的期望模式：

个人努力 → 工作成绩 → 组织奖励 → 个人满意

**图 7－2　期望模式**

根据人的期望模式，为有效激发员工积极性，关键是要处理好以下三种关系：

期望一：个人应对工作目标作出正确估计。一般来说，人希望通过努力达到预期的目标，如果一个人估计自己努力能够达到目标，那就会增强工作信心，激发出强大的力量。相反，就会丧失信心，失去内部动力。说明个人努力与成绩之间的关系，取决于个人对目标的期望概率，因此对工作目标作出正确估价，具有重要的意义。

期望二：组织应对取得的成绩给予奖励。在实现目标后，人们总是希望得到相应的奖励，以满足个人需要。因此对个人成绩给予及时奖励，有助于提高员工积极性。反之，则会使已经调动起来的积极性消退。

期望三：组织奖励与个人需要相联系。人们希望所获得的奖励能够满足自己需要，但由于人与人之间存在差异，同一奖励，不同人所体验到的满意程度是不一样的。因此应根据个人的不同需要，采取多种形式进行奖励，以满足员工的优势需要。

(2) 公平理论。公平理论是 20 世纪 60 年代由美国心理学家亚当斯提出的。他针对工资报酬分配的合理性、公平性以及对员工工作积极性的影响等问题，阐述了公平理论的观点。

公平理论的基本内容和公式。亚当斯认为：人们总是习惯于把自己所作的贡献和所得的报酬与同自己条件相当的人的贡献和报酬进行比较。如果两者的比较结果相等，就会产生公平的感觉。反之，则产生不公平感而影响工作积极性。用公式表示：

$$\frac{\text{对自己报酬的感觉}(Op)}{\text{对自己劳动付出的感觉}(Ip)}=\frac{\text{对他人报酬的感觉}(Oo)}{\text{对他人劳动付出的感觉}(Io)}$$

这说明，人们的不公平感是通过比较得出的。人们在比较时不仅对工作报酬的绝对值感兴趣，而且更关心报酬的相对值，即：用个人所得报酬与劳动付出之比，同他人所得报酬与劳动付出之比相比较，如果自己感觉二者相等，才会产生公平的感觉。

当公式两侧不等时，即等号（=）变成不等号（≠）时，人们会产生分配不平感。有两种情况：

$$\frac{Op}{Ip}<\frac{Oo}{Io} \qquad \frac{Op}{Ip}>\frac{Oo}{Io}$$

当左侧比值小于（<）右侧时，人感觉自己吃了亏，因而产生不公平感；反之，当左侧大于右侧（>）时个人占了便宜，也会产生另一种不平感，即歉疚感。但此时多数人易心安理得，即使稍感内疚也很快消除。所以，不公平感主要是指人们的“吃了亏”后的感受。

在比较方式上，存在纵向比较和横向比较之分，通常人们能忍受纵向比较的不公平，而不能忍受横向比较的不公平。人们在工作中需要保持分配上的公平感，这样才会心情舒畅，也才会工作努力。一旦产生不公平感，则会放弃以往的各种努力，产生各种不良的行为表现，严重影响工作积极性。

公平感的恢复。人们在认为吃了亏后而产生不公平感时，会感到心理失衡而不安。为了恢复心理平衡，则需要消除造成不公平的根源，才能恢复公平感，达到心理平衡。常见的方法是：

①增加自己的报酬或是减少自己的贡献，以达到人为的公平。

②减少他人的报酬或是增加他人的贡献，以损人利己的方式达到人为的公平。

③在心理上以歪曲事实的方式，自己调整比较的认识，造成主观上的公平假象。也就是通常所说的“阿Q精神”。

④改变比较对象，求得“比上不足，比下有余”的主观解释来自我安慰。

⑤发牢骚、制造事端或是辞职另谋高就等。

无论何种方法，都是人们为了消除不公平感而采取的、具有自我安慰性质的行为方式。但对酒店管理来说，不同方法所产生的压力和后果是不同的，在员工中所造成的影响也是不一样的，要引起注意。

公平感研究的意义。公平感是人们对分配是否公平合理的个人性主观判断，对广大员工来说，是一个较为敏感的问题。一般人们对不公平的心理承受力都偏低，一旦感受不公平，不仅影响其工作积极性，还可能对组织造成消极影响。各

级管理者应当了解、掌握不公平感产生的原因和规律，建立公平合理的奖酬分配制度，使之成为激励的动力而不是阻力。

4．综合激励

由于激励是一个十分复杂的问题，行为主义激励论与认知派激励论各有自己的侧重面，造成了自身难以克服的片面性和局限性。而综合激励理论则是对这两类理论的概括和发展，其目的是克服它们的片面性。综合激励的主要理论包括勒温的“场动力论”、波特和劳勒的“综合激励模型”等，分述如下：

（1）勒温的“场动力论”。心理学家勒温提出的“场动力论”是最早期的综合型激励论。行为主义的激励论强调的是外在激励的重要性，而认知派激励论强调的是内在激励的重要意义。外在激励是指用工资报酬、劳动条件、劳保福利等外部条件，刺激人的积极性。而内在激励是指工作本身的兴趣、价值、成就感等也是产生激励的刺激因素。勒温的场动力论是用以下的函数关系来表述的：

$$B=f\ (P\cdot E)$$

其中：$B$ 为个人行为的方向和向量，$P$ 为个人的内部动力，$E$ 为环境刺激，$f$ 则表示 $B$ 为 $P$ 和 $E$ 的复合函数。

公式表明，个人行为的方向和向量取决于环境刺激和个人内部动力的乘积，任何外部刺激要成为激励因素，要看个人内部动力的强度，两者的乘积才能决定人的行为方向和动力。

勒温比喻外界环境只是一种导火线，是情景的力场之一，而人的需要是一种内部驱动力，人的行为方向取决于内部系统的需要张力与外界引线之间的相互关系。如果内部需要不强烈，那么，再强的引线也没有多大意义。反之，内部需要很强烈，那么微弱的导火线也会引起强烈的反响。

（2）波特和劳勒的“综合激励模型”。1968 年波特和劳勒在弗洛姆的期望理论的基础上，提出了新的综合激励模型。实际上是把行为激励理论的外在激励和认知激励理论的内在激励结合起来的新的激励模型。

他们将激励分为外激励和内激励，并认为：激励过程是一个由外部刺激、个人努力、个人条件以及行为结果、个人满意等相互作用的统一过程。从个人满意又产生对奖励的认识，也就是奖励效价，它反馈到起点对个人努力产生激励影响，成为激励价值。

他们认为：仅有工作积极性不能决定工作成绩，工作成绩的好坏，还要受其他因素的综合影响，如：个人能力与素质的影响。有干劲、热情，又有能力，是搞好工作的基本保证；良好的工作条件，即上级的指导与支持，同事的配合、设备、原材料及时间等条件，是工作的基本保障；个人的角色感知，也就是个人对上级意图与期望的正确领会，因为绩效的好坏是由上级来评价的；个人对奖励公

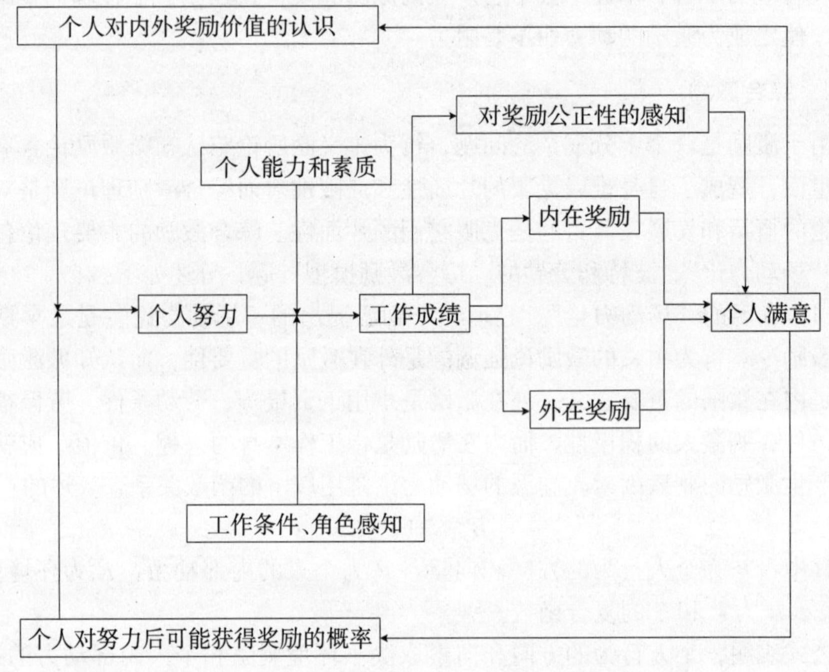


**图 7－3　波特和劳勒激励模型**

正性的感知，即分配公平感等的认识，也是工作的重要影响因素。

波特和劳勒激励模型在企业中已得到应用，其结果表明，上述模型中所列举的各种变量与活动结果之间存在相互联系。在应用上述模型时，能够确定管理活动中领导者的定势作用、个人的价值取向与工作结果之间的联系，为管理者分析所面临的激励问题提供理论指导。

## 第三节　酒店员工的激励方式

激励的根本目的是引导酒店员工提高服务质量和实现组织目标，是酒店管理活动的组成部分之一。激励的各种方法都是围绕管理活动的目的展开的，了解管理的基本活动，有助于掌握与激励过程有关的问题。

### 一、管理的基本活动与工作特性

调动人的积极性是人力资源开发与管理的首要任务，也是提高效率和效益的关键环节之一。在管理工作活动中创造满足员工各种需要的条件，激发员工的积

极性，对实现组织目标有重要的意义。

1．**管理的五项基本活动**

从现代管理的工作要求角度出发，著名管理学家彼得·德鲁克提出，管理有五项基本活动，它们是：

（1）确定工作目标。

（2）组织、协调下属员工的工作。

（3）评定工作成绩。

（4）激励和沟通相互关系。

（5）培养人才。

其中任何一项活动都与员工紧密相关，酒店管理活动的好坏，直接影响员工的工作热情和积极性。好的管理对员工行为起到正强化的作用，反之，则起负强化的作用。每个管理者应当自觉遵守有关规定，按照激励原则，采取恰当的方式，把每一项管理活动都作为激励员工的具体过程来对待。

2．**基本工作特性**

按照激励理论的观点，与激励直接有关的工作特性可归纳为以下五种：

（1）过程中所需技能的多样性。工作过程中所需技能的多样性的多少，是影响员工积极性的重要因素。所需技能种类越少，工作越是单调、乏味，又得不到学习与提高的机会，员工积极性就会下降，甚至不想干。

（2）工作任务的整体性。工作任务的整体性越高，员工从中体验到的成就感也就越高。如果工作被分割得支离破碎，个人很难从工作中感受到自己工作的意义，因而干劲就小。

（3）任务的重要性。所从事的工作越重要，越有意义，员工的工作热情也就越高，干起来劲头也越足。但这必须是员工亲身体会和认识到的事实，他所从事的工作确实重要，受到人们的尊重和羡慕，这样才能真正产生激励作用。

（4）工作权力的自主性。在工作目标、内容和操作方法的决策、实践过程中，让员工积极参与，发挥他们的影响力，赋予他们一定的工作权力，提高他们工作的自主性，能够激励员工的积极性。

（5）工作情况反馈的及时性。能及时准确地向广大员工提供他工作进展和完成的全面情况，让员工及时了解自己的工作结果和组织评价，对工作积极性的调动也具有积极的作用。

## 二、人员激励的原则

激励是复杂多样的，要受到各种内外因素的影响。遵循激励的原则，对在实

践中正确应用激励手段去调动员工积极性有很大帮助，能够取得事半功倍的成效。

**1．目标设置原则**

在激励过程中，设置适当的目标是一个关键的问题。目标设置既要体现酒店的整体任务要求，又要能够满足员工个人的需要，否则所设置的目标难以发挥其激励作用。只有将酒店目标与员工个人需要有机地结合起来，才可能收到良好的激励效果。

**2．物质激励和精神激励相结合原则**

人的需要有物质需要与精神需要之分，相应的激励方式也应该是把物质激励与精神激励有机结合起来，以物质激励为基础，以精神激励为重点，使两者相辅相成。

**3．内外激励相结合原则**

从工作环境条件方面进行激励，是调动积极性的基本保障。而满足员工自尊和自我实现需要，从工作本身激励员工，激发他们的工作自豪感、成就感，充分发挥他们潜力，为其成长和发展创造条件的激励，所产生的工作动力则是最主要的。使内外激励相结合，能够全面、充分发挥激励的功效。

**4．正负强化相结合原则**

强化就是激励，以正强化为主，负强化作威慑。既有助于员工自觉性、自信心的树立，又有助于改正错误，扶正祛邪，形成良好的工作氛围。

**5．激励方式多样化原则**

激励以满足员工的需要为起点，但需要因人而异，因时而异。只有满足员工的主导性需要，其激励强度才大。因此，不存在一劳永逸的激励方法。只有在掌握员工需要层次和需要结构的变化趋势的基础上，有针对性地采取激励措施，才能收到实效。

**6．激励公正原则**

公正是激励的一个基本前提，缺乏公正的激励，奖不当奖，罚不当罚，不仅收不到预期的效果，反而会造成许多消极后果，危害酒店。而所谓公正，就是要做到赏罚严明，赏罚分明。

## 三、激励的具体方式

### 1. 激励的基本方式

（1）奖励和惩罚。奖惩是人员激励的基本形式。其中，奖励是指酒店对员工的良好行为举止或工作表现给予的积极肯定与表彰。奖励作为员工激励的一种手段，目的在于促使受奖励的员工将他们的模范行为加以保持和发扬，并成为全体员工的表率，为振奋员工队伍的士气起到积极的推动作用。

酒店对员工良好表现的奖励，是根据员工激励的基本原则，因需求不同而采取各种有针对性的激励方法与手段，去激发员工的积极性。实际工作中，客观上并不存在对任何员工都适用的激励方法，因此才产生了多种多样的激励方法。

惩罚是一种负激励，是为了纠正员工工作中的不良行为而采取的一种强制措施。应用得当，对不良行为能取到很好的威慑作用。但不能以惩罚为主，只能作为一种辅助手段，否则就会适得其反。

（2）奖励的种类。根据酒店员工在物质、社会与心理等三方面的需求情况，传统习惯把员工的需要简单分为物质需要与精神需要两大类别，因而，激励的方法也相应被分为物质激励与精神激励两类。

物质激励一般包括发放奖金、奖励实物、晋级加薪、旅游、学习培训、出国考察等。

精神奖励：除传统的颁发奖状、获奖证书、奖杯、奖章、锦旗，通报表扬，给予光荣称号和照片上光荣榜等荣誉激励外，现在更多采用的是以满足人的高级需要为主的通过工作本身进行激励的目标激励、过程激励和参与激励等方式。

（3）惩罚规定。为保证正常工作的顺利进行，国家、单位和部门针对干部和员工的行为，分别制定了一些惩罚规定和标准，要求对以下行为可以实施惩罚：

①违反政策、法律、法规、制度。

②违反劳动纪律，经常迟到、早退、旷工，未完成工作任务。

③无正当理由不服从工作分配和调动，或无理取闹，影响正常生产和工作秩序。

④玩忽职守，或造成事故，损害国家和集体利益。

⑤弄虚作假，欺骗组织。

⑥丧失原则，包庇坏人。

⑦贪污、盗窃国家、集体财产。

⑧浪费国家、集体财产，损害公共财物。

⑨滥用职权，以权谋私，造成经济损失。

⑩泄露机密。

⑪索贿受贿，腐化堕落。

⑫其他违法违纪行为。

**2. 奖惩中应当注意的问题**

奖励和惩罚是规范人们行为的有效杠杆，是激励员工的基本手段。但如何恰当运用奖励和惩罚，应当注意以下问题：

(1) 奖励和惩罚不是目的。奖励和惩罚是为实现酒店目标、调动员工积极性的手段。如果把其当作目的来追求，必然偏离正确方向，就会变成为奖励而奖励，为惩罚而惩罚，成为一种“例行公事”。这样的奖惩是不可能收到应有的效果的。

(2) 必须从酒店目标出发进行奖惩。必须从酒店的整体目标出发进行奖惩。反之，如果仅从个人目标或小团体目标出发进行奖励和惩罚，就必然会背离酒店目标，把奖励变为培植亲信、拉帮结伙，甚至是少数人侵吞劳动成果的手段，而把惩罚当作排除异己、打击报复、压制民主的手段。这样的奖励和惩罚，既不可能公正、公平，也不会调动起广大员工的积极性，因而必然丧失其应有的激励功能。

(3) 应坚持以奖励为主，以惩罚为辅。奖励是一种正强化、正激励，能够直接满足员工的物质和精神的需要，对于调动员工积极性是一种比较理想的手段。而惩罚是一种负强化、负激励，是以剥夺人的部分需要的满足来减少或纠正不良行为。这种手段既是必要的，也是有效的，但其局限性较大，具有副作用，会导致被罚者产生挫折行为和挫折心理，影响积极性，甚至使群体人际矛盾激化。因此，应该以奖励手段为主，惩罚手段为辅，惩罚仅仅作为奖励的补充，才会收到较好的效果。

(4) 科学的考核是奖惩的主要依据。公正和公平的奖惩，必须建立在科学的考核基础之上。要定性与定量相结合，应使考评工作科学化、制度化、规范化，才可能准确地判断每个人的功过，才能公正地决定奖励谁、惩罚谁的问题。

(5) 注意奖惩适度。只有奖惩适度才能服众，也才能收到激励效果。如果奖惩无度，小功大奖，则助长人们的侥幸心理。大功小奖，则缺乏应有的激励强度。小过重罚，会加重挫折行为。大过轻罚，不足以纠正非期望行为，也达不到调动广大员工积极性的目的。

要做到奖惩适度，就要求酒店经理们处理事务要出以公心，对广大员工一视同仁，摒除个人恩怨和个人杂念，要实事求是，依规章制度进行奖惩。

(6) 加强思想教育。奖励和惩罚是一种杠杆，借以影响员工的行为。使其更符合组织目标的要求。而人的行为无不受思想的支配，影响行为的关键一环是影响其思想。这就要求将思想工作贯穿于奖惩工作的全过程。这不仅能进一步提高

员工队伍的思想道德素质，而且还能减轻、消除员工的挫折心理、挫折行为以及所产生的不良后果。

### 3. 奖惩技巧

（1）奖励的技巧。

①对于不同的员工应采用不同的激励手段。对于低工资人群，奖金的作用就十分重要。对收入水平较高的人群，则以晋升其职务、授予其职称以及尊重其人格、鼓励其创新、放手让其工作来进行奖励，会收到更好的激励效果。对于从事笨重、危险、环境恶劣的体力劳动的员工，搞好劳动保护、改善其劳动条件、增加岗位津贴等都是有效的激励手段。

②注意奖励的综合效价。尽量使物质奖励与精神奖励相结合，使获奖人不仅在物质上得到实惠，而且在精神上受到鼓励，激起荣誉感、光荣感、成就感和自豪感，从而使激励效果倍增。

③适当拉开奖励的档次。档次过少易变成平均主义，会失去激励作用。应尽量使奖励与贡献相匹配，使员工感到公正，才会真正使先进者有动力，后进者有压力。

④引导员工对自己的成绩作出客观估价。当进入评比发奖阶段时，一般员工的期望概率往往偏高，这时的工作是促使大家冷静、客观，使期望概率降到比较接近实际，以防止诱发一系列挫折心理和挫折行为。

⑤注意挫折心理的疏导。对可能出现挫折感、失落感的员工，应及时进行疏导。疏导的主要方法是目标转移，树立新的目标，淡化过去，着眼未来。

⑥注意公平心理的疏导。员工总是以主观的判断来看待是否公平，即使客观上奖励很公平，也仍有人觉得不公平。因此，必须注意对员工公平心理的疏导，引导大家树立正确的公平观。

⑦恰当地树立奖励目标。在树立奖励目标时，要坚持适当的标准，既不可太高，又不可过低。过高使期望概率降低，过低则使目标效价下降。

⑧注意掌握奖励时机和奖励频率。奖励时机直接影响激励效果，奖励频率过高和过低，也会削弱激励效果。奖励时机和奖励频率的选择要从实际出发，实事求是地确定。一般来说，对于任务复杂、难度较大，或是任务不明确、需长期努力的工作，奖励频率宜低，而对于任务简单、容易完成的，或是任务明确、短期见成效的工作，奖励频率宜高。

⑨重视团体激励。在现代酒店企业活动中，组织目标的实现，员工个人的尊严与成就，都需要经过群体的共同努力才能得以实现。因此，重视团体激励，有利于在员工中形成统一的思想认识，增强群体凝聚力，提高团体竞争与合作的能力。

(2) 惩罚时应当注意的问题。

①不能不教而诛。应把教育放在前边，只对屡教不改或造成严重后果者实施惩罚。

②尽量不伤害被罚者的自尊心。惩罚的方式要有所选择，防止恶意伤人。

③不要全盘否定。不要因错误就全面否定个人的工作和长处。

④不能掺杂个人恩怨。不能在惩罚中掺杂个人好恶和恩怨，更不得以执行纪律为名行打击报复或排除异己之实。

⑤打击面不可过大。应本着帮助、教育的原则，尽量缩小打击面，扩大教育面。

⑥不能以罚代管。惩罚只是管理的一个环节，有副作用，不要过分依赖惩罚去推动工作、树立领导权威，更不应以惩罚代替全面的管理。

⑦不可以言代法。是否该罚，不能由领导者主观决定，而要坚持依法办事，确保惩罚权不被滥用。

⑧将原则性与灵活性相结合。坚持原则，执法要严，在不违背规章制度的前提下，一定的灵活性是完全必要的。惩罚中讲究灵活性就是要严得合理、严得合情，达到教育一大批的目的。原则性与灵活性结合得好坏，是管理艺术及管理水平的重要标志。

## 四、物质激励和精神激励的具体方式

物质激励和精神激励都是重要的激励手段。它们通过满足员工的生理、安全、社交、尊重和自我实现的需要，来调动员工的工作积极性。在实践中酒店实施奖励办法可根据单位、部门的具体环境与条件而确定。一般可采取物质奖励与精神奖励相结合的行之有效的方法：

### 1. 物质激励方式

(1) 发奖金。发奖金是最普遍采用的物质奖励方法，但如果应用不恰当，如滥发奖金，不但起不到激励员工的作用，相反还会使员工片面追求物质刺激，形成不良风气。

(2) 实物奖品。对先进员工颁发具有纪念性的实物奖品，一定程度上比发奖金更有意义。可是，滥发实物也会使激励功能失去积极的效果。

(3) 晋级和加薪。对于工作表现优秀的员工，除了给予规定的奖励外，晋升加薪也是必要的配套措施。但必须按照晋升职位的岗位要求来确定员工晋升资格，并经必要的审批手续，才可对员工予以晋级加薪的激励。

(4) 满足多种需要的物质奖励形式。除了传统的奖金、奖品等物质奖励办法外，酒店可采用休假、赴外地参观、考察、旅游或疗养等形式，作为奖励先进员

工的方法。这不仅能够调节员工的紧张情绪，而且能够开阔眼界，提高员工素质。

### 2．精神激励

传统精神奖励的形式，一般是颁发奖旗、奖状，授予称号，发布通告，书面表彰或召开员工大会通令嘉奖，也可在酒店员工杂志、报纸或广播中予以表彰。应用得当能收到事半功倍的激励效果，但如果流于形式或滥用则失去其作用。

为提高精神激励的作用，应当把精神奖励与员工的高级需要结合起来，才能收到更好的激励效果。在工作中，常采用以激励特点划分的各种方式进行激励：

(1) 目标激励。设置既体现组织的任务要求，又能满足员工个人的需要，把组织要求与个人需要结合起来的企业目标，是企业凝聚力的核心。它体现员工工作的意义，预示着企业光辉的未来，让全体员工看到自己工作的巨大社会意义和光明的前途，从而激发大家强烈的事业心和使命感。

在应用目标激励时，要注意目标效价和期望概率的关系，尽量使两者保持较高水平。并让大家了解，只有在完成企业目标的过程中才能实现个人目标，事业有了发展，效益有了提高，相应地员工的工资奖金、福利待遇才会有改善，使大家真正感受到“店兴我富，店兴我荣”的道理，从而激发出强烈的归属意识和巨大的劳动热情。

(2) 过程激励。人的自我实现需要的满足，是通过从事自己想干、能干的工作，从工作本身获得的。特别是在各方面条件都较好的旅游酒店行业，员工十分关注工作本身的吸引力、创造性、挑战性，工作内容是否丰富多彩、引人入胜，在工作中是否会感受到生活的意义，在工作中能否取得成就、获得自尊、实现自我价值等等。

通过“工作设计”，使工作内容丰富化和扩大化，用工作本身来提高员工积极性，就是为了更好发挥过程激励的作用。实践中有许多有效办法，如内部双向选择，选择自己满意的工作，根据员工兴趣爱好，为其调整工作岗位等，均收到了较好的激励效果。

(3) 角色激励。角色激励就是让个人通过对角色行为规范的认识，自觉担负起特定角色应负的责任，“重任在肩”，激发他们因为角色责任而努力工作。

(4) 荣誉激励。荣誉是组织对个体或群体的崇高评价，是能满足人的自尊需要，激发人们奋力进取的重要手段。自古以来人就重视名节，珍视荣誉。

授予“先进工作者”、“礼仪小姐”、“五好标兵”、“礼貌大使”、“优秀青年”等荣誉称号，激励先进个人和集体，也激励更多的有进取心的人们。在实际工作中，可以灵活地运用荣誉激励手段。

(5) 兴趣激励。兴趣对人们的工作态度、钻研程度、创造精神的影响很大，往往与求知、求美和自我实现密切相连。在管理中重视兴趣因素会取得很好的激励效果。

在酒店内部，建立各种兴趣小组，吸收具有各种爱好的员工在一起活动，如为喜欢钻研技术、热心于技术革新的员工成立“技改小组”、“TQC小组”，不仅使他们能够满足自己的兴趣爱好，而且还可激发参与感、归属感，增加其主人翁责任感。许多企业由工会出面，组织摄影、体育、舞蹈、棋类、书画、集邮等兴趣小组使员工的业余爱好得到满足，增进了人员之间的感情交流，感受到企业的温暖和生活的丰富多彩，大大增加了员工的归属感、依赖感，满足了员工社交需要，有效地提高了企业的凝聚力。

(6) 参与激励。让员工参与管理能最大地激发员工的主人翁精神，把员工摆在主人的位置上，尊重他们，信任他们，把企业的底牌交给他们，让他们在不同层次和不同深度上参与决策，吸收他们的正确意见，全心全意地依靠他们办好企业。这在管理学中叫“参与激励”。通过参与，增强员工对企业的归属感、认同感，进一步满足自尊和自我实现的需要。

员工参与企业重大决策，建立“奖励员工合理化建议”制度，是行之有效的参与激励形式。

(7) 感情激励。感情因素对人的工作积极性有重大影响。感情激励就是加强与员工的感情沟通，尊重员工、关心员工，与员工之间建立平等和亲切的感情，让员工体会到领导的关心、企业的温暖，从而激发出主人翁的责任感和爱店如家的精神。

感情激励的技巧在于“真诚”二字。常见的感情激励形式很多，如员工生日领导亲自祝贺，送生日蛋糕、生日卡，举办生日晚会、生日舞会等，为员工排忧解难，为员工办实事，送温暖活动等。

(8) 榜样激励。模仿和学习也是一种普遍存在的需要，其实质是完善自己的需要，这种需要对青年尤为强烈。榜样激励是通过满足员工的模仿和学习的需要，引导员工的行为到组织目标所期望的方向。

榜样激励的方法是树立企业内的模范人物形象，号召和引导模仿学习。树立和宣传劳动模范时，切忌拔高、理想化，搞成“高、大、全”，也不要躲躲闪闪，不敢充分肯定，使英模身上的光彩人为地淡化。这两种倾向都违背了实事求是的原则，因而都缺乏号召力、感染力。

**3．激励的综合应用**

以上是激励的常见做法。在实际工作中，应该针对不同情况，从实际出发，综合地运用一种或多种激励手段，才能收到事半功倍的效果。这是因为人有多种需要，有物质的、精神的需要；有外在的、内在的需要；有生理、安全、社交、

尊重、自我实现的需要；有生存、关联、成长的需要等。激励就是通过满足个人的需要来调动员工的积极性和主动性。酒店行业特别是涉外旅游酒店，在工作条件、工资报酬、福利待遇等方面具有优越性，对员工具有较强的吸引力。酒店应充分利用这一优势，激励员工的积极性。这就要求：

（1）为员工创造良好的工作环境。要充分利用酒店优越的设施与设备条件，使员工能在良好的工作环境中心情舒畅、精力集中地工作，从而激发他们的工作热情，使其能较好地完成本职工作。

（2）创立宽松而融洽的人际环境。酒店主管人员要重视内部人际关系，注意改善领导作风，尊重和关心员工的工作、生活，搞好员工集体福利，解除后顾之忧，在员工遇到困难和挫折时给予及时鼓励与支持，使员工感到集体的温暖、组织的关怀。

（3）工作安排得当，工资报酬合理。应坚持各尽所能、按劳分配的原则，建立合理的工资及奖金分配制度，充分体现按劳分配、多劳多得的分配原则。

（4）搞好员工培训，为员工个人发展创造条件。酒店在激烈的行业竞争中，要提高员工业务素质，而广大员工有上进的需求。人力资源管理部门应针对员工的上进心，制定培训计划，鼓励员工通过培训获得个人发展的机会，激发员工的事业心，为酒店培养大批业务能力强、忠实可靠的员工队伍。

（5）注重企业文化建设。以企业精神、共同的价值观念来协调、激励每个员工的自主精神与创新意识，使他们齐心协力为完成酒店目标而奋斗。成功的企业精神是酒店经营的精神支柱，是酒店员工的向心力与凝聚力，成为“企业生存的基础、发展的动力、行为的准则、成功的核心”，卓越的企业文化对员工的精神激励作用是难以估量的。

（6）以信任和尊重激励员工。要以人为中心进行管理，靠激发员工的积极性来改善酒店的服务质量，提高企业的管理水平与竞争能力。相信人、尊重人、尊重每个员工的人格，承认他们的工作成绩和对酒店的贡献，他们才会感到工作的意义和自我的价值，从而提高员工的自信心与责任意识。

在酒店管理中，员工激励的方法是多种多样的，酒店各部门、各级主管必须针对员工的具体情况，选择恰当的方法，才能使激励产生实效。

## 本章小结

1．激励是指利用和创造各种条件对个体进行刺激，从而使其内部激发出相应能量来推动行为，以响应外部的刺激。激励是一种复杂的现象，它涉及人的需要、动机、态度、价值观等，还受到员工个人特点以及社会文化背景等因素的影响。从管理角度讲，便是酒店尽可能地创造和利用能满足员工各种需要的条件，

激发员工的工作动机，促使员工产生实现酒店目标的特定行为的过程。通俗地说，就是激发士气、干劲，调动广大员工的积极性和创造性，以提高酒店的服务质量和工作效率。

2. 行为周期是指人的行为的发生是由内在的需要所引起的，在外部因素的诱导下，需要转化为动机，动机推动行为，行为指向目标，通过努力达到目标，满足人的需要，又在新的需要驱使下开始新的行为周期，由此循环往复。

3. 需要是被人感知到的、对一定的生活与发展条件的要求和欲望。或者说需要是有机体对某种生活条件的要求在人脑中的反映。需要是一种心理状态和倾向。当人感知缺乏这种条件时，心里会产生紧张与不安，心理状态失去平衡。为了消除紧张，恢复心理平衡，人必须采取某种行动。因此，需要是行为的源泉和出发点，正是由于需要的存在，人们才会以一定方式，在一定方面采取行动。而动机是与需要有关的、推动人的行为活动去达到一定目标的心理动力，是需要的具体化，或者说是当需要一旦被人意识到，并赋之以行动，需要就转化为动机，以动机的形式表现出来。

4. 构成人的行为过程的因素是：需要、动机、行为、目标、满意感、反馈和外部因素的诱导等。人的行为是在感受到某种需要不能满足时所形成的动机推动下产生的，行为具有方向性、指向性，总是指向能够满足需要的目标，行为终止于需要的满足。

5. 从需要着手，去研究、探索有关激励的理论、原则和方法，是完全符合人的心理活动规律的有效途径。从管理的角度，对与工作关联性较大的需要进行分类：(1) 外在需要和内在需要。这种分类方法抓住了不同需要的本质特征。外在性需要与内在性需要的区别在于：外在性的需要不能在工作活动本身中求得满足，能满足它们的东西存在于工作之外，控制在组织、领导与同事手中，因而工作只是人们用来满足外在性需要的手段，如金钱和表扬虽然分别为物质性与精神性的东西，但同样只能满足人的外在需要；(2) 内在性需要则相反，它们的满足是通过个人在工作活动中的体验来实现，属于精神性的东西，能够满足人的高级需要。

6. 马斯洛的“需要层次论”。马斯洛把人的需要分为五类：①生理需要；②安全需要；③社交需要；④尊重需要；⑤自我实现需要。在人的需要层次中，生理、安全、社交需要是通过外部来获得满足的，因此属于人的低级需要，而尊重、自我实现需要则只能通过人的内部来获得，属于人的高级需要，而且它们永远不能够完全得到满足。

7. 需要和动机的特点包括：需要的多样性；需要的层次性；需要的过程性以及激励的目标导向性等。

8. 在酒店管理过程中，把员工激励作为人事管理的日常业务的重要一环，

是因为员工激励具有重要作用，表现为：激励是调动员工积极性的主要手段；是提高人员素质的有力杠杆；是形成良好的组织文化的有效途径。对一个现代酒店企业而言，具有重要的现实意义。

9. 人员激励理论可分为：外部行为激励理论、认知激励理论、综合激励理论等。其中，行为主义激励理论侧重行为的发生过程；认知派激励理论侧重人的内在感受；而综合型激励理论则是在前两类理论的基础上，进行了概括和发展。

10. 内容型激励理论是认知派激励理论的组成部分。认知激励理论认为，把行为简单地看成是人的神经系统对客观刺激的机械反应，这不符合人心理活动的客观规律。而应当充分考虑人的内在因素，诸如思想意识、需要、兴趣、价值等。将认知心理学理论应用于管理中，就形成了：内容型激励理论和过程型激励理论两类。其中，内容激励理论着重研究激发动机的因素，属于这一类型的包括：马斯洛的“需要层次论”，阿尔德弗的“生存、关联、成长理论”，麦克利兰的“成就需要论”，赫茨伯格的“双因素理论”等。

11. 过程型激励理论着重研究从动机的产生到采取行动的心理过程。属于这一类型的理论包括：弗洛姆的“期望理论”、亚当斯的“公平理论”、杜拉克等的“日标设置理论”以及海特的“归因理论”等。过程型激励理论是以“外在的目标”去激励职工。

12. 期望理论是一种过程型的激励理论。它是由弗洛姆在 1964 年出版的《工作与激励》一书中首先提出来的。认为：人的积极性的高低，取决于他个人对目标价值的估价和对自己实现目标可能性的主观判断。这一理论可用下列公式表示：激发力量 = 效价（目标价值）× 期望值（期望概率）。根据人的期望模式，为有效激发员工积极性，关键是要处理好以下三种关系：个人应对工作目标作出正确估计；组织应对取得的成绩给予奖励；组织奖励与个人需要相联系。

13. 公平理论是 20 世纪 60 年代由美国心理学家亚当斯提出的。他针对工资报酬分配的合理性、公平性以及对员工工作积极性的影响等问题，阐述了公平理论的观点。认为：人们总是习惯于把自己所作的贡献和所得的报酬与同自己条件相当的人的贡献和报酬进行比较。如果两者的比较结果相等，就会产生公平的感觉。反之，则产生不公平感而影响工作积极性。

14. 综合激励理论是对行为主义激励理论与认知派激励理论的概括和发展，其目的是克服它们的片面性。综合激励的主要理论包括勒温的“场动力论”、波特和劳勒的“综合激励模型”等。

15. 波特和劳勒的“综合激励模型”。将激励分为外激励和内激励，并认为：激励过程是一个由外部刺激、个人努力、个人条件以及行为结果、个人满意等相互作用的统一过程。从个人满意又产生对奖励的认识，也就是奖励效价，它反馈到起点对个人努力产生激励影响，成为激励价值。仅有工作积极性不能决定工作

的成绩，工作成绩的好坏，还要受其他因素的综合影响。

16．遵循激励的原则，对在实践中正确应用激励手段去调动员工积极性有很大帮助，能够取得事半功倍的成效。人员激励的原则包括：目标设置原则；物质激励和精神激励相结合原则；内外激励相结合原则；正负强化相结合原则；激励方式多样化原则和激励公正原则等。

17．奖励和惩罚是人员激励的基本形式。其中，奖励是指酒店对员工的良好行为举止或工作表现给予的积极肯定与表彰。奖励作为员工激励的一种手段，目的在于促使受奖励的员工将他们的模范行为加以保持和发扬，并成为全体员工的表率，为振奋员工队伍的士气起到积极的推动作用。惩罚是一种负激励，是为了纠正员工工作中的不良行为而采取的一种强制措施。应用得当，对不良行为能取到很好的威慑作用。但不能以惩罚为主，只能作为一种辅助手段，否则就会适得其反。

18．奖励和惩罚是规范人们行为的有效杠杆，是激励员工的基本手段。但如何恰当运用奖励和惩罚，应当注意以下问题：(1) 奖励和惩罚不是目的；(2) 必须从酒店目标出发进行奖惩；(3) 应坚持以奖励为主，以惩罚为辅；(4) 科学的考核是奖惩的主要依据；(5) 注意奖惩适度；(6) 加强思想教育。学会应用奖惩技巧。

19．物质激励和精神激励都是重要的激励手段。在实践中酒店实施奖励的办法可根据单位、部门的具体环境与条件而确定。一般可采取物质奖励与精神奖励相结合的方法：物质激励方式包括：(1) 发奖金；(2) 实物奖品；(3) 晋级和加薪；(4) 满足多种需要的物质奖励形式等。传统精神奖励的形式，一般是颁发奖旗、奖状，授予称号，发布通告，书面表彰或召开员工大会通令嘉奖，也可在酒店员工杂志、报纸或广播中予以表彰。为提高精神激励的作用，应当把精神奖励与员工的高级需要结合起来进行激励：(1) 目标激励；(2) 过程激励；(3) 角色激励；(4) 荣誉激励；(5) 兴趣激励；(6) 参与激励；(7) 感情激励；(8) 榜样激励等。

20．激励的综合应用要求：(1) 为员工创造良好的工作环境；(2) 创立宽松而融洽的人际环境；(3) 工作安排得当，工资报酬合理；(4) 搞好员工培训，为员工个人发展创造条件；(5) 注重企业文化建设；(6) 以信任和尊重激励员工。在酒店管理中，员工激励的方法多种多样，必须针对员工的具体情况，选择恰当的方法，才能使激励产生实效。

## 案例分析

【案例1】

### 委屈奖①

安徽省芜湖市铁山宾馆，是该市对外接待的主要窗口，也是国内第一家对员工颁发“委屈奖”的宾馆。

20世纪90年代初，宾馆总经理在一次部门经理会议上，要求与会人员对宾馆的工作发表见解。客房部经理首先发言：“宾馆既接待政府重要客人，又面向社会大众，其中不少客人素质不高，在馆内寻衅惹事，酗酒胡闹，我们对员工强调客人总是对的，可是有些客人实在太不像样。员工时常受到客人的无理指责和谩骂，但他们却不能争辩……”

客房部经理的话音未落，餐饮部和前厅部的两位经理相继发言，一连举了好几个例子，支持他的看法。

“我想，‘客人是上帝’是服务宗旨，我们万万丢不得，但我们也不能让自己的员工整天‘哑巴吃黄连，有理说不出’。员工毕竟也是人，是有情感有思想的人啊！我们作为管理人员应该清醒地看到，我们大部分员工干得很出色，但在各自的岗位上却还常常受委屈。要是他们在社会上，他们至少可以据理力争，辩个是非分明，可是他们牢记酒店的服务宗旨，坚持把‘正确’让给客人，而自己只能回到房间独个儿偷偷流泪。这是为什么？这是为了我们的酒店，他们是为了酒店的利益才委曲求全啊！在这种情况下，如果酒店领导不去理解他们，关心他们，给他们以温暖，不让他们在客人那儿受到的气彻底泄掉，又何以谈得上让他们爱岗敬业呢？”

客房部经理的这番话，使所有与会者的情绪都高昂起来，大家对此进行了讨论，最后，一致通过新增一个奖励项目——委屈奖，向在给客人服务过程中由于客人无端寻事而蒙受委屈的服务员颁发奖金，作为对受委屈员工的鼓励和关心。

这个措施公布一个月后，第一个被表扬者是客房部一服务员。她被一位台湾客人指控偷窃财物，事实是这个客人喝醉了酒，打电话给大堂经理，说他放在旅行袋里的两瓶好酒被服务员拿走了，然而第二天客人酒醒后回忆起两瓶酒是自己送朋友了，向服务员道歉。宾馆领导嘉奖该服务员为维护宾馆形象忍气吞声承受委屈，特发给奖金，并张贴红榜公布事迹。

此后，铁山宾馆的服务员每每想到只要自己按宾馆的规定去做，受了委屈领导与同事都能予以理解，这样他们便不再觉得孤立了。

① 选自蒋一帆等著：《酒店管理180例》，东方出版社1997年版。

**评析：**

我国旅游酒店走在服务行业的前列，率先提出与国际接轨。对于广大酒店从业人员来说，这是一项既光荣又困难的工程。因为酒店的入住客人中有一部分素质不高，他们自身的修养差，缺乏良好的卫生习惯，出言不逊，不懂得尊重别人。他们在酒店下榻期间，服务员难免会吃上许多"冤枉官司"。酒店里强调的是"宾客至上"，服务员不能与客人平起平坐，也不能对客人说一个"不"字，这是服务员在酒店中的角色地位所决定的。他们必须这样做，别无选择，于是服务员蒙受委屈、代人受过的事情时有发生。

酒店在教育培训员工树立服务意识、提高服务质量的同时，还要在精神和物质上关心他们，使他们获得心理上的平衡。然而，事实上许多酒店只是在员工培训方面不惜工本，而对员工在客人那儿受气的事情不闻不问，服务员在这样的环境内很难始终如一地向客人提供微笑服务或情感服务，至于长期提供超常规服务则更困难。在这样的酒店里，服务质量不可能一直保持在高水平上，最终受害的还是酒店自身。

铁山宾馆领导在坚持"宾客第一"的同时，还强调"员工第一"，这是提出委屈奖的重要基础。据宾馆领导介绍，自从委屈奖设立以来，铁山宾馆的服务质量更高、更稳定了，员工脸上的笑容更加甜蜜了。全国酒店同行纷纷效仿，委屈奖为越来越多的酒店所采用。

**问题：**

1．你对铁山宾馆客房部经理的讲话有何看法？

2．你对"委屈奖"的设立如何看待？是否有其他更好的办法？

**【案例 2】**

### 只能有一把"尺子"①

某酒店的客房部黄经理接到主管的报告，说有个员工私拿工作车上的小肥皂、牙刷和沐浴液。黄经理把那位服务员叫来，经查问，情况属实。该员工因一个朋友的索要，不好意思拒绝，便趁客房服务员在打扫房间时，偷偷藏了一些在口袋中，想不到被人看见并告诉了主管。

根据酒店规定，又考虑到那位员工以前的表现，黄经理决定对他扣除 50 元奖金并警告一次。还在内部公布了这一处分决定。对此，全店上下均认为

① 选自蒋一帆等著：《酒店管理 180 例》，东方出版社 1997 年版。

合情合理，连受处罚员工本人也口服心服。客房部还用这一反面例子在全体员工中进行了一次教育。

半个月后，客房部主管又来报告黄经理，说10楼姓侯的领班在检查房间时，当着一位服务员的面，拿了两小瓶洗发露。因为客房部原有的洗发露存货已全部用完，这次进的货是一种新产品，质量相当不错，小侯说她想试用一下，如果效果好，也去给家里买一些。黄经理接到这一报告后有点不相信，一是刚刚才处理过类似事件，二是领班小侯进店时间较长，表现始终比较突出。于是他约小侯下午4点在他办公室谈话。这几天黄经理由于家逢喜事，心情舒畅，经常春风满面。4点整，小侯来到黄经理的办公室，心里七上八下，责怪自己贪小便宜，一时糊涂，还不知道要受什么处分呢？

"小侯，请坐下。别把脸拉得这么长，不就是两小瓶洗发露嘛！人孰能无过？认识了就好，下次不要再犯了，听见吗？"黄经理那轻松的心情使讲出的话格外亲切。小侯没想到事情这么容易便解决了，她向黄经理保证此后再也不私拿酒店任何一件东西。

第二天，客房部员工纷纷议论开来，认为黄经理偏袒小侯，厚此薄彼、执法不公。

**评析：**

酒店的各种规章制度具有极强的严肃性和权威性，它们通常被视作酒店的法律，包括总经理在内的每一位员工在规章制度面前必须人人平等，如有违反，应一视同仁。

本例中客房部黄经理在处理第一起私拿酒店低值易耗品时表现了很强的原则性，因此赢得了员工的一致称赞。说明他对酒店各种制度、条例的运用具有一定的政策水平。但半月后，同样问题却没有得到很好解决，黄经理的威信、责任会下降，群体的凝聚力也会减弱，最终结果就很难预料了。

因此，管理者手中用以奖惩员工的尺子无论何时何地都应该始终如一，它与管理者的情绪毫无关系，与奖惩对象和管理者的私交同样毫无关系。

**问题：**

1. 客房部经理对下属员工错误的不同处理应如何评价？
2. 在工作过程中，怎样才能防止此类情况发生？应当采取什么措施？

## 练习题

1. 什么是激励？
2. 什么是需要和动机？它们与人的行为有什么关系？

3．从管理的角度，如何对与工作关联性较大的需要进行分类？

4．人员激励理论可分为哪几种类型？

5．简述内容型激励理论的内容。

6．试分析过程型激励理论的特点。

7．简述综合激励理论。

8．人员激励所遵循的原则是什么？

9．运用奖励和惩罚手段，应当注意哪些问题？

10．试述激励综合应用的基本要求。

# 员工薪酬管理

**本章提示与学习目的：**

员工薪酬是指工资、奖金和福利待遇，这对于酒店来说是其经营成本的一部分，是酒店用来吸引人才，激励员工认真工作的重要手段，对于酒店员工来说，是生存的物质条件，是在酒店工作的最基本的要求，同时工资高低也是对自己工作成效的一种检验。员工是酒店的主体因素，员工素质的高低、工作的热情及认真程度直接影响着酒店的声誉与效益，而劳动报酬又与员工的工作态度与服务质量紧密相关。因此，酒店经营的好坏与员工工资、奖金和福利待遇管理的好坏有直接的关系。员工工资、奖金和福利待遇也是酒店人事管理中一项重要的内容。通过本章学习，首先了解有关工资的问题，如含义、特点、作用等；区分计时工资与计件工资；掌握员工工资的基本构成以及影响工资等级、工资分配标准的主要因素；了解奖金的含义、作用、特点以及工资与奖金的区别和奖金标准的制定；重视酒店员工的福利待遇问题，认识福利待遇的必要性和提高员工福利待遇的公正形式；注意奖酬分配的公平性和激励性，预防不公平导致的后果，分析影响奖酬分配制度的主要因素等，是我们学习这一章的目的。

## 第一节　工资管理

### 一、工资的性质与作用

#### 1. 工资是劳动的报酬

工资是劳动者在为他人劳动后领取的报酬。在市场经济体制下，工资是劳动力价值或价格的转化形式，是劳动力这一特殊商品的价值的货币表现。工资的产生需要具备的条件有二：一是劳动者是不拥有生产资料的自由人，缺乏独立谋生的某种条件；二是生产资料的拥有者缺少劳动力，需要雇佣劳动者与生产资料相结合进行劳动以取得收益。原始社会、奴隶社会、封建社会不存在工资范畴，资本主义社会的工资制度是资本家与工人之间的劳动关系，社会主义制度下的工资是国家根据每个劳动者为社会所提供的劳动数量和质量，有计划地分配给每个劳动者的一部分社会产品的货币表现。

工资具有二重性，即对于雇主来说，是生产过程中所投入的可变资本，它与不变资本共同构成生产成本，因而是一种支出。工资对于员工来说，是收入，是生活资料的主要来源和决定其生活水平的主要因素。

**2．工资的作用**

(1) 劳动监督作用。由于工资是劳动力价值或价格的表现形式，劳动力付出的多少就是获取工资多少的凭据，在社会主义条件下，工资的支付体现了“多劳多得，少劳少得，不劳动者不得食”的监督作用。正是有了工资的这一基本职能，劳动者才能自觉地认真工作，努力付出。为了得到工资，每一个劳动者都必须参加劳动，都必须通过自己的劳动付出而获取报酬，从而达到维持生活进而改善生活的目的。

(2) 生活保障作用。由于工资是劳动者经济收入的主要来源，劳动者在劳动中脑力与体力的消耗必须通过工资收入的消费得到补偿，必须通过获取工资得到基本生活的保障，从而保证劳动力的生产和再生产。

(3) 检验劳动成效的作用。工资不仅能对劳动者的劳动进行监督，而且还能对劳动者劳动的成效进行检验，对劳动者脑力与体力的支出程度与产生的效果进行评价，承认其能力或负担的责任，能力越高，责任越大，其工资水平就越高。

(4) 激励工作才能的作用。工资水平的高低是一个人工作能力的表现，也是社会地位高低的依据之一，工资越高，劳动者从社会中所得到的回报就越大，生活水平就越高。因此，工资能起到促使每一个劳动者积极努力工作、熟练业务技术、提高工作效率、提高自己的经济和社会地位的作用。这样，为了得到尽可能高的工资，每一个劳动者尽可能挖掘和发挥其聪明才智，尽可能地在工作中取得成效，从而一方面提高了自己的经济收入、社会地位和生活水平，另一方面为社会创造更多的财富，促进了整个社会经济的发展。

(5) 促进劳动力的合理流动。可以科学地运用工资来引导劳动者向合理的方向流动，从而达到劳动力资源的合理配置，充分发挥劳动力资源的作用。由于劳动者对于工资的追求，促使社会发展中能提供相对高工资的效益好的部门或企业、新兴的产业、就业环境好的企业或部门受到劳动者的青睐，从而促进劳动力向这些部门或企业的流动与调剂，而一些有实力、发展前景好的企业出于加速发展的要求，可以采用高工资吸引人才，留住人才，从而达到迅速扩充企业实力的目的，而效益差的企业或部门由于不可能提供合适的工资而造成人员的流出与分散，这一方面减轻了企业的压力，另一方面也促进了劳动力的合理流动，促进了

整个社会生产率的提高。

## 二、工资的种类与构成

### 1．工资的种类

工资一般可分为计时工资和计件工资，在酒店多使用计时工资。计时工资与计件工资都是古老的工资制度，在马克思的《资本论》中早有论述。

(1) 计时工资。计时工资是按劳动时间支付的工资，如日工资、周工资、月工资等，计时工资制最通常是以小时为单位计算员工工资，然后以月或年支付，即月工资和年薪。计时工资的单位工资标准的确定一般是依据各种技术标准，劳动的复杂程度、负责程度和繁重程度等，经过评价和换算所得出。计时工资的计算办法用公式表示为：

计时工资＝员工所在岗位（职务）的单位时间工资标准×员工个人实际有效劳动时间

计时工资的高低主要取决于员工本人技术业务水准和所在岗位（职务）的工资标准，工资标准一经确定具有一定的稳定性，同等级工资标准的员工工资收入取决于劳动时间，因此，计时工资有利于提高出勤率，有利于稳定员工收入，有利于员工不断地提高自己的技术和业务水平，提高工作效率。

在酒店之所以多采用计时工资，是由酒店的工作性质所决定的，由于酒店主要提供的是服务，提供的服务又往往需要多个人的相互配合来完成，而服务的劳动成果是难以准确计量的，而且，在酒店服务质量往往比服务数量更重要，质量的好坏更是难以用实物来衡量的，因此，酒店对员工工资的支付多采用计时工资，即根据员工每月出勤率的情况支付工资。

(2) 计件工资。计件工资是按工人生产的产品件数或完成的工作量支付的工资。它一般取决于计件单位和员工从事某项工作的劳动工作量。计件单位可以有个人计件和集体计件。个人计件形式用于生产过程可以独立操作完成的工作，集体计件用于由设备性能或制作工艺所决定的无法由个人单独操作完成的工作。计件工资的单位标准工资即员工每完成一件合格产品或每一单位量工作时应得到的计件工资额，也就是计件单价，是由工作量等级标准相应的单位时间工资标准和产量劳动定额（工作量）决定的。计件工资的计算公式为：

个人计件工资＝个人生产合格产品数量×规定的计件单价

由于计件工资是以劳动者完成的工作量的多少来计算的，工资的多少直接反映在具体的实物形态上，产品的数量能够单独准确地统计并反映员工的劳动量，

一个人的工作能力与效率可以直接反映在工资额上，因此计件工资比计时工资更容易调动劳动者的积极性，更容易体现“多劳多得”的劳动原则，更有利于持续提高工作效率。

在酒店也有少数部门可以实行计件工资，如客房部，对于客房的清洁卫生可以按工作量分配给个人，规定一个人负责多少个客房的卫生，然后根据完成情况支付工资。计件工资需要特别注意的是要随时注意检查工作质量，要注意防止仅仅为了追求数量而忽视质量的情况。一旦发现质量问题，应该进行处罚，按一定比例从工资中扣除。

**2．工资的构成**

员工的工资一般是由基础工资、职务（岗位）工资、工龄工资、技术津贴及各种补贴所构成。现阶段我国酒店中适用于正式员工（包括合同制员工）的工资，都是这种工资构成，也称为结构工资制。

(1) 基本（基础）工资。它是保证酒店员工基本生活需要的一部分劳动报酬。用以保证员工的最低生活水准。基本工资对酒店的每一个员工都执行统一的标准，其数额的多少一是要根据物价水平的变动，二是要满足员工不断增长的生活水平的需要适时进行调整。

(2) 岗位（职务）工资。它是根据酒店员工所承担的责任大小，所担任的职务高低来确定的。是对员工履行了其基本职责而作出的贡献的酬金。酒店就像一个小社会，等级是十分分明的。所担任的职务不同，所担负的责任不同，反映其在酒店的地位、衣着就不同，而且工资差异也是比较大的。这一差异主要反映在岗位（职务）工资上。如酒店总经理与各部门的经理其工资差异就十分大，一般来说，总经理级的职务工资可以是部门经理职务的2—10倍，而普通职员的岗位工资与主管级的岗位工资差异也可以在1—2倍以上。

(3) 工龄工资。它是按照员工参加工作的时间长短而支付的工资，是工资的补充形式。一般来说，员工的工龄，即参加工作的时间越长，所得到的工龄工资就越高，这种补助一是对员工工作经验积累的承认，二是对员工为工作付出的时间的补偿。用这种补助形式构成老员工与新员工之间的比较小的差异，也可以使人们在心理上达到一种平衡。

(4) 技术津贴。它是根据员工技术水平的高低及能力的大小所确定的一种工资补充形式。它往往体现了体力劳动与脑力劳动之间的差异和业务熟练程度的差异。如一级厨师与普通厨师技术津贴的不同，反映了技术水平上的差别；前厅服务员与客房部服务员又有语言、业务素质等方面的不同要求，同样要在技术津贴上得到反映。

### 3. 工资等级制度的确定

工资的等级制度是在对各种劳动或工作进行分析评价的基础上，区分劳动质量上的差别，从而确定工资分配上的差别。它反映的是各等级劳动或工作之间的平均劳动质量差别，其主要因素有：

(1) 劳动的复杂程度。即从事某项工作所必须具备的技术水平。劳动一般分为复杂劳动与简单劳动，简单劳动是指简单劳动力的耗费，这是任何一个健康的普通人都具有的能力，复杂劳动则需要经过专门的学习、训练和培养，具有一定技巧和知识才能从事的劳动。随着经济社会的不断发展，从事脑力劳动所占的比重越来越大，现在人们从事的劳动多少都要有一定的专业培训过程，只是其复杂程度不同而已。如计算机的操作人员和计算机的程序开发与管理人员都需要专门的学习与培训，但其专业知识的掌握程度和运用范围却大有区别，因此，劳动的复杂程度也是极不相同的。

(2) 劳动的负责程度。即从事某项工作对劳动过程中所要负责任的程度大小。这是根据一种工作和另一种工作在劳动过程中所需要面对的困难及危险程度，一旦出现问题可能造成的损失和影响度的区别而定的。如酒店的保安要对酒店的安全、客人的安全负责；酒店前台服务小姐的主要责任只是安排好来店客人住宿的房间，使客人满意；值班经理的责任是要保持整个酒店的正常运作，他们所负责任的大小是有很大差别的。

(3) 劳动的繁重程度。即从事某项工作所需要付出的劳动强度和密集程度。这是表现在单位时间内员工脑力劳动与体力劳动消耗的程度。如餐厅服务员与大厨师比较，服务员所付出的多为体力劳动，厨师付出的则既有脑力劳动也有体力劳动，酒店门童付出的多为体力劳动，酒店管理人员付出的则多为脑力劳动。

(4) 劳动条件。即从事某项工作时所处的劳动环境及对人体健康的影响程度。劳动环境的好坏会影响或损害人体健康，因此劳动环境对人体的损害或影响程度要进行补偿，这样，才能维持劳动力的再生产。如酒店厨房工作人员，要受到油烟的污染，洗衣房的工作人员，要受到空气和噪声的影响等。对于有可能对员工身体产生危害的工作都需要在工资中进行一定的补偿。

根据以上条件划分和确定不同等级的工资后，根据员工的能力、资格、职能进行考核评定，确定其应该享受的工资等级和工资标准，员工在工作中可以随着自己能力、资格和职能的转变进行工资等级的升降。

## 三、工资的分配与管理

酒店的工资水平是由酒店的经营管理水平、酒店的等级以及酒店主要经营者的经营风格等因素决定的。因此，酒店的工资分配与管理也是一项十分复杂的工作。

**1. 工资的分配**

在市场经济条件下，用人单位是分配主体，它最了解本单位工作需求、效益目标、员工状况、竞争条件，最了解本单位的工作重点、劳动特点和经济实力，本单位最有可能掌握并利用工资职能和工资的分配来达到本单位的发展目标，所以本单位应该有完全的本单位内部工资分配的自主权。

(1) 工资的分配标准。决定一个单位工资分配标准的因素主要有：

①法定的基本工资水平。即正常条件下，能满足劳动力生产费用的最基本的部分。它既能保证劳动力的再生产，又能调动劳动者的积极性。

②酒店的支付能力。由于工资是酒店可变资本的一部分，酒店的不同发展时期，酒店经营状况和发展前途都直接影响着酒店员工的工资水平。酒店效益好，工资就会较高，酒店效益不好或在发展中遇到困难，员工的工资就会受到直接的影响。酒店处于开创时期，投入大，相对支付工资的能力就弱一些，酒店一旦步入成熟期，投入得到了稳定的回报，对于工资的支付能力就会强一些等等。

③标准生活费。这主要取决于物价水平和社会成员普遍的生活水准，如果当地物价较高，生产力发展水平较高，基本生活费的标准也就相应高些，反之，如果当地物价水平较低，生产力发展水平有限，则基本生活费的标准也会较低。如我国的深圳特区，由于特殊的地理位置与优惠的政策，其发展速度快，物价水平也较高。当地的基本生活费水平明显高于内地，其工资标准也就相对较高。

④劳动力的供求关系。即当地劳动力的供求情况。在市场经济条件下，由于人口的不断增加，劳动者的自由流动和失业或待业、下岗人口的普遍存在，使就业产生竞争，这就为用人单位提供了选择的机会，也提供了相应调整工资的条件。如果劳动力供大于求，对于同等劳动力来说，用人单位就可以相对调低工资，如果求大于供，用人单位为了争得必需的劳动力，可以采用相应提高工资的办法。

⑤管理者的意志。酒店，特别是私营酒店，管理者对待员工的态度往往对员工的工资水平有相当的影响力。对于雇主来说，他总是要追求低成本、高效益，对于员工来说，它总是愿意低付出、高收入。员工付出的劳动力一般包括为雇主所创造的价值与部分剩余价值，雇主愿意让出多少给员工，可以有一定的活动空间。如果工资过高，雇主所得的就过少，影响其进一步的再生产和发展热情，如果付出的太少，又不能有效地调动员工的积极性，甚至难以稳定员工队伍。因此，酒店员工的工资分配与管理在一定程度上反映了管理者的经营管理水平，反映了管理者的意志、经营方式与经营风格。

(2) 工资分配的差别性。由于经济发展状况、酒店经济效益和劳动者个人的

因素和职业特点的不同，使工资分配标准在地区间、行业间、酒店间、职业间、年龄间等都存在差别。如经济发达地区工资的总体水平会较不发达地区高，资本密集型产业会比劳动密集型产业工资较高，经济效益好的酒店比经济效益差的酒店工资水平高，大学教师比小学教师工资水平高，受教育时间长、工龄长的比受教育时间短、工龄短的工资高等。

由于酒店各部门所从事的服务项目不同，员工往往存在较大的工资差别。如服务费、小费的收入是难以预算的，有时每月的小费收入可以高出基本工资收入的若干倍。由于这些额外收入的存在，加大了酒店员工的工资差别。

(3) 工资分配水平。从整个国家来看，工资分配水平一般与国民经济发展水平、社会劳动生产率水平相一致。因为消费水平的高低取决于社会生产的可供消费的产品数量的多少、质量的高低，如果工资水平高于国民经济和社会生产率发展水平，不利于经济社会的进一步发展，严重的会产生通货膨胀，低于其发展水平，会挫伤劳动者的积极性，甚至产生通货紧缩。对于酒店来说，工资的分配水平取决于酒店的效益、发展前景、劳动力的供求状况、物价水平及行业间的竞争情况等。

(4) 最低工资分配标准。为了给每一个劳动者提供一份能维持基本生活的、有保障的收入，减少社会贫困现象和保持社会的安定，防止工资严重的两极分化，产生了最低工资制度。任何用人单位对于员工工资的支付不得低于这一标准。最低工资分配标准可以在全国、行业或部门中统一制定，并随着社会经济发展水平适时进行调整。

酒店员工的工资分配一般分为多个等级。如岗位工资可根据管理、技术、服务等工作性质的不同分成不同的岗位，每一个岗位又可细分为若干个档次，由此拉开差距。职务工资也是由总经理、副总经理、总监、副总监、部门经理、部门副经理、部门经理正副助理、高级管理员、管理员、领班等不同职务分为多个等级的。至于工资的内容可以有所选择，可分为生活工资、职能工资、各种津贴，也可以分为岗位工资、职务工资、工龄工资及各种补贴，还可以分为基础工资和浮动工资等。

### 2. 工资的管理

正确的工资政策和工资制度对于促进劳动者的积极性和创造性及鼓励劳动者提高劳动力素质，对于合理配置和使用劳动力以及提高工作效率，对于加强各单位员工的凝聚力、向心力等均有着不容忽视的作用。要充分发挥这些重要作用，关键在于如何合理地体现工资的各项职能，如何管理好工资。

我国的工资管理体制是由中央政府对全国的工资形成及分配实施宏观上的“计划、组织、监督、调控和指导”，企业实行分级分类管理的。酒店的工资管理

规定由酒店所有者根据本行业的工资水平和经营状况自行设定并加以管理。（见附一：庆丰大酒店员工工资管理规定）

## 第二节 奖 金

奖金通常是员工超额完成工作量或为酒店作出突出贡献的额外报酬。由于国民收入的再分配受到多方面因素的影响，受整个国家经济发展水平的制约，员工收入中基本工资水平往往较低，而各地区、各个酒店或单位的具体情况存在较大的差异，不同部门和行业创造的利润是极不相同的，效益好的酒店和效益不好的酒店收益情况也极不相同，因此，奖金就是调节和区别地区差异、行业差异与酒店差异的重要内容，是员工收入的重要组成部分。

### 一、奖金的作用

#### 1. 激励的作用

奖金的发放是与员工的超额劳动量及对酒店所作出的贡献相一致的，为了追求奖金的数量，员工就必须尽可能多地付出，尽可能多地发挥自己的才智，尽可能多地关心酒店的发展，从而得到较高的报酬。奖金的发放实际上起到了对全体员工有效的激励作用。

#### 2. 调节收入的作用

奖金在企业，特别是酒店，是员工收入的重要部分，占有很大的比重，有的酒店员工的奖金超过基本工资，尤其是经营效益好的酒店。奖金的存在，一方面可以稳定员工的工作情绪，调动工作热情，另一方面还可以有效地吸引人才、留住人才。

#### 3. 反映酒店经营效果的作用

由于酒店奖金的发放是与酒店经济效益的高低、经营效果的好坏、利润创造的多少相联系的，微利和亏损的酒店，就难以发放奖金。因此，从一个酒店奖金发放的多少可以基本预测到酒店的经济状况、经营效果和发展预期。

#### 4. 吸引和留住人才

奖金的作用与工资一样，说到底就是为了吸引人才、留住人才和激励酒店所拥有的人力资源。一定的奖金额对于员工来说，有相当的吸引力，而只有留住了人才，调动起了酒店人力资源的潜力，才能为酒店创造更多的利润，从而才有可能产生更多的奖励。

## 二、奖金的特点

### 1. 针对性和灵活性

奖金既可以用于鼓励员工在正常工作中的优越表现，也可以用作员工在某方面的突出贡献，如为酒店完成某项技术改造，解决了某个工作中的难题，为酒店或社会做了好事等都可以通过奖金的形式给予奖励。它可以针对员工，也可以针对某项工作指标的完成；可以根据生产、工作的需要确定不同的奖励指标和奖励办法，也可以根据工作性质和实现的效益大小确定奖金额和奖励范围。

### 2. 及时性和弥补性

奖金比工资更具有能及时反映员工工作表现的作用。奖金可分为经常性的奖励和一次性的奖励，一旦奖励的标准确定后，其考核时间和条件就很简单，员工在本月、本星期甚至当天作出突出的贡献，奖金可以通过及时兑现来奖励员工的工作表现，不像工资的晋升，要符合条件，通过多次评定才能完成。这样，奖金可以弥补计时或计件工资的不足，可以通过经常性的奖金发放反映本酒店、本部门的工作状况，通过一次性的奖励及时反映员工的工作实效和业绩，对于鼓励员工关心本酒店、本部门的工作，激发员工的工作热情有着十分重要的作用。

### 3. 差别性和不稳定性

奖金的存在，使员工的收入有了差距，工作成绩突出的员工可能通过奖金获得较高的收入，特别是在同职务、同级别的员工之间，其工作表现可以通过奖金的分配反映出来，从而在员工中产生比较，创造出下一步工作的动力。当然，奖金的存在也使员工的收入产生了不稳定性，特别是酒店。由于地理环境、气候、节假日等多种因素的影响，酒店经营总是分淡季和旺季，一年当中酒店的赢利情况也极不相同，为了反映酒店的经营情况，为了能在旺季时充分调动员工的工作热情，保持酒店的经营水平，在淡季能减少酒店经营上的负担，奖金的发放应该根据酒店的经营状况、员工的工作情况适时发放或适时调整。这样既有利于酒店的正常运作，也有利于让员工及时了解酒店的经营状况。当然，奖金的高低在很大程度上影响员工的收入水平，进而影响员工的消费水平和工作情绪，在外界因素变化不大的情况下，对于经常性的奖金要减少人为制造的过大波动。

## 三、奖金标准的制定

### 1. 以提高生产效率为目标

奖金的发放一方面能使广大员工提高收入，另一方面通过员工对奖金的追求，达到较好的提高劳动生产率的目的。奖金的设定条件应该以降低成本、提高生产率为目标，不能仅仅依据完成工作量的情况，还应更加重视工作完成的质量和效果，不能仅仅看到工作当时所完成的指标，还要考虑到对酒店的长远利益的影响。

酒店的工作仅通过接待顾客的多少是难以反映其员工的工作效率与质量的，关键还要看顾客对其服务的满意程度及每一个员工的工作对酒店信誉的维护与影响程度等。如一个普通员工在服务工作中，能从顾客的角度出发，凡事替客人着想，服务周到细致，能为客人做一些力所能及的小事，使客人感到十分满意，回去以后，住店客人会对他的亲戚朋友宣传这个酒店的好处。不要小看这种口口相传的效果，它有可能胜过花了大量金钱所做的宣传广告。对于这种服务质量特别好的员工，经过各项指标的评定，就应给予适度的奖励。

**2. 合理的评定标准**

奖励标准一定要与员工所创造的超额劳动量或工作效果联系起来，遵循“多超多奖、少超少奖、不超不奖”的原则，只有确实超过定额工作量或有突出贡献的，才能给予奖励，否则，奖金就失去了本身的意义。

一方面，奖金或奖品发放的数量一定要能起到刺激员工工作热情的作用，一定要与员工付出的努力程度相一致，否则不但不能激励员工的工作热情，还有可能打击员工的积极性；另一方面，奖励的标准应该是员工经过努力可以达到的目标，如果定得太高，让人可望不可即，就起不到激励的作用。此外，奖金的设立标准要与酒店的经营效益相联系，奖金总额可以按一定比例从酒店留利中拨出，奖金的发放要在能够维持并扩大酒店再生产的条件下实行，各种形式的乱发奖金都不利于酒店的发展与利益。

由于奖金与工资有实质上的不同，工资应该在员工收入中占主导地位。因为员工所付出的劳动在一定时期内的体力和劳动熟练程度是有一定限度的，如果超额过多，说明定额定的过低。因此，除了特殊贡献所发放的一次性奖励外，正常性的奖金数额应该少于工资。

**3. 公平、公开，易于理解与操作**

奖金标准的建立要在完整、科学、公平合理的基础上进行，对于奖金的评定条件要广泛征求和采纳员工的意见和建议，要在整体上，保持稳定的基础上，在工作实践中不断改革完善，做到使每一个员工获取奖金的条件公平统一，所实施的奖金的计算方法简单明了，便于所有员工掌握，使普通员工也能容易地计算出自己本月应得的奖金多少，尽可能少地在奖金发放中加入人为的因素，对于需要特殊奖励的员工，也应根据有关的奖励方案进行奖励额，奖金发放要公平、公开，能更有效地调动员工的积极性和创造精神。

4．奖金的发放

奖金分配要适时、适量并及时兑现，员工从创造超额劳动价值并被确认后到得到奖金之间的间隔期越短，越能激发工作效率，奖金所能起到的激励作用就越大，所收到的效果就越好。如果兑现时间长，或不能按规定实现奖励额，奖金所能起到的作用就越小，甚至起到相反的效果。

## 四、工资与奖金的区别

1．性质不同

工资是员工定额劳动的报酬，它是根据同行业的平均社会劳动生产率制定出来的，具有普遍性和稳定性。奖金是员工超额劳动的报酬，是定额劳动以外超额劳动部分的收入，它是根据各个员工超额部分的多少来确定的，具有差异性和不稳定性。

2．表现的内容不同

工资不仅反映了不同类别、不同部门、不同行业的劳动差别，也反映了同一类别、同一部门或同一行业中不同性质、不同时间和不同数量劳动付出的差别，它对员工提出了全面的要求和综合性的考核指标。奖金表现形式则很单一，它仅仅是员工在工作的某一方面提供的超额劳动和特殊贡献的报酬。

3．目的不同

工资发放的目的是为了维持劳动者基本的和正常的生活，维持劳动力的再生产，是为了维持社会和个人经济收入的均衡性。奖金发放的目的则是为了激励员工加倍工作，创造更多的劳动成果，同时也为多付出的员工或有突出贡献的员工提高个人的收入水平，奖金加大了经济收入的差异性。

4．分配的方式不同

工资的发放是定期、定额、定人按时发放的，具有很强的稳定性。奖金则是不定期、不定时、不定人的，一个员工在本月得到了奖金不一定就保证下个月还得同额的奖金。某个酒店在这两年由于经营效益好，可以使员工得到较高的奖金额，但可能过两年由于效益滑坡而无力再发放奖金。因此，奖金具有较强的不稳定性和临时性。

# 第三节　福利待遇

酒店员工的福利待遇是一种工资的辅助形式，是为改善员工生活和照顾遇到

特殊困难的员工而支付的社会保障基金。它可以以货币的形式支付，也可以以一种优惠待遇的形式出现。一个酒店的福利待遇的好坏直接影响着员工的收入和生活水平，是一项十分重要的吸引人才和稳定员工队伍的措施。

## 一、福利待遇的必要性

### 1．为遇到挫折或困难的员工排忧解难

员工一旦碰到物质上、精神上或身体上的意外困难或挫折，可以申请酒店给予某种补助，这些就要通过福利措施协助解决。这样，既可以解决员工经济上的困难，也能在心理上和精神上给员工一种安慰和支持。

### 2．为了维护员工的健康

为了使广大员工在年轻和身体健康时能为自己的养老、疾病做些积蓄，每月或定期地从酒店工资总额中提取一部分用于员工的养老金或保险金，为员工的生、老、病、死等做些准备，为员工排除后顾之忧，使他们能安心工作。

### 3．显示酒店的某些优越性

通过给酒店员工配发制服，享受免费洗涤、免费交通、免费午餐等优惠待遇，使酒店员工能产生一种自豪感、荣誉感和归属感，加上为员工安排一些休假、生活补助、劳动保险、医疗和养老保险、失业保险等福利，这些都能显示出酒店的优越性，能使员工生活得更好，有一个安定、满足的心理，能鼓励员工的士气，调动员工的积极性，有利于增强酒店的凝聚力，使员工能全身心地做好本职工作，为酒店带来更高的经济效益。

## 二、福利待遇的形式

### 1．货币或实物性的福利

（1）利润分红。酒店可以根据利润收入的情况以加薪或一次性奖励等方式使员工分享企业赢利，使他们体会到酒店的经济效益与个人利益的直接关系，从而能在工作中关心酒店的声誉，保护酒店的利益，为酒店赢得更多的利润添砖加瓦。

（2）股票。经济效益好的酒店可以让员工使用酒店的贷款选购本公司的股票，这样既可以通过股利或分红适当增加员工的收入、调动员工的工作积极性，也可以使员工个人的利益与酒店的整体利益有效地结合在一起，从而更好的促进酒店的经营效果。

（3）退休金、保险金。为酒店员工购买养老金或退休保险金等，为员工的养

老做一些积蓄，同时，也要安排好员工的离、退休，对离退休员工的生活要给予合理的照顾，定期探望，为他们解决一些生活中的困难，使离退休员工能安度晚年，这对在职职工也是一种安慰。此外，酒店还可以为合同制员工购买工伤保险、人身保险、医疗保险、失业保险等，以解除他们的后顾之忧。

(4) 节日、生日礼品。在节假日，酒店除了可以安排轮休或给予一些补贴外，还可以安排一些有意义的活动，如联欢会、郊游、聚餐等，这样既可以放松员工紧张的工作情绪，也利于大家沟通感情。可以制定一个制度，对过生日的员工给予一点经济补贴或送一件礼物，借此机会可以融洽上下级关系，使员工产生一种亲切感，从而有利于加强酒店的凝聚力。

(5) 住房补贴、医疗补贴、交通补贴。酒店在有条件的情况下，可以为员工安排一些在住房、医疗和交通等方面的优惠条件，可以根据员工人数及经济能力，安排员工宿舍、住房补贴或提供低息贷款、承担住房担保人等。有条件的酒店可以安排酒店员工小病在酒店就诊，还可以为员工解决大病的部分医疗费，定期为员工体检等。对于员工的交通问题，有条件的可以安排酒店专车接送，也可以给予一定的交通补贴等。

**2. 非货币实物的福利**

(1) 假期。假期也是福利待遇的一种形式，并且对员工有很强的吸引力。对于假期的长短可以根据员工在本酒店从业时间的长短，所任职务的高低等因素来确定。每个员工假期的安排要在不影响酒店工作正常运转的情况下，尽可能地满足员工的需求，以达到假期的最优效果。

(2) 有薪病休。有薪病休指员工在特定条件下，由于某种疾病而不能工作所安排的休息，它不是每一个员工都能享受到的，因此，有薪病休应该在劳动合同中作出明确的规定条款，以防止发生不公平的行为。

(3) 免费制服、免费洗涤。为了方便酒店的管理和工作的需要，酒店员工的制服都是统一设计制作的，能区分员工的职务和工作性质，由于酒店工作的特殊性和酒店有洗衣房这一有利的条件，酒店员工的制服一般可免费发放和免费洗涤。

(4) 员工宿舍、餐厅、浴室。酒店可以为单身员工提供集体宿舍，设立员工餐厅、员工浴室等，以方便员工的生活和休息，也为员工能按时上班提供有利的条件。

(5) 弹性工作时间。酒店工作一般在旅游旺季工作量大一些，在旅游淡季工作量少一些，酒店可以根据经营情况合理安排员工的工作与休息，也可以根据员工所从事的工作的需要调整工作时间，以达到提高工作效率和使员工得到最好的休息的目的。

除上面所述之外，酒店福利措施还有：设立员工俱乐部、提供员工休息或娱乐的场所、支付员工搬家费用、为员工订阅书报、内部购物优惠、发放文具或食品、免费或优惠美容美发、免费或补贴子女上托儿所、幼儿园、度假旅游补贴、生活困难补贴、直系亲属丧葬补贴、灾难补贴等。

各种福利措施都有其目的，都能从不同的方面稳定员工的情绪，增加员工的收入或弥补员工的损失，因此，福利待遇是酒店人事管理中的一项重要工作，是吸引和稳定员工队伍的重要措施。福利待遇的支出可以占到总薪金额的25%以上，可见福利的重要。如何管理和使用好这笔钱在某种意义上体现了酒店的管理水平和经营策略。

## 第四节　奖酬分配

奖酬是酒店对员工为酒店所作的贡献而给予的相应报酬。它包括工资、奖金和福利。奖酬的目的是为了吸引和留住酒店的人力资源，是为了激励酒店员工创造出更优秀的业绩来。

### 一、奖酬分配的公平性与激励作用

#### 1. 公平性

（1）公平性的特点。奖酬分配的公平性是相对的，因为一个人有一个人的特点，有其长处与短处，就一个人对同一工作的评价，也是因人而异的。有的管理者看重某个员工的某一优点，可能根据此点给予较高的奖酬，而换一个管理者可能视此优点不见或不认为此优点有什么特殊作用，因此可能给予较低的奖酬待遇。因此，奖酬分配的高低也带有一定的主观性，即在一定程度上依赖于评定者的价值观、动机、个性及对人的评价能力等，也有的会出自一定的个人偏见。常常会有这样的情况，同一个员工，在本酒店奖酬一般，工作默默无闻，并没什么过人之处，而换了一个酒店之后，突然成为另一酒店的业务骨干，奖酬大幅度提高。这往往是管理者没有发现该员工的工作能力，或工作性质、环境不适合他的发展而产生的不同表现。因此，管理者要尽可能地根据员工的工作能力和性质使奖酬分配合理和公正，应该使大部分员工感到合理和公平，这样才能调动员工的工作积极性和工作热情。

奖酬分配的不公平往往会导致十分严重的后果，它能使员工士气低落，工作消极，人与人的关系恶化，影响酒店的向心力和凝聚力，甚至导致事故的发生。

(2) 如何保证奖酬分配的公平性。首先，酒店的奖酬制度要以一定的原则、规范作为依据，每一级的工资要有明确的规定，每一级工资的多少要有标准，工

资级别的不同所产生的工资差异多少要有一定的道理和科学根据，达到一定的条件才可以涨一级工资也是明确的。一般来说，酒店的奖酬等级分明，层次也较多，不同的岗位有不同的奖酬标准，一定要严格按照这些规则办事，任何人为的因素都应取缔，更不能看人定标准。其次，奖酬制度要民主化，要使普通员工能清楚地了解和监督制度的制定和实施情况，对于不清楚的方面，员工有权向财务部门询问，对于奖酬制度不合理的地方，员工有权提出意见或建议。最后，酒店要努力为员工创造一个公平竞争的环境。通过奖酬制度的公开与公平化，让每一个员工都有一个能不断提高奖酬的机会，只要有一个公平竞争的环境，员工就有机会通过自己的努力和奋斗去创造更高的奖酬，这样也可以及时消除一些不公平的因素。如 A 员工通过一些个人关系首先获得了培训的机会，通过培训后晋升的可能大一些，这一机会的获得是不公平的，而由于酒店整体上有一个良好的竞争环境，B 员工在这方面有要求并有特长，后来也有机会参加了培训，可能时间上晚一些，但由于 B 员工的努力与勤奋，培训回来后更胜任工作，他在 A 员工前获得晋升，使原来不公平的情况得到扭转。但如果酒店没有给每一个员工创造这样一个同等的机会，B 员工的才能可能很难得到表现，他的奖酬的提高也是不可能的。

**2．激励性**

（1）激励性的特点。在公平竞争的条件下，员工在工作中能通过自己的付出得到相应的报酬，会从心理上得到一种满足，这种满足会激励员工更好地工作。因为人的欲望是不断发展变化的，当一个层次的需求得到满足之后，又会产生更高的需求。基本的奖酬对于员工来说，是第一需要，如果能得到更高的奖酬，员工才会产生社交、提高社会地位等精神方面的需求。如何通过合理的奖酬最大限度地激励员工的工作积极性是每一个酒店管理者研究的问题。如果奖酬金额定得过高，员工不用辛勤工作就能得到，往往起不到激励的作用，反之，又会使员工感到可望不可即，也达不到目的。因此，要寻找一个好的激励点，而这个激励点还要随着情况的变化而不断地得到改善。

（2）如何保持长期的激励作用。奖酬确实会起到激励的作用，但这种作用要保持长久却是十分不容易的。我们常见到这样的事例，某人在 A 酒店可以拿到较高的报酬，有较好的待遇，但他干不了多久却辞职去了 B 酒店，B 酒店没有 A 酒店给他的报酬高，也没有 A 酒店这样好的待遇，为什么他还要跳槽呢？问其原因是他在 A 酒店感到心情不舒畅，受压抑，而 B 酒店的环境更宽松，在此更能展现自己的才干。

因此，酒店的长期激励机制不仅是奖酬本身，而是通过奖酬制度和其他管理方法，使员工能热爱酒店，把酒店当作自己的家，能和酒店共甘苦，同患难。要

做到这点，就要改善酒店与员工的关系，要把酒店的整体利益与员工的个人利益有机地结合起来，这包括除了把员工的个人奖酬与酒店的经营状况相结合外，还要通过奖酬制度的实施表现酒店对员工的关心和重视，要尊重员工、爱护员工，在员工有困难的时候，酒店要给予帮助，在员工有需求的时候，酒店要想办法满足。不要仅仅把员工看作一种劳动的工具，而是要把他们看作是酒店的主人，这样，才能较好地培养员工高度的、永久的归属感和忠诚心。

## 二、影响奖酬分配制度的主要因素

### 1. 外部环境

(1) 劳动力市场的供求与竞争情况。即劳动力市场劳动力闲置的数量、质量情况。由于酒店是劳动密集型行业，酒店的效益主要是靠员工服务所产生的，人力资源的情况好坏左右着酒店的经营成效。而酒店又不是一个封闭的小社会，它要与社会交往，与社会环境息息相关。酒店所需要的人才，特别是高级人才，还要靠社会的支持和供应。尤其是本地区、本行业有关人才的稀缺情况及对其员工所制定的薪酬政策，直接影响着本酒店奖酬的确定。

(2) 行业竞争。酒店的行业竞争是十分激烈的。同等级的酒店，由于地理位置、环境特点的不同，会产生不同的经营效益。同类酒店，由于经营方针、经营策略的不同，也会产生不同的经营结果。在一个地区，酒店数量的多少、酒店中不同等级酒店的数量及构成等也会影响酒店的经营效果。如在旅游胜地，尤其是远离城市的旅游地，尽管酒店数量不少，但等级高的酒店少，随着人们生活水平的提高和外国游人的增加，住高星级酒店的人数增多，就使低等级酒店的竞争力减弱。但在某些新开放的旅游城市，由于旅游业发展的刺激，高中档酒店发展过多、过快，远远超出需求，其结果大大增强了行业间的竞争，导致一批酒店的破产或被淘汰，这些情况都会对酒店的奖酬产生影响。

(3) 当地生活水平。酒店所在地区人民生活水平的高低也决定了奖酬的高低。如果当地生活水平普遍较高，员工对奖酬的要求也就较高，同时，随着人民生活水平的不断提高，奖酬也要随之增加，这样才能满足员工的生活和物质需要。如深圳特区人们的工资水平普遍较高，当地物价水平较内地也高，因此，当地酒店员工的奖酬比内地同行业的高。

(4) 国家的有关法律和法规。虽然目前我国有关的法规还不够完善，但在制定奖酬时一定要遵照国家有关的法律法规办事，如《妇女儿童保护法》、《劳动保护法》等。要根据国家的法律规定有关用工和奖酬制度，一旦有新的法律法规出台，要及时修改现行的奖酬办法以符合法规的要求。

2．内部因素

（1）酒店的管理方式。指酒店的管理者经营酒店所采用的策略和方法。管理者的经营策略是以不断地扩大再生产为主，还是以挖掘内部潜力、不断提高经营效益为主，管理者的经营方法是以不断地提高员工的奖酬来提高员工的工作热情，还是在奖酬有所提高的同时，投一部分资金用于职工的再培训、再教育或其他福利等。

（2）酒店的经营状况和实力。酒店等级的高低、经营状况的好坏及经济实力的强弱都决定着酒店的奖酬高低。一般来说，经营实力强、经营状况处在上升阶段的酒店，由于利润丰厚，给员工的奖酬也会较高。酒店等级高，服务员的素质也高，所要求的服务水平和服务质量高，因此给予员工的报酬也会相对较高。（见附二：宝丽大酒店员工福利）

## 本章小结

1．工资是劳动者在为他人劳动后领取的报酬。在市场经济体制下，工资是劳动力价值或价格的转化形式，是劳动力这一特殊商品的价值的货币表现。工资的产生需要具备的条件有二：一是劳动者是不拥有生产资料的自由人，缺乏独立谋生的某种条件；二是生产资料的拥有者缺少劳动力，需要雇佣劳动者与生产资料相结合进行劳动以取得收益。社会主义制度下的工资是国家根据每个劳动者为社会所提供的劳动数量和质量，有计划地分配给每个劳动者的一部分社会产品的货币表现。工资具有二重性，即对于雇主来说，是生产过程中所投入的可变资本，它与不变资本共同构成生产成本，因而是一种支出。工资对于员工来说，是收入，是生活资料的主要来源和决定其生活水平的主要因素。

2．工资的作用包括：（1）劳动监督作用；（2）生活保障作用；（3）检验劳动成效的作用；（4）激励工作才能的作用；（5）促进劳动力的合理流动。可以科学地运用工资来引导劳动者向合理的方向流动，从而达到劳动力资源的合理配置，充分发挥劳动力资源的作用。

3．工资一般可分为计时工资和计件工资，在酒店多使用计时工资。其中：（1）计时工资是按劳动时间支付的工资，如日工资、周工资，月工资等，计时工资制最通常是以小时为单位计算员工工资，然后以月或年支付，即月工资和年薪。（2）计件工资是按工人生产的产品件数或完成的工作量支付的工资。它一般取决于计件单位和员工从事某项工作的劳动工作量。

4．员工的工资一般是由基础工资、职务（岗位）工资、工龄工资、技术津贴及各种补贴所构成。又称为结构工资制。其中：（1）基本（基础）工资是保证

酒店员工基本生活需要的一部分劳动报酬，用以保证员工的最低生活水准；(2)岗位（职务）工资是根据酒店员工所承担的责任大小，所担任的职务高低来确定的。是对员工履行了其基本职责而作出的贡献的酬金；(3) 工龄工资是按照员工参加工作的时间长短而支付的工资，是工资的补充形式；(4) 技术津贴是根据员工技术水平的高低及能力的大小所确定的一种工资补充形式。它往往体现了体力劳动与脑力劳动之间的差异和业务熟练程度的差异。

5. 工资的等级制度是在对各种劳动或工作进行分析评价的基础上，区分劳动质量上的差别，从而确定工资分配上的差别。它反映的是各等级劳动或工作之间的平均劳动质量差别，其主要因素有：(1) 劳动的复杂程度。即从事某项工作所必须具备的技术水平；(2) 劳动的负责程度。即从事某项工作对劳动过程中的所要负责任的程度大小；(3) 劳动的繁重程度。即从事某项工作所需要付出的劳动强度和密集程度；(4) 劳动条件。即从事某项工作时所处的劳动环境及对人体健康的影响程度。

6. 酒店的工资水平是由酒店的经营管理水平、酒店的等级以及酒店主要经营者的经营风格等因素决定的。因此，酒店的工资分配与管理也是一项十分复杂的工作。(1) 工资的分配标准。决定一个单位工资分配标准的因素主要有：①法定的基本工资水平；②酒店的支付能力；③标准生活费；④劳动力的供求关系；⑤管理者的意志等。(2) 工资分配的差别性。(3) 工资分配水平。(4) 最低工资分配标准。酒店员工的工资分配一般分为多个等级，工资的内容可分为生活工资、职能工资、各种津贴，也可以分为岗位工资、职务工资、工龄工资及各种补贴，还可以分为基础工资和浮动工资等。

7. 奖金通常是员工超额完成工作量或为酒店作出突出贡献的额外报酬，是调节和区别地区差异、行业差异与酒店差异的重要内容，是员工收入的重要组成部分。

8. 奖金的作用包括：激励；调节收入；反映酒店经营效果；吸引和留住人才等。而奖金的特点则是：针对性和灵活性；及时性和弥补性；差别性和不稳定性。

9. 奖金标准的制定：要以提高生产效率为目标；合理的评定标准；公平、公开，易于理解与操作；奖金的发放要适时、适量并及时兑现。

10. 工资与奖金的区别：性质不同；表现的内容不同；目的不同；分配的方式不同。

11. 酒店员工的福利待遇是一种工资的辅助形式，是为改善员工生活和照顾遇到特殊困难的员工而支付的社会保障基金。它可以以货币的形式支付，也可以以一种优惠待遇的形式出现。一个酒店的福利待遇的好坏直接影响着员工的收入和生活水平，是一项十分重要的吸引人才和稳定员工队伍的措施。

12．福利待遇的必要性：为遇到挫折或困难的员工排忧解难；为了维护员工的健康；显示酒店的某些优越性。能使员工生活得更好，有一个安定、满足的心理，能鼓励员工的士气，调动员工的积极性，有利于增强酒店的凝聚力，使员工能全身心地做好本职工作，为酒店带来更高的经济效益。

13．福利待遇的形式可分为两种：一是货币或实物性的福利。包括：(1) 利润分红；(2) 股票；(3) 退休金、保险金；(4) 节日、生日礼品；(5) 住房补贴、医疗补贴、交通补贴等。二是非货币实物的福利。包括：(1) 假期；(2) 有薪病休；(3) 免费制服、免费洗涤；(4) 员工宿舍、餐厅、浴室；(5) 弹性工作时间，以及设立员工俱乐部、提供员工休息或娱乐的场所、支付员工搬家费用、为员工订阅书报、内部购物优惠、发放文具或食品、免费或优惠美容美发、免费或补贴子女上托儿所、幼儿园、度假旅游补贴、生活困难补贴、直系亲属丧葬补贴、灾难补贴等。

14．奖酬就是酒店对员工为酒店所作的贡献而给予的相应报酬。它包括工资、奖金和福利。奖酬的目的是为了吸引和留住酒店的人力资源，是为了激励酒店员工创造出更优秀的业绩来。

15．奖酬分配的不公平往往会导致十分严重的后果，它能使员工士气低落，工作消极，人与人的关系恶化，影响酒店的向心力和凝聚力，甚至导致事故的发生。要保证奖酬分配的公平性，首先，酒店的奖酬制度要以一定的原则、规范作为依据；其次，奖酬制度要民主化；最后，酒店要努力为员工创造一个公平竞争的环境。

16．奖酬分配的激励性特点。在公平竞争的条件下，员工在工作中能通过自己的付出得到相应的报酬，会从心理上得到一种满足，这种满足会激励员工更好地工作。因为人的欲望是不断发展变化的，当一个层次的需求得到满足之后，又会产生更高的需求。基本的奖酬对于员工来说，是第一需要，如果能得到更高的奖酬，员工才会产生社交、提高社会地位等精神方面的需求。奖酬确实会起到激励的作用，但如何保持长期的激励作用却十分不容易。

17．影响奖酬分配制度的主要因素是：外部环境，包括：(1) 劳动力市场的供求与竞争情况；(2) 行业竞争；(3) 当地生活水平；(4) 国家的有关法律和法规。内部因素，包括 (1) 酒店的管理方式；(2) 酒店的经营状况和实力。

## 案例分析

【案例 1】

### 特别奖金

金海岸大酒店位于一个沿海城市，是四星级的大酒店，开业以来，由于良好的服务和优越的地理位置，吸引了大批的国内外宾客，酒店经营得红红火火，特别是旅游旺季，宾客盈门，客房爆满，使酒店员工着实忙了一场。年底，总经理办公会议对如何过新年展开了讨论。有的建议搞联欢，有的建议旅游，有的建议多发奖金，最后，一位副总经理说，这一年酒店所取得的成就，主要是员工辛勤劳动的结果，而员工的付出，又与家人的支持分不开，他建议除了发放一定数量的奖金外，给每一个员工发放 500 元的餐券，让员工带家人或朋友来酒店就餐。家在外地的员工则发一份等值的奖金和贺年片。

**评析：**

金海岸大酒店利用酒店的经营淡季，利用新年这一节日，为员工提供了与家人共同分享酒店服务的机会，让员工的家人更多地了解员工的工作环境，融洽了员工与家人或朋友的关系，同时也使更多的人了解酒店，为酒店招揽到更多的客源。

酒店采取这一举措的效果还在于管理者能从员工的感情出发，以情为主线，以提高员工对酒店的感情去激发员工的工作热情。可以想像，员工的家人想到酒店能请他们来就餐，就感觉到酒店暖暖的人情味，在今后员工的工作中，家人一定会支持员工积极努力工作的。

**问题：**

1. 试想还有其他种奖励方式吗？
2. 酒店这种做法会产生某种消极作用吗？

【案例 2】

### 如何接待不受欢迎的客人

小阮在前台工作已一年多了，对前台的工作十分喜欢，每天她要面对各种各样的宾客，当然，不是所有的宾客都是受欢迎的，前几天，部门经理有

> 指示，对于一些不规矩的客人，可以谢绝住店。
>
> 这天，一个熟悉的面孔出现在小阮面前，小阮心里清楚，这人上次住宿酒店曾无理取闹，说他所住的房间空调坏了，一夜没睡着，要酒店赔偿他的精神损失，后来是经理出面调解，以五折优惠才算了事。今天他一开口就要一个套间，并将手中的信用卡挥了挥，小阮心想，不管这张信用卡是否有效，住宿后如果他再无中生事，对酒店都是损失，于是她冲他笑笑说："对不起，这两天酒店接待旅游团队，所有的房间都客满了。请您去其他酒店看看。"

**评析：**

对于酒店来说，客人就是上帝，要以礼相待，但并不是所有的住店客人都是具有"上帝"尊严和行为举止的，对于不能遵守酒店规章制度、无理取闹的客人会给酒店带来十分不好的影响，不仅影响其他住店客人的正常休息，也会影响酒店的声誉，因此，对于这类客人酒店可以想办法谢绝，对于已入住并发生纠纷的，最好在不造成更大影响的情况下尽快解决。

**问题：**

1. 你认为小阮这样的做法是否合适？酒店谢绝某些客人的做法正确吗？
2. 如果你是小阮会如何处理这种情况？

**附一：**

## 庆丰大酒店员工工资管理规定①

**一、工资标准**

酒店实行职务岗位工资制，管理人员以现任职务确定工资等级，员工工资为10级工资制，以现岗位纳入相应工资等级。

**二、工资构成**

正式工个人月收入=基本工资+职务工资+各项补贴+医药费+其他

临时工个人月收入=基本工资+职务工资+医药费+其他

其中：职务工资依据担任的职务、岗位职责、技能高低考核确定，医药费基数为30元，每一年工龄增加2元，此外，在酒店连续工龄满一年，增加30元店龄工资。

① 资料来源：《云南庆丰大酒店员工工资与福利管理条例》，2000年。

**三、工资确定**

1. 领班以上的管理人员经聘任后确定相应的工资级别，员工实行10级工资制。

2. 凡被提升为领班以上各级管理人员，自申报后经总经理批准之日的下一个月，其工资将进行相应的调整。

3. 凡在酒店内部调动的，调动后工资均按调入岗位等级发放工资。

4. 新调入的原具有相同工作经历的人员，可参照原工作时间和工作能力，纳入相应岗位等级。

5. 对外招聘的人员，上岗试用期为3个月，试用合格后，方可按相应岗位等级发放工资。

**四、工资发放办法**

1. 实行月薪制度，每月3号发上月全月工资，无病事假、旷工或请假的全勤者按岗位等级工资全额发放。

2. 临时工病、事假按每月请假天数扣除日平均工资，即：应发工资/26×请假天数。

3. 正式工病假从病假的第1天至6个月以内的工资为：连续工龄5年以下的扣除本人日平均工资的50%×天数；6年至10年工龄的扣除本人日平均工资的40%×天数；11年至20年工龄的扣除本人日平均工资的30%×天数；连续工龄21年以上的扣除本人日平均工资的20%×天数。

病假6个月以上的员工工资为：连续工龄10年以下发本人工资的50%；连续工龄11至20年的发本人工资的55%；连续工龄21年以上的发本人工资的60%。病假15天以上扣除全月职务工资。

4. 正式工请事假的扣除日平均工资，即：（基础工资+职务工资+其他）/26×天数。

5. 节假日加班原则上一律调休。确因工作需要无法调休的经部门经理批准按15元×加班天数×300%计发加班工资。

6. 正式员工按有关规定请探亲假的，扣除请假人职务工资与其他工资两项。

7. 正式员工按有关规定休产假的，在休假期间按月将工资中其他部分扣除。

附二：

## 宝丽大酒店员工福利[①]

1．法定假：元旦一天，春节三天，五一节一天，国庆节二天。凡在法定假日因工作未能休息的员工，由部门按酒店规定增发加班工资或轮休。

2．年假：凡在本店连续工作满一年的正式员工均可享受十天全薪假日。休假时间可由本人提出要求，由所在部门和人事部安排。

3．病假：凡持酒店医务室或合同医院病休证明的员工（急诊例外），可按酒店规定享受病假。

4．事假：员工有权请事假，事假期间不发工资、补贴及奖金。

5．婚假：员工结婚，按国家规定可享受三天婚假，晚婚者给予八天婚假。

6．丧事假：员工直系亲属或配偶去世，可享受三天丧事假。

7．医疗福利：员工在酒店医务室或指定医院就诊，实行医疗费包干制度。

8．工伤：对因公受伤或死亡员工的待遇和抚恤，按国家的有关规定执行。

9．店龄补贴：按每满一年工龄，增发30元店龄补贴工资，满十年后，增发50元。

10．特殊工种补贴：凡从事高温、低温、烟尘、有毒物质等工作的员工，按照国家规定给予相应的补贴。

11．膳食：酒店每天免费为员工提供两餐（正副餐各一）。

12．更衣柜：凡酒店员工均可获得更衣柜，用于上班时存放私人衣物，下班时可存放工作服。若钥匙丢失可向人事部门借用备用钥匙，但须支付赔偿费。员工离职时须将钥匙交回人事部。

13．员工宿舍：宿舍是酒店为申请并批准住宿的员工准备的休息场所。员工要自觉遵守住宿规定。其他人不得留宿。

### 练习题

1．为什么说工资是劳动的报酬？

2．简述工资的作用。

3．什么是计时工资和计件工资？

4．简述酒店员工的工资构成。

5．影响工资等级的主要因素有哪些？

---

① 资料来源：《云南宝丽大酒店员工工资与福利管理条例》，2000年。

6．哪些是决定一个酒店工资分配标准的主要因素？
7．什么是奖金？简述奖金的作用和特点。
8．如何看待酒店员工的福利待遇问题。
9．酒店提高员工福利待遇的形式有哪些？

# 酒店员工调动、晋升、降职、离职及纪律管理

**本章提示与学习目的：**

酒店人事部门，根据本酒店各个员工的工作情况、工作业绩和工作能力，对员工进行适当的调整、晋升、降职或必要的纪律处分，以及对离、退休员工进行妥善的管理，有利于酒店人事工作的进一步完善，能够充分发挥每一个员工的工作积极性，同时也是酒店对员工工作业绩的一种肯定与认可。通过本章的学习，了解酒店人员的分类情况；分别掌握酒店各个部门对管理人员、技术人员和服务人员的不同要求和素质标准；制定员工的培养计划，有计划地、分期分批地对酒店员工进行培养，对员工进行职业管理；了解员工调动的目的；熟悉调动、晋升和降职的程序；提高管理人员的培养效果；分析员工离职的各种情况，如自愿辞职与退职、非自愿的辞退与离职和退休；掌握员工辞职的处理过程和辞退的处理过程；熟悉员工的纪律管理内容；能够正确处理员工的投诉问题；注意酒店劳动保护的一系列技术安全措施和组织管理措施。是我们学习这一章的目的。

作为一名酒店的员工，不论是普通员工还是管理人员，都有基本的素质要求，要热爱本职工作，具有一定的工作能力。酒店人事部门，根据本酒店各个员工的工作情况、工作业绩和工作能力，通过对员工进行适当的调整、晋升、降职或必要的纪律处分等奖励或处罚措施，可以更好地调动员工的工作热情，培养献身精神，及时纠正工作中的错误，以免对酒店的声誉或利益造成更大的影响。

## 第一节　酒店管理岗位及就职分析

酒店是一个综合性的服务企业，内部分工十分细致和复杂，岗位众多，不同的岗位有不同的工作性质和特点，需要不同的技术专长和素质标准。酒店人员大致可分为三类：一是管理人员，二是专业技术人员，三是服务人员。

### 一、管理人员

酒店的管理人员根据所承担的责任不同，可分为高层管理人员、中层管理人

员和基层管理人员。高层管理人员要统筹全局，所以其最重要的职责是制定酒店的经营方向、经营政策及人员的使用和管理。中层管理人员处于“枢纽”地位，对酒店的发展主要起着执行、参谋和承上启下的作用，最主要的职能是组织、指挥和协调。基层管理人员是酒店最基础的力量，最主要的职责是控制并保持酒店的正常运作。

**1．管理人员的基本素质**

作为酒店的管理人员，要在自己主管的范围内有决策权，必须能运用计划、组织、指挥、协调、控制等基本管理职能，必须能依靠别人的力量实现自己的工作目标，因此，作为管理人员必须具备的基本素质是：政治方向明确，有强烈的事业心和奉献精神，敢于承担责任；具有诚实、公正、廉明的品德；办事果断、执著、实事求是；能沉着冷静地解决问题，能够控制局面；能团结周围的同志一道工作。

不同工作岗位的管理人员还有不同的素质标准。对于各部门管理人员的选择，要制定相关的标准要求，使其能胜任所从事的管理工作。

(1) 总经理职业素质标准。

①热爱酒店事业，有执著的敬业精神，具有高等院校旅游专业、酒店管理专业或同等学历。

②对酒店业务有很高的专业水准，具有管理酒店主要业务部门五年以上经验。

③掌握酒店经营管理知识、市场营销知识、财务管理知识、人事管理知识等，并具有自己的一套成熟的思想体系。

④熟悉电脑管理体系，熟悉并掌握酒店业的计算机管理，至少掌握一门外语，有一定的阅读、交谈能力。

⑤熟悉旅游业特征和客源市场特点，对世界主要国家历史背景、民族特征、风土人情、宗教信仰及生活习惯有一定的了解。

⑥具有决策能力、组织协调能力、督导下属能力、社会交往能力及语言文字表达能力等。

⑦具有开拓精神和对事业精益求精的执著追求，具有管理者的个性和人格魅力。

(2) 人事培训部经理素质标准。

①具有很强的管理能力、高度的责任感和严谨的工作态度及公正的原则性。

②具有高等院校大专以上或同等学历，受过劳动人事部门专业训练和至少五年以上人事管理的工作经验。

③掌握整个酒店运营状况、员工状况和劳动力市场的基本动态。

④具有科学合理地组织调度全酒店人力资源的能力。

(3) 财务部经理职业素质标准。

①具有普通院校财务会计专科以上或同等学历，具有主管财务工作五年以上工作经验。

②掌握基础财务会计、成本会计、商业会计、商业统计等知识，具有会计师职称。

③熟悉会计法、税法、经济合同法、商标法、企业经营法及外汇管理法规等各类经济法规。

④能够对投资项目进行评估、可行性分析研究，具有当家理财的经营管理能力，精通本部门各岗位工作，能运用各种财务报表进行企业经济活动分析。

⑤对本国及世界经济的发展有所了解，对旅游经济知识有所了解，掌握本行业的发展趋势与发展动向。

⑥有丰富的财务管理工作经验，有相应的阅历。

**2. 管理人员选定的条件**

对于管理人员的选择与培养，需要一定的条件。例如：

(1) 工作能力。指对工作认真负责的态度、表现能力及对所做工作表现出的积极性、主动性和兴趣。在工作中能认真负责，遵守各项纪律，服从上级领导的指示，踏实主动地做好本职工作。

(2) 学习与掌握知识的能力。有一定的文化水平与修养，掌握并学习过专业知识，有一定的学历。有追求新知识和掌握新技术的要求，有很快学会并掌握与工作相关的新知识和技能的能力与愿望，或在某一知识或技能方面有特长。

(3) 人际交往能力。能正确处理好上、下级的关系，与周围的员工和领导搞好团结，为人热情友善，能通过与上、下级交往顺利地完成各项工作。

(4) 自我控制能力。面对压力、困难、荣誉有较强的控制能力，能保持情绪的稳定，遇到问题时能冷静对待，从容解决，使工作不受情绪的影响。

(5) 决策能力。即面对众多的问题，能正确地分析和判断，从而拿出确实可行的解决问题的方法，并能使方法得以执行。决策能力是反映一个人是否具有领导才干的十分重要的因素。

(6) 独立处理问题的能力。能在正确判断的基础上，采取自己确实可行的方法处理问题，不轻易受其他因素的干扰和左右。

(7) 应变能力。遇到意想不到的问题，能迅速地转变观念和态度，采取适当的方法应付所发生的情况或问题，以控制局势，使工作得以顺利进行。

(8) 管理组织能力。有一定的号召力和影响力，能组织、监督其他员工有条不紊地开展工作，熟悉企业及周围的环境，能较好地利用周围的人际关系，与其

他员工共同努力完成工作。

(9) 身体条件。身体健康，精力充沛，年轻有活力。

**3. 管理能力素质考察**

(1) 通过面谈。要了解一个管理人员候选人是否具备上述能力，可以通过正式或非正式的面谈，通过与候选人的交流了解其有关方面的能力。如可组织有关方面的人员或邀请有关专家对候选人进行有关问题的答辩，也可与候选人进行私下谈心或交谈，以了解他对一些问题的判断能力和解决方法，从而判定其素质的高低。

(2) 通过实践。通过候选人在岗位工作中的实际表现，根据其工作业绩的评估，总结出其工作的能力、特长及管理方面的才干。

## 二、技术人员职业管理

技术人员分布在酒店的各个部门，他们的主要工作是完成好专业技术的管理、操作与维修。他们在酒店经营中起着重要的作用。

**1. 技术人员的素质标准**

由于专业技术的不同，技术人员的素质标准有着较大的差异。

(1) 电脑室主管职业素质标准。

①具有高等院校大学本科（电脑专业）或同等学历，具有两年以上同类酒店业务部门的工作经验。

②具有电脑专业水平，中等英语知识水平。懂得财务管理的一般知识，熟悉计算机设备的管理知识。

③具有酒店管理专业知识，熟悉电脑使用部门的需要及软件编程。

④熟悉财务报表的一般格式，掌握计算机工作程序，能够发现计算机操作人员工作中的问题，并及时给予指导。

⑤具有较强的组织管理能力及文字表达能力，能够调动计算机操作人员的积极性，善于处理计算机网络的联系，保证设备的正常运转。

(2) 西餐大厨职业素质标准。

①具有普通院校烹饪专业或同等学历，精通烹饪知识，熟知食品生产加工过程。

②了解餐饮市场行情，熟悉发展和改进菜式的知识，具备选择原料、改进食品制作的能力。

③掌握食品生产质量的要求和标准，具备丰富的原材料采购、供应、库存的知识，能有效地控制成本。

④善于评估和培训员工，能有效合理的安排和分配工作。

(3) 美容师职业素质标准。

①受过美容专业训练，具有三年以上工作经验，并持有三级理发证书和专业美容培训证书。

②懂得美容仪器的维修、保养，并能根据客人的要求设计美容方案。

③掌握美容专业知识、客人心理和美容技巧，具有较丰富的实际操作经验。

④能用一门外语与客人进行简单的交谈。

⑤能够长时间站立为客人服务。

### 2. 技术人员选定的条件

技术人员除了具有普通员工所具备的一般条件外，还需要具备：

(1) 专业技术水平。由于技术人员主要的任务是完成专业技术工作，所以选择的首要条件是具有某一方面的专业技术能力，能够熟练掌握某一种技术，并能单独完成某一方面的技术工作。即不要求其技术全面，而着重要求其专业性。如工程部的技术人员主要从事维修工作，酒店大厨师的要求就是要做得一手好菜，甚至专业可以细分为面点或西餐等。

(2) 有一定的工作经验。对于所从事的专业有一定的实践经验，能够处理机器设备、专业技术方面出现的问题等。

(3) 能够较快地掌握本专业新的发展动向、有关技术和操作方法，能把所掌握的技术教给具体操作的员工，并监督管理好本专业部门的技术工作，进行安全生产。

### 3. 技术人员的培养计划

专业技术人员多为专业院校或对口专业毕业并有过一段工作经验的人员，其中有酒店从院校毕业生中录取后进行一段时间的培训上岗的，也有从外部招聘来的。对于这部分专业人员的培养，主要是使他们不断地在专业方面更新知识，掌握并了解最新的技术，并能不断地将新技术运用于实践。因此，要对这部分人进行有关信息、知识的学习和培训，根据他们所从事的专业分期分批地对他们进行业务轮训，或外出学习考察，使他们的知识能够不断地更新，这样才有利于酒店专业技术水平的提高，有助于为酒店创造更多的利润。

## 三、员工职业管理

要有计划地、分期分批地对酒店员工进行培养，要制定员工的培养计划，以保证酒店对员工数量的需求和员工素质的不断提高。

1. 员工素质标准

对于不同岗位的员工，要具备不同的素质标准。

(1) 前厅接待员职业素质标准。

①具有中等专业技术学校以上或同等学历，有一年以上酒店前厅工作经验或受过培训，成绩优秀。

②熟悉酒店接待业务知识，有熟练的操作技巧，懂得外事接待礼仪礼节，了解酒店服务设施设备，了解客房类别，具有较强的应接服务能力。

③善于观察顾客心理，能灵活处理顾客提出的各项住房要求，具有一定的应变能力。

④能通过正常的公关手段，有效地处理客际关系，推销酒店产品。

⑤具有较强的口头表达能力，能熟练运用一种外语与客人会话。

⑥善于沟通，能正确处理客人的投诉，客际关系良好，能熟记常客和长住客的姓名及爱好，及时满足客人要求。

⑦仪表仪容整洁，理解接受能力和自我控制能力强，善于应变。

(2) 楼层服务员职业素质标准。

①具有初中以上或同等学历，受过酒店服务专业正规训练。

②掌握做床、清扫客房及卫生间的技能和知识，了解客房工作标准。

③熟记酒店和客房的各项规章制度。

④具有做好物品消耗和客房饮料消耗记录的能力。

⑤具有礼貌地与客人用简单外语沟通的能力及向客人提供主动、热情、礼貌的各种服务的能力。

⑥具有与他人友好相处的能力，善于沟通。

⑦身体状况好，能够适应酒店长期站立及体力劳动的工作环境。

(3) 保安员、警卫职业素质标准。

①具有高中或旅游职业高中以上或同等学历，受过一定治安专业基本培训。

②了解酒店保安部的各项规章制度和店纪店规。

③熟悉酒店环境情况和各重要巡查岗位的工作要点。

④具有较强的记忆力、观察力，具有敏锐辨认可疑人和事的能力。

⑤具有一定的消防知识和实际操作技能。

⑥具有酒店常用的简单外语会话能力。

⑦有一定的交际能力，善于沟通和协调上、下级关系及各部门安全工作的相互关系。

⑧身体健康，有一定的擒拿技巧。

### 2. 员工职业培养的计划

对于每个员工，特别是向管理人员方向培养的员工，职业发展方向的选择必须能够适应酒店发展的需要，适应酒店在员工招聘方面竞争的需要，适应现存的或计划实施的酒店组织结构的发展需要。在员工职业培养计划中首先要明确员工职业培养的目的，确定管理人员培养的范围，酒店与员工在实施职业计划中的分工，确定员工职业计划管理的负责人，督促计划实施情况的办法与措施等。

### 3. 对员工职业道路的选择

酒店首先要对所选择培养的员工进行职业指导和咨询，为其选择和确定发展方向。由于职业道路可能决定人的一生或相当长时期的发展方向，对于职业的选择一定要慎重处理。

(1) 真实性。对员工职业道路的选择一定要符合员工的实际条件，符合员工自身的愿望，并且要根据员工本身和目前具备的知识、品质、技巧及身体和学习情况，预测和判断其发展的可能性和真实性。

(2) 尝试性。由于对员工职业道路的选择不一定能通过资料及现有的情况准确地进行判断，可以通过安排员工在不同的岗位上工作或任职，通过实际工作情况认定员工的专业特长所在，从而更准确地选择培养方向。

(3) 灵活性。对于员工的职业道路及工资报酬，也可以根据工作情况、工作内容、任职情况及组织管理的需要及时进行调整，尽可能选择一个既符合酒店的培养目标，又适合员工本人发展意向的职业。

### 4. 对员工职业计划的管理

酒店要对员工职业发展计划进行有效地管理，其内容包括：

(1) 鼓励员工为建立和实现自己的职业发展目标而努力工作。

(2) 对员工表达出来的发展目标现实性和需要合理性进行评估。

(3) 辅导员工做出双方都有意接受的行动方案。

(4) 跟踪员工的发展计划并进行适当的调整。

管理人员要经常与员工进行沟通与交流，随时了解他们的思想和工作情况，发现问题及时处理，并在工作中不断地改进和完善职业计划，以达到最优的效果。

### 5. 对员工职业管理的模式

由于员工的发展情况一方面受个人才能和努力程度的影响，另一方面受员工所在企业组织职业管理模式的制约，首先，受企业内部的管理模式的影响，即酒店内部管理的竞争环境。如果酒店对外部劳动力市场开放度较低，内部职业管理方式能为员工提供一个宽松的环境，能有一个公平竞争的环境，员工晋升的可能性就会大大提高，员工在本企业工作就会相对稳定。其次，如果酒店对外部劳动力市场开放度高，使内部职工不仅要面对酒店内部的竞争，还要面对酒店外部的人才的竞争，这就大大降低了自己的晋升机会，工作缺乏稳定性，员工的流动性就会较高。

因此，酒店对员工职业管理的方式在很大程度上影响着员工的工作方向、发展道路与发展前途。

**6．员工自我职业管理**

除了酒店对员工进行选择培养外，员工本人也要对自己的职业及发展前途作一个选择与规划。如果员工在进入酒店工作时，已认定了自己的职业发展目标，就应根据自己的特点、爱好、专业特长为自己选择好职业发展意向，就应为自己的职业发展进行必要的规划与管理。

(1) 要对自己的工作能力、职业兴趣和价值观念进行自我评价。

(2) 分析可供自己选择的专业或职业。

(3) 确定自己的发展目标。

(4) 向上一级主管或有关管理人员说明自己的职业倾向和志向。

(5) 在时机成熟时与管理人员协商双方可以接受的职业管理方案。

为了自己的前途，员工应努力实现自己的发展目标，在无法确定实现自己职业目标的情况下，可以采取“积累”的策略，即接受那些工作待遇不高，但是却可以提供重要的学习和实践机会的职业，在工作中通过观察、实践、学习，不断地发现自己的特长与不足，从而根据实际情况选择自己的发展方向。在工作中，不要放弃任何可能实现自己职业计划的机会，要努力搞好本职工作，既不要好高骛远，也不要胸无目标，要通过个人的努力，争取得到选拔和晋升的机会。

## 第二节　员工的调动与晋升

### 一、人员的调动

员工的调动是指在级别相等的条件下，从一个岗位调换到另一个岗位，从而区别于晋升与降职。

**1．调动的目的**

员工调动的目的一般有：

(1) 为了能更好地发挥员工的特长，更好地提高工作效率。如某个原来在客房部工作的员工有较好的交际能力，为人热情，气质高雅，人事部门认为调动到

前台工作更能发挥他的能力和作用，从而产生工作的调动。

(2) 为了协调人事关系。由于有一个团结的集体，才有工作效率，如果某个部门由于人事关系的不协调，会在一定程度上影响员工的工作积极性，进行必要的员工调动，能缓和和调解人事关系，有助于酒店工作的正常运行。

(3) 为了培养和锻炼人才。人事部门为了有目的的培养和锻炼员工，让他们进行必要的工作调换，以适应不同的工作环境，更多地、更全面地了解酒店工作，提高工作能力，以便为下一步晋升作准备。

当然，如果调动会使员工产生某种程度的不满，如果调动带来工作地点的变动，会给家庭生活带来不便，如果是工作性质的变化，员工必须从头熟悉新的工作及适应新的工作环境，会给员工的工作和生活带来一些变化或困难，这些还必须由人事部门进行一些说服及具体困难的处理工作。

**2. 调动的程序**

(1) 酒店有权按实际需要将员工调往酒店内任何部门或集团内任何酒店工作，也有权按业务需要指派员工前往全国各地及国外公干。员工调动须获有关部门主要领导批准及经人事部办理有关手续。

(2) 人事部将及时公布酒店内部职位空缺，员工可报名或推荐外界人才应聘，各种协调工作由人事及相关部门负责。

## 二、员工的晋升

酒店工作十分辛苦，年轻人居多，他们一般都有努力工作、争取提升的愿望，而酒店的经营好坏是与全体员工的努力工作分不开的。如何安排好员工的工作与晋升机会，调动他们的工作积极性和上进的精神，是与管理岗位条件的设定及管理干部的选拔有着十分密切的关系的。

**1. 晋升过程**

员工的晋升一般要通过充分的讨论酝酿，要征求多方的意见最后达成一致意见。一般要征求以下部门和人员的意见：等替换的现任岗位的人员，现任岗位的主管领导，被提名的替补人员的上司，酒店高级领导，人事部领导等。

员工的晋升一定要有利于酒店工作的开展，有利于提高酒店的经营水平和工作效率，有利于员工个人的前途和充分发挥积极性。对员工要用其所长，不要带有任何个人的偏见或成见，要从总体的利益出发，要抛弃狭隘的本位思想。

**2. 管理人员的培养**

(1) 候选人。对于管理干部候选人的选择，一般选择有一定专业基础，如专业学校或相关院校毕业，有一定的学历，年富力强，有事业心，热爱酒店工作的。

(2) 实践。作为酒店的管理人员，必须对酒店工作有一定的实践经验，因此，管理人员的培养要有计划地安排候选人上岗锻炼。对于任何一个岗位的实践，不是满足于在较短的时间内对其工作有一定的了解，而是要在其岗位上经过充分的磨炼，从下至上不断地实践并经历负责办理各种不同的专业事务，全面掌握和熟悉此岗位的工作，能处理岗位中各种各样的具体事务，应付不同的情况。

(3) 专业知识的学习。除了工作实践，还要培养管理人员不断地提高理论基础知识，要不断地接受新的知识和新的工作方法。如要学习领导技巧，学习专业性财务知识，要学习心理学，学习待人接物的技巧，还要学习计算机，学会运用现代工具管理酒店等。

(4) 用其所长。每一个人都有其长处与短处，全面优秀的人才是不存在的。对于管理人员的培养与使用，一定要发挥其长处，用其长处，要把他放到适合发挥自己专长的岗位上工作，这样，才能使人的积极性和智慧得到充分的发挥，也使管理人员的培养得到最优的效果。

## 第三节　员工的降职与离职

### 一、员工的降职

降职就是从原来较高的职位调换到另一个较低的职位。降职一般都是有原因的，最常出现的原因是：

**1．能力与所任职务不一致**

通过一段时间的工作，酒店领导认为某人对所担任的职务不合适，这种不合适有可能是此人有业务能力，但不合适担任这个职务，在这个职务上他反而不能发挥个人的特长，还有可能是此人能力一般，难以胜任目前的职务，对此岗位领导有更合适的人选等。

**2．工作有失职行为**

在任职期间，虽然做了大量的工作，创造了一定的业绩，但由于某一次工作的失职，给酒店经营造成损失或产生了不好的影响，对于个人的处分为降职处理。

**3．本人主动提出降职**

本人通过工作实践，认为不合适担任此职务，或有其他原因无法继续任职，主动提出书面或口头申请，通过领导研究，同意其降职。

**4．机构的改革或精简**

企业根据发展的需要或竞争的需要，不得不进行一些机构改革或精简机构，对于原机构的一些职务进行更换或撤销，这样，使原机构的任职者在没有同职务的岗位更换时，不得不降职处理。

**5．违反纪律，工作业绩差**

由于任职者多次出现违反纪律的情况，或者工作业绩连续考核都比较差，为了保护酒店管理的正常化和制度化，为了避免出现更大的问题，不得不对此人进行降职处理。

## 二、员工的离职

酒店员工的离职一般有三种情况：

**1．自愿辞职与退职**

自愿辞职或退职是由受雇一方主动提出的一种离职方式。它一般要通过个人提出书面申请，由酒店领导审批通过后方可离职。自愿离职的原因是多种多样的，包括以下几种情况：

(1) 有了更适合自己的发展机会。市场经济条件下，“铁饭碗”的不复存在，使人才的自由流动成为可能和必然，人们可以自由地选择自己的职业，可以根据需要或条件改变自己的职业。如果员工在别处找到条件和待遇更好的单位，找到了更适合自己的工作，就有可能提出辞职；员工获得了一个深造的机会，如上学、出国等，这样，也有可能放弃目前的工作。

(2) 由于经济或待遇方面的原因。有些员工认为在本酒店工作工资低，不能满足个人经济需要，或通过与同行业员工的比较，认为自己在本企业受到的待遇和工资偏低，或认为工作条件和环境不好而对酒店产生不满，从而要求离开酒店，以寻求更高的经济收入。

(3) 人际关系处理问题。一些员工在酒店由于上下级关系处理得不好，或者与主管上级产生了一些矛盾，觉得继续在此酒店很难搞好工作，或者怕上级给自己“小鞋”穿，影响自己的晋升与进步，因此不得不要求离开此酒店。也有些员工由于在晋升、加薪、奖励等方面得不到应有的待遇或感到不公平而产生情绪，以致最终离职。

(4) 身体或家庭的原因。酒店工作十分辛苦，经常要加班和上夜班，对于某些身体不好的员工，特别是初为人母的女员工有一定的困难。还有一些家庭，夫妻双方工作都很忙，或者都要排夜班，这样，就给正常家庭生活带来一定的困难，因此，不得不放弃酒店工作。人们常说，酒店工作是“吃青春饭”的，就是

说明了酒店工作的辛苦。还有些员工由于家庭搬迁，家里有老人或小孩需要照顾等原因，也不得不放弃酒店工作而选择离家近的其他酒店工作。

(5) 酒店经济情况的转变。酒店经营情况是随着整个社会经济的发展，随着地区经济的发展，随着旅游业的发展，随着同行业的竞争强弱、管理者的经营水平等因素而发展变化的。也许这几年效益好，过几年效益就有可能发生滑坡，在酒店效益好时，工资奖金就可能拿的多，在效益不好的时候，可能就没有奖金。一些员工在酒店经营不好的时候转向其他企业是常有的事，尤其是具有一定工作经验，有一定工作能力的员工，比较容易在其他酒店或企业找到工作。

**2. 非自愿的辞退与离职**

(1) 酒店的要求。员工因酒店机构调整无合适工作安排的，或经培训和岗位调整后仍不能适应酒店工作要求的，经试用证明不符合录用条件的。

(2) 员工工作中的问题。员工在工作中的失误、工作不负责任、工作业绩太差等是造成员工非自愿离职的主要原因。员工在工作中严重违反酒店的规章制度，如对客人造成精神、身体或物质上的伤害，偷窃、打架，不按照酒店规章制度操作而给酒店造成损失或给客人带来人身伤害；工作经常不能完成最低标准，工作拖拉，办事效率极低，多次批评教育不能改正；对所承担的工作没有责任心，严重损害了酒店的荣誉或声誉等。

(3) 员工的身体原因。员工固有的身体缺陷或非因公致残等，使员工无法胜任原有的工作，不得不做辞退处理。

(4) 员工有了其他违反法律的行为。员工在酒店工作期间，出现了违反法律的犯罪行为，被公安机关拘捕，酒店应给予退职处理。

(5) 管理者的意愿。酒店就像一个大家庭，需要各级管理人员的密切配合，才能使酒店工作正常运转，对于酒店的管理者来说，对于人的选拔与使用常常带有个人的意志，特别是对于中高级管理者的选用，酒店经理总是选择与自己能协调共事的人选，一旦管理层之间出现矛盾，辞退或降职也时有发生。

**3. 退　休**

退休是指员工工作到了一定的年限，达到规定的年龄，符合退休条件的，可以根据法律或政府法令规定及酒店的具体规定，脱离工作岗位，但按月领取一定数额的工资，即退休金，以安度晚年。

(1) 退休的条件。

①年龄。目前我国企事业单位男性 60 岁，女性 55 岁，且工作年限满 15 年，就到了法定的退休年龄。酒店退休年龄一般依照国家规定，针对本酒店的实际条件进行安排。

②工龄。工龄也是决定是否可以退休的依据之一。有些员工可能参加工作

早，虽然年龄没到退休标准，但工龄较长，也可以提前退休。如国家规定年满 50 周岁，工作年限满 20 年，或虽未满 50 周岁，但工作年限满 30 年，本人自愿要求退休，经主管机关批准，可以提前退休。

③身体状况。虽然未达到退休的年龄或工龄，但由于身体情况欠佳，或因公致残，难以继续工作或基本丧失了工作能力，对于这种情况的员工可以根据有关规定提前退休。

（2）退休人员的生活待遇。

①退休金。退休金的多少一般由本人退休前的标准工资额、工作年限和退休金标准来决定。我国现行的退休金标准分为三个档次：凡工龄满 10 年的员工应得的退休金为原标准工资的 60%，工龄满 15 年的为 70%；工龄满 20 年的为 75%。因工致残，但日常生活不需人扶助的员工，退休金按原标准工资的 80% 发给，因工致残、需要人扶助的，退休金按原标准工资的 90% 发给，并发给不超过一个普通工人工资的护理费。

②福利待遇。退休人员的各项福利待遇除与当地在职人员相同外，一般还享受退休人员及供养的直系亲属前往居住地点的车旅费，退休人员退休后异地安家的适当发给安家费，退休人员退休后回农村安家的适当给予住房补贴等。

（3）退休人员的管理。

对于退休的员工，酒店应按照国家和所在省、市的有关规定为其办理退休手续。对于退休后的职工，酒店仍有责任对他们的生活和健康状况给予关注，要安排好他们的生活，要定期为他们检查身体，在他们有困难的时候要尽可能地给予关心和帮助。要为退休职工安排一个好的生活环境，使他们能安度晚年。这样，不仅表现了酒店对于员工的态度和责任，也是对社会的负责。

对退休员工来说，一部分是由于身体、家庭等一些具体情况，有退休的愿望，这些人退休后，感觉是一种解脱，会产生一种放松感，从而比较适应退休后生活的改变；另一种是由于年龄等原因不得不退休，使习惯于忙碌的员工突然不得不每天无所事事地待在家中，感觉是一种痛苦，会产生失落感。对于这部分员工，特别是还有一定技术专长的退休职工，酒店可以在适当的时间为他们安排一点力所能及的工作，让他们有一个过渡过程和发挥余热的机会，从而逐步适应退休后的生活。

## 三、辞职或辞退的处理过程

### 1．辞职的过程

首先，由员工本人向所在部门主管提出书面辞职报告，报告特别要说明本人的职位、工作时间和工作表现及要求辞职的具体原因。

其次，由员工所在部门主管向人事部门及有关领导提出报告，部门经理在接到辞职书后，要准备完成以下程序：写出包括申请辞职员工的姓名、部门、职位、工资、工作表现、工作时间、个人简况、辞职原因等的报告书，报酒店人事部、财务部领导及总经理审批签字后方可生效，同时转人事部、财务部备案。

再次，员工要在提出辞职请求并审批通过后的一至两个月后才能离职，以便人事部门做出相应的人事安排，离职前要办好相应的手续，要将酒店发给的有关财产、证件及借用物品归还有关部门，如有遗失或损坏要照规定赔偿。员工如果参加过酒店出资培训的，要按照有关规定交清培训费等。

最后，由财务部结清员工的工资及其他账目，在人事部门办理具体的辞职手续。同时，人事部还应通过交谈并填写离职约定表，了解清楚员工辞职的原因，以便改进酒店的工作。

2．**辞退的过程**

首先，部门经理提出辞退某员工的书面报告，包括姓名、部门、职位、员工简况、工作表现、工资、休假情况及辞退的具体原因。并要具体说明员工是否因为违反了酒店的有关规章制度，还是其他违法行为的严重程度和不良后果情况。

其次，报告提交总经理，经总经理和最高管理部门审批后，交人事部门、财务部门备案。

再次，有关领导要安排与员工进行一次面谈，向员工说明辞退的原因，了解员工对酒店的一些看法与意见，尽可能地满足员工的某些合理要求，使员工心平气和地离开酒店，并通知员工在规定时间内清退一切酒店的财物。

最后，由财务部门结算工资，在人事部门办理具体的退职手续。

## 第四节　员工的纪律管理

任何一个单位或企业都需要有纪律，有纪律才有效率，有纪律才有质量，才能创造企业的凝聚力，才能达到企业的奋斗目标。对于酒店来说，不同部门有不同的工作和不同的服务质量要求，纪律的约束显得尤为重要。酒店的声誉和经营水平都与严格的纪律和优质的服务分不开。

### 一、酒店的日常规章制度

1．**考勤制度**

酒店各个部门要对员工的工作班次作出具体的规定与安排，要求每个员工要按时上、下班，要按酒店的规定亲自打考勤卡，不得无故缺勤、迟到或早退，病

事假要按规定提前请假，超过酒店规定病事假时间的要按有关规定扣除奖金或工资。

**2．证　件**

酒店员工应该按照酒店的规定爱护和使用有关证件，上班时要按规定携带和佩戴有关证件和名牌，以便酒店有关部门的检查和客人的识别。一旦证件遗失或损坏，要及时向有关部门报告并补办。员工在调离酒店时，要交还有关证件。

**3．制　服**

酒店规定每个员工上班时都要穿制服。酒店的制服不仅是酒店的一种标志，反映了酒店的一种精神风貌，它也是区别不同等级、不同服务内容的外部标志，因此，制服对于酒店的管理有着十分重要的意义。酒店员工不仅要按规定穿着制服，还要爱护制服，不得在酒店外穿着或携带制服，制服的遗失或损坏应及时报告有关部门并及时处理。

**4．仪容仪表**

仪表一般指人的外表，包括容貌、服饰、姿态和风度。酒店员工有良好的仪容仪表，反映了一个酒店的精神风貌，反映了员工的精神面貌，因此，要求员工有良好的仪容仪表，要保持制服的合体和整齐清洁，员工可以根据自己的容貌适当加以修饰，如得体的面部化妆、合适自己身份的发型。女员工化妆要淡雅，男员工不要留长发，要情绪饱满，举止文雅大方。

个人卫生也是仪表的内容之一，特别是餐饮部的员工尤其重要。员工要做到勤洗澡、勤换衣、理发、勤剪指甲、上班时间不聊天、吃零食等。

**5．安全制度**

员工上班主动向门卫出示证件，下班自觉接受必要的检查，不在禁烟区吸烟，上班时严格按照酒店的各项规章制度办事，不随便带外人来酒店，不会见客人，遵守酒店纪律和各项安全守则，拾到任何物品主动交有关部门及时处理。

**6．涉外纪律**

由于酒店工作有机会与外国人接触，酒店员工要特别注意遵守涉外纪律。要注意维护国家利益，保守国家机密，不与外国宾客私自交往，不向客人索取礼物或小费，尊重外国客人的风俗习惯和宗教信仰等。

## 二、纪律处分

**1．以员工手册为准则**

员工的纪律处分首先要以员工手册为准则，对于员工违反纪律的程度、次数

等都要严格地根据员工手册上的规定进行处罚，不能带有任何个人的恩怨。

**2．惩罚与教育相结合**

对于员工的违纪处罚要本着以教育为目的、以处罚为手段的原则，通过处罚真正起到使员工从思想上认识错误的目的，从而教育员工严格遵守酒店纪律，认识到违反纪律对于酒店和个人所产生的危害，从而改正缺点，搞好工作。

**3．实事求是**

对于员工的违纪行为，首先要在充分调查了解、多方听取意见的基础上，弄清事实真相，了解事情的全过程，正确判定违纪的性质、程度，从而采取公正的处罚方式。

## 三、员工投诉处理

员工在工作中，由于对酒店的管理方法、管理规则或管理人员不满，会进行投诉，对于员工的投诉，要注意采取正确的方法进行处理。

**1．了解情况**

对于员工的投诉，首先要根据投诉的内容进行必要的分析、调查，了解其反映情况的真实性。

**2．交换意见**

与投诉员工正面单独沟通，充分了解投诉人的意见，进行必要的意见交换。力求消除投诉人的怨气。

**3．采取必要的改进措施**

对于处理投诉，最好能在最低层内解决，避免事态不必要的扩大，并力求给投诉人一个满意的处理结果。处理投诉的管理人员要本着对事情认真负责的态度，积极认真地解决问题，必要时反映给高层领导。对于投诉人提出的正确意见或建议，要积极吸收并提交酒店高层领导，以便及时采取改进措施。（见附一：庆丰酒店员工纪律条例）

## 四、员工的劳动保护

劳动保护是指企业对劳动者在生产与工作过程中的生命安全和身体健康的保护。它包括预防工作事故和职业危害、改善劳动条件、实现劳逸结合和加强女工保护等一系列的技术安全措施和组织管理措施。

1. **员工安全的意义**

(1) 关系到酒店经营的正常运作。酒店员工的安全管理是现代酒店管理的重要部分。员工是酒店得以正常运作的主要力量，是生产要素中的劳动者，有了员工安全、正常的工作，酒店的经营才能正常运转，它和酒店的物质财产、客人的财物和人身安全具有同等重要的地位。

(2) 保护员工正常的工作情绪。酒店一旦发生事故，或者造成员工伤亡，不仅给酒店带来巨大的经济损失，酒店还要弥补设备、原料等的损失及员工的赔偿金、医药费等，更会给员工带来精神上和身体上的伤害，导致员工情绪低落，工作热情减退，甚至影响正常的工作秩序。因此，搞好员工的安全保护工作绝对是事半功倍的大事情。

(3) 维护企业形象。人们通常认为在酒店工作比在工厂安全多了，因此忽视了酒店员工工作的安全性。其实不然，酒店也多因为员工的疲劳工作、注意力不集中、违反操作规程等情况导致事故的发生，如割破擦伤、滑倒、烫伤扭伤等。事故一旦发生，会使酒店的正常工作受到影响，同时反映出该酒店在管理上的种种问题，在同行业中造成不好的影响，使酒店的声誉和形象受到损害。

2. **酒店员工安全规则**

(1) 制定安全操作的工作规程。员工所从事的每一项工作都应有安全操作规程，每个员工要熟悉并严格按照操作规程工作。如：

①不准在移动的电梯上工作，正在维修的机器或房间要挂警告标志。

②电梯不能超过规定的载客量，在停止使用时要关掉电源。

③端盘时盛物不宜过多，端热食物要用垫子。

④不要一次拿过多、过重的东西，可分多次或请别人帮助。

⑤使用煤气时要检查煤气设备的安全情况，不要用火柴点火。

⑥零星物品不要随地乱放，电线要放到人不易碰到的地方。

⑦不要用手捡刀片、碎玻璃，要使用湿抹布进行处理等等。

(2) 对员工进行安全教育和培训。酒店要十分重视平时对员工的安全教育和培训工作，要不断地向员工灌输安全操作的意义、作用，教育员工自觉按照操作规程办事，还要定期分批地对员工进行安全知识的培训，使广大员工在碰到问题时能及时妥善地处理，避免导致更大的损失。

(3) 建立安全检查制度。酒店制定安全检查制度，由有关部门对酒店的设备运转情况进行管理。员工对于操作规程的执行情况要定期进行检查，发现问题及时处理，对于未能按照操作规程工作的员工要给予警告或处罚。

(4) 制定应付紧急情况的措施。酒店要制定应付紧急情况的具体措施，对于可能发生的意外事故应采取何种补救措施给予具体的布置，使每个员工能熟练掌

握，并可通过培训、演习等方式对员工进行技术上和心理上的训练，一旦意外事故发生，可以尽可能地减少损失。

(5) 加强对事故的总结和教育。对于已经发生的事故，要认真进行事故后的总结和处理工作，找出造成事故的原因，追究与事故有关员工的责任，及时处理造成事故的有关物品、设备，以避免和杜绝再次事故的发生。

(6) 高层管理者的重视。通过高层管理者的重视可以减少不安全事故。这种重视是通过高层管理者亲自介入日常的安全活动，在酒店有关会议和工作进度中优先考虑安全事务，给酒店安全管理人员以较高的待遇，将安全培训纳入新员工培训中等。

**3．对紧急事故的处理**

(1) 紧急救护。由于不同程度的人身伤害随时都有可能发生，如果能在事故发生时及时采取有效的措施，就能大大减轻事故的不良后果。因此，要对酒店员工普及紧急救护的有关知识，使普通员工对紧急救护都能不同程度地采取有效措施，将事故的不良后果降低到最小程度。如：

对于一般烧伤、烫伤的处理：烧伤处要用厚棉巾敷上，轻度烫伤可以立即在凉水中浸泡，然后抹点油，起了水泡的烫伤，尽量不要弄破。

对于割伤、擦伤：要尽快止血，根据出血的性质可采用合适的止血法止血，可以用指压法止血，或用布包止血。

对于骨折：不要移动断骨，要先止血，再包扎，然后用夹板或硬的板、棍等进行就地固定。

对于心脏病或昏迷者：要进行及时的心肺功能复苏，首先要使昏迷者仰卧，开放其气道，立即叫救护车，如果病人停止呼吸，要用口对口的人工呼吸法进行抢救。

对于不明原因的重病人：要让病人躺下，不要给昏迷病人喝水，要尽快请医生。

(2) 防止火灾。酒店的消防工作是十分重要的，由于酒店的客人繁杂，需要用电、火的地方又多，易燃物多，对于火灾，酒店特别需要防范。

①酒店管理者要特别重视对火灾的预防，要高度重视。

②酒店要有一套火灾防范系统，客房要安装烟火报警器及自动喷洒系统，按消防规定安置灭火器等设备。

③前台或电话房等部门要设置烟火报警器监测系统，用电视监视器监视酒店各处的情况，一旦发现问题可以及时采取措施。

④酒店厨房的装置要特别注意有利于防火，要安置防火装置，厨房员工要具备灭火常识。

⑤要经常地、定期地对防火设备进行检修，做到常备无患。要对员工进行防火知识的普及，还要在酒店进行灭火模拟训练，使每一个员工都明确在火灾发生时应该如何去做。

**4．劳动保护的措施**

(1) 不断改善劳动环境，完善各项规章制度。员工能在一个安静、安全、清洁、无害的环境里工作，会有一个好的心情，能更专心、安心地工作，因此，酒店要在条件允许的情况下，不断地改善员工的工作环境，为他们创造优美、清洁、安全的工作条件，使员工工作得更舒心、更安心。同时也要不断地完善各项规章制度，在完善的规章制度下工作能够保证员工的安全健康，使酒店工作有条有序，规范运作。

(2) 按期发放个人劳保用品。根据酒店工作的需要及每个员工的工作性质按期发放个人劳保用品。如毛巾、肥皂、工作服、防滑鞋、防护手套等，还可根据需要发放保健食品。

(3) 合理安排员工的工作和休息时间。酒店的工作是全天制的，再加上酒店工作随机性很强，碰到客人多时经常需要加班加点，为了保证员工的身体健康，保护好每个员工的正常休息，一定要安排好员工的工作和休息时间，合理安排加班，确保加班后的休息或补贴。

(4) 做好女工的劳动保护。酒店的女员工是比较多的，要特别注意处理好女工的工作与生活。要注意女工特殊的生理特点及需要，要根据国家对女工的劳动保护政策规定，做好女工在月经期、怀孕期、生育期和哺乳期的劳动保护，给予她们适当的照顾。(见附二：宝丽大酒店安全条例)

## 本章小结

1．酒店是一个综合性的服务企业，内部分工十分细致和复杂，岗位众多，不同的岗位有不同的工作性质和特点，需要不同的技术专长和素质标准。酒店人员大致可分为三类：一是管理人员，二是专业技术人员，三是服务人员。

2．管理人员根据所承担的责任不同，可分为高层管理人员、中层管理人员和基层管理人员。作为管理人员必须具备的基本素质是：政治方向明确，有强烈的事业心和奉献精神，敢于承担责任；具有诚实、公正、廉明的品德；办事果断、执著、实事求是；能沉着冷静地解决问题，能够控制局面；能团结周围的同志一道工作。不同工作岗位的管理人员有不同的素质标准。对于各部门管理人员的选择，要制定相关的标准要求，使其能胜任所从事的管理工作。

3．技术人员分布在酒店的各个部门，他们的主要工作是完成好专业技术的

管理、操作与维修。他们在酒店经营中起着重要的作用。由于专业技术的不同，技术人员的素质标准有着较大的差异。对于专业人员的培养，主要是使他们不断地在专业方面更新知识，掌握并了解最新的技术，并能不断地将新技术运用于实践。

4. 员工职业管理。要有计划地、分期分批地对酒店员工进行培养，要制定员工的培养计划。以保证酒店对员工数量的需求和员工素质的不断提高。对于不同岗位的员工，要具备不同的素质标准。对于每个员工的职业发展方向的选择，必须从能够适应酒店发展的需要来制定员工职业培养计划。

5. 员工的调动是指在级别相等的条件下，从一个岗位调换到另一个岗位，从而区别于晋升与降职。员工调动的目的一般有：(1) 为了能更好地发挥员工的特长，更好地提高工作效率；(2) 为了协调人事关系；(3) 为了培养和锻炼人才。

6. 调动的程序包括：(1) 酒店有权按实际需要将员工调往酒店内任何部门或集团内任何酒店工作，也有权按业务需要指派员工前往全国各地及国外公干；(2) 人事部将及时公布酒店内部职位空缺，员工可报名或推荐外界人才应聘，各种协调工作由人事及相关部门负责。

7. 员工的晋升一般要通过充分的讨论酝酿，要征求多方的意见最后达成一致意见。一般要征求以下部门和人员的意见：等替换的现任岗位的人员，现任岗位的主管领导，被提名的替补人员的上司，酒店高级领导，人事部领导等。员工的晋升一定要有利于酒店工作的开展，有利于提高酒店的经营水平和工作效率，有利于员工个人的前途和充分发挥积极性。

8. 管理人员的培养包括：(1) 候选人。对于管理干部候选人的选择，一般选择有一定专业基础，有一定的学历，年富力强，有事业心，热爱酒店工作的；(2) 实践。作为酒店的管理人员，必须对酒店工作有一定的实践经验，因此，管理人员的培养要有计划地安排候选人上岗锻炼；(3) 专业知识的学习。要不断地让其提高理论基础知识，使其接受新的知识和新的工作方法；(4) 用其所长。对于管理人员的培养与使用，一定要发挥其长处，用其长处，要把他放到适合发挥自己专长的岗位上工作，这样，才能使人的积极性和智慧得到充分的发挥，也使管理人员的培养得到最优的效果。

9. 降职就是从原来较高的职位调换到另一个较低的职位。降职一般都是有原因的，最常出现的原因是：能力与所任职务不一致；工作有失职行为；本人主动提出降职；机构的改革或精简；违反纪律，工作业绩差。

10. 员工离职一般有三种情况，第一种情况是：自愿辞职与退职。自愿辞职或退职指由受雇一方主动提出的一种离职方式。它一般要通过个人提出书面申请，由酒店领导审批通过后方可离职。自愿离职的原因是多种多样的，包括以下

几种情况：(1) 有了更适合自己的发展机会；(2) 由于经济或待遇方面的原因；(3) 人际关系处理问题；(4) 身体或家庭的原因；(5) 酒店经济情况的转变。

11. 员工离职的第二种情况：非自愿的辞退与离职。原因：(1) 酒店的要求；(2) 员工工作中的问题；(3) 员工的身体原因；(4) 员工有了其他违反法律的行为；(5) 管理者的意愿。

12. 员工离职的第三种情况：退休。退休是指员工工作到了一定的年限，达到规定的年龄，符合退休条件的，可以根据法律或政府法令规定及酒店的具体规定，脱离工作岗位，但按月领取一定数额的工资，即退休金，以安度晚年。退休问题涉及：(1) 退休的条件；(2) 退休人员的生活待遇；(3) 退休人员的管理。

13. 辞职的处理过程。首先，由员工本人向所在部门主管提出书面辞职报告；其次，由员工所在部门主管向人事部门及有关领导提出报告，部门经理在接到辞职书后，要准备完成以下程序：写出包括申请辞职员工的姓名、部门、职位、工资、工作表现、工作时间、个人简况、辞职原因等的报告书，报酒店人事部、财务部领导及总经理审批签字后方可生效，同时转人事部、财务部备案；再次，员工要在提出辞职请求并审批通过后的一至两个月后才能离职，以便人事部门做出相应的人事安排，离职前要办好相应的手续，要将酒店发给的有关财产、证件及借用物品归还有关部门，如有遗失或损坏要照规定赔偿；最后，由财务部结清员工的工资及其他账目，在人事部门办理具体的辞职手续。

14. 辞退的处理过程。首先，部门经理提出辞退某员工的书面报告，说明辞退的具体原因；其次，报告提交总经理，经总经理和最高管理部门审批后，交人事部门、财务部门备案；再次，有关领导要安排与员工进行一次面谈，向员工说明辞退的原因，了解员工对酒店的一些看法与意见，尽可能地满足员工的某些合理要求，使员工心平气和地离开酒店；最后，由财务部门结算工资，在人事部门办理具体的退职手续。

15. 员工的纪律管理包括：考勤制度、证件、制服、仪容仪表、安全制度、涉外纪律等。

16. 纪律处分时必须：以员工手册为准则；惩罚与教育相结合；实事求是。

17. 对于员工的投诉，要注意采取正确的方法进行处理。做到了解情况；交换意见；采取必要的改进措施。对于处理投诉，最好能在最低层内解决，避免事态不必要的扩大，并力求给投诉人一个满意的处理结果

18. 劳动保护是指企业对劳动者在生产与工作过程中的生命安全和身体健康的保护。它包括预防工作事故和职业危害、改善劳动条件、实现劳逸结合和加强女工保护等一系列的技术安全措施和组织管理措施。

## 案例分析

**【案例1】**

### 做员工成长的“总导演”

每一位新员工在进入酒店的开初，都是酒店培养新的优秀员工或管理人员的开始，它要求酒店做好大导演的角色。一般而言，一个员工的健康成长和发展要经历三个阶段：导入期、成长期、贡献期。

在导入期，我们要求员工成为一个酒店的人。进入酒店，员工不再是学生，然而，新员工就好像是带着眼罩的人置身于一个陌生的酒店环境中，往往有一种本能的恐惧感，不自觉地以旁观者的心态来工作，从而保护自己。如何摘下员工的眼罩，铺平员工进入酒店的道路，就是我们在导入期的工作，我们称之为“入模子”。

“模子”就是我们的企业文化，包括企业的宗旨、使命、用人观念、规章制度、核心价值观等。“入”是使员工由被动的接受到主动的了解、理解、认同、推进和改造企业文化，让员工在我们的培训中不断升华，从做人、做事以及准确定位自己现在、将来发展的过程。

“入模子”的一个重要手段就是培训。在培训中，最重要的是要强调规则、纪律。要在封闭的培训环境和严格的作息管理中，让员工真正感受到“入模子”的与众不同，以纪律唤起员工的进取心态。同时以最短的时间培养员工的集体意识。通过“建班子、定战略”的分小组训练，完成自我介绍、班子建设与分工、约定共同目标和行为准则，使一个个互不相识的个体组成一个团体。最后是通过培训总结会等形式，让员工回味回顾自己的集体生活，澄清自己的价值观，充分导入酒店的价值观、意识观。

在成长期，要求员工具有上进心。上进心是不断挑战自我、提高自身能力的过程。没有上进心的人是没有前途的，因为什么样的目标对他也没有吸引力。为此，我们要让员工树立起正确的企业观念，彻底抛开“在酒店工作是吃青春饭”的错误观点。在思想上培养员工的酒店人的观念，多找机会让员工到一些优秀的酒店参观、学习，与优秀的酒店人进行交流，开阔视野，树立起成为酒店人的奋斗目标。要提供员工从专业到管理的全方位培训、全方位的职业发展列序，要求各部门经理都要为员工制定职业生涯个性化规划，同时为员工创建学习型组织氛围，保障员工努力方向与酒店发展一致。

在贡献期，我们希望员工有事业心，对于一些进入快车道发展的优秀员工，要使其个人的追求与酒店的追求高度统一，并最终发展成为酒店为之骄傲的员工。在这一阶段，我们要通过为优秀员工提供全面发展的、没有天花板的舞台，让员工完成从酒店人到专业人，最终成为事业人的转变，从而实现员工与酒店共同成长的目标。

酒店实在没有必要为优秀员工的流动担忧，一个员工的成长、成熟是一个充满矛盾、挑战的过程，而最高明的导演正是酒店。

**评析：**

随着我国酒店行业的发展，一个高档次、有影响力的酒店不应该仅仅依靠客房、餐厅等传统产品来获取利润，而应走加强管理，扩大酒店影响，从而依靠酒店人才、管理、培训的输出等非传统产品的输出来创造利润的道路。

有的酒店将培训和客房产品结合起来出售，在全新的酒店产品组合销售上做尝试。但是，这样的产品必须以酒店雄厚的影响力和强大的人才、管理资源作为基础。近几年，随着酒店市场环境和内部管理的不断健全，酒店间人才盲目竞争的功利时代已经过去，优秀的有长远发展目光的酒店都致力于花大力气发掘和培养自己的员工，营造高质量的酒店文化，更多的酒店把员工的培养放到了与创造利润同样的高度上。

**问题：**

1．员工的成长过程是每一个管理人员必须关注的问题，作为管理人员如何创设有利于员工成长的环境?

2．人力资源管理的主要任务是要做到“物尽其用、人尽其才”，如何来实践这一理念?

3．为什么酒店没有必要为优秀员工的流动担忧?

4．如何理解“一个员工的成长、成熟是一个充满矛盾、挑战的过程”?

**【案例 2】**

**特别小费**

友谊大酒店是一个四星级的大酒店，酒店服务是一流的，酒店服务人员不但技术熟练，而且服务热情、周到。一天，一对姓方的台湾老年夫妇在外旅游一整天回到酒店，一进屋就看见桌子上的字条：方先生别忘记吃药。

原来，姓方的老人心脏不好，临上路时医生一再嘱咐要按时吃药，可人年纪大了，总爱忘记，于是老先生除了携带一瓶药在身上，还放一瓶在桌上显眼的地方，服务员小李得知这一情况，时刻把这事挂在心上，只要他当班，他就会按时提醒老人服药，还总是主动询问老人有什么需要帮助的。今天见老人出门，不知何时回来，所以特地留了字条。

因为小李的特别关照，使老人感到就像自己的子女在身边一样，非常感

动，临走时一定要给小李100元的小费。小李一再说明酒店的规定，但老人说这是他们的一点心意，一定要收下，无奈，小李收下小费，并向两位老人道了谢。事后，小李将小费如数上交，并签了名。

**评析：**

我国的许多酒店为了严格酒店纪律、维护酒店声誉，防止员工产生不正确的工作态度等，明确规定禁止员工收受小费，在客人主动提出给予小费时，员工要首先说明酒店的纪律，以得到客人的谅解，对于实在推不掉而收受的小费要及时上交酒店有关部门，并说明情况，由酒店统一处理。一些酒店规定可以根据员工的表现从中提取一部分作为对于员工的奖励，这些方法都具有一定的合理性。但由于小费是客人对员工服务工作的一种认可和酬谢，禁止收受小费对于服务态度好的员工无法使其工作效果得到及时的反映，如果酒店对于员工的工作效率无法通过其他方式进行适当的弥补，会在一定程度上影响员工的工作积极性。

**问题：**

1．你认为这种小费应该如何处理呢？

2．对于酒店禁止收取小费的管理规定你有什么看法？谈谈理由。

**附一：**

## 庆丰大酒店员工纪律①

### 员工纪律

**一、仪　表**

1．员工上班时要精神饱满、态度热情、着装整洁地进入工作岗位。

2．员工要保持个人卫生的清洁，须发经常修剪。男员工头发长度不能盖过耳部，不准留胡须；女员工发型应按部门要求梳理，妆饰要简洁、淡雅，不准浓妆艳抹。

3．员工要讲究文明礼貌，使用礼貌语言。要姿态端庄，举止大方，面带微笑地接待宾客。

4．员工要热情友好地向宾客宣传本店的服务项目和服务内容，无论是否属于自己的工作范围，要有问必答，有求必应，竭诚为宾客提供各种方便。

① 资料来源：《云南庆丰大酒店员工纪律及安全条例》。

5．员工患有慢性疾病或传染病，应及时向主管部门报告。

## 二、遵　纪

1．要保证清洁、良好的工作环境，提高工作效率，员工当班时间不得吃零食或在非吸烟区吸烟，不得高声喧哗、聊天。

2．员工出入酒店时要主动出示证件，接受警卫人员的检查。

3．员工上班时应按规定佩戴工号牌。员工离职时，须将工号牌交回人事部，对于丢失工号牌者须交纳一定的赔偿金才能予以补发。

4．员工要爱护和管好工作证，如有遗失，及时报告保卫部并按有关手续办理。员工离职时必须将工作证交回保卫部注销。

5．员工更衣柜要保持清洁，不得擅自换锁，不得存放食品，不得摆放现金及贵重物品，不得加配钥匙，不得擅自更换更衣柜，并随时接受有关部门的检查。

6．酒店根据员工不同的岗位发给工作服，以区别身份和职务，要求员工在工作时间必须按规定着装并保持整洁。不得擅自更换或穿、带出酒店，遗失或无故损坏者应赔偿。员工离职时，按工作服管理规定到工服房办理有关手续。

7．员工必须按照规定在职工食堂享受免费餐，员工在食堂用餐要爱护食堂设施和用具并严禁浪费。

8．经酒店批准并办理住宿手续的员工，可入住宿舍，其他人员不得留宿。住宿员工必须遵守住宿规定，服从管理人员的安排，不许大声喧哗，不准进行任何不健康和影响其他人正常休息的活动。

9．员工在酒店内拾到遗失物品应立即上交保卫部，并在拾遗记录本上登记。

10．员工对宾客赠送的小费及礼品应婉言谢绝，难以谢绝时应向客人表示谢意，收下后及时上交本部门，由部门处理。

11．员工当班时，不得私自会客，不得因私事打电话。

12．员工上、下班必须走指定通道，不允许穿行营业性区域。

13．员工必须依照部门主管编制的时间表当班值勤。在下一班员工尚未接班时，当班员工不得擅自离岗。不经允许不得擅自调换班次。未经主管以上领导批准，下班后不得无故逗留。

14．员工应严格遵守酒店保密制度，不得随意向外界提供有关酒店人事、财务、设备以及经营管理的文件资料。如有查询者，一律由总经理办公室负责接待。

15．员工对宾客的投诉必须认真听取，在任何情况下都不得与客人争辩。同时要如实记录并尽可能地给予答复，不能答复的要及时汇报上级主管给予解决。

（一）轻度违纪

1．出入酒店时拒绝接受警卫人员检查。

2．上班不佩戴工号牌或佩戴他人的工号牌。

3．仪容仪态不佳，当班时须发、妆饰不符合要求，衣冠不整洁或不按规定着装。

4．上班迟到、早退，或不按指定的员工通道出入。

5．当班时未经批准打私人电话或私自会客以及带家属到酒店。

6．非工作需要随便穿行大厅或在接待宾客的场所及楼面逗留、串岗、乘客用电梯。

7．随地吐痰，乱丢烟头、纸屑、杂物。

8．在店内喧哗，工作时间在办公室听音乐、制造噪音等。

9．未经允许穿着或携带工作服出店。

10．下班后未经主管以上领导批准而无故在店内逗留。

11．浪费粮食和损坏公物。

12．在酒店内职工食堂以外的场所就餐。

13．在宾客面前打哈欠、伸懒腰、剔牙、挖鼻、掏耳、剪指甲或其他不文明的动作，拒绝回答或不予处理宾客提出的要求。

14．与上级谈话时不文明礼貌。

15．轻度违反酒店规章制度和其他轻度违纪行为。

以上轻度违反酒店纪律的行为，必须填写违纪过失单，以作为考核业绩时的依据。

（二）重度违纪

1．擅离工作岗位，经常迟到或早退。

2．旷工一天。

3．当班时打瞌睡、闲聊、看书报、吃零食、干私活。

4．未经批准，擅自调换班次。

5．不接受上级或有关部门的检查。

6．未按要求执行上级的命令或有其他重度违反酒店规章制度的行为。

7．在禁止吸烟的地方吸烟。

8．当班时饮酒或带有醉态。

9．擅自吃拿酒店或宾客的食品及其他物品。

10．在更衣柜内私藏酒店的食品或其他物品。

11．使用专供宾客使用的设备、物品，但未造成损坏。

12．与宾客争吵或在客人面前发脾气及其他不礼貌的行为。

13．泄露酒店机密，遗失酒店钥匙、印章和单据，但未造成损失。

14．未经酒店许可，揽私活谋取额外收入。

（三）严重违纪

1．拒不执行上级的命令。

2．连续旷工两天以上或当月累计旷工三天以上。

3．工作时间睡觉或擅离工作岗位。

4．私自配制酒店的钥匙。

5．擅自动用宾客的物品或使用专供宾客使用的设备造成损坏或影响较大的。

6．擅自动用消防及安全设备或损坏电梯的。

7．违反技术操作规程和安全操作规程而威胁他人生命安全或造成设备损坏的。

8．玩忽职守造成重大损失或浪费的。

9．管理不善，指挥失误，造成重大事故和重大经济损失的。

10．因过失引起物资积压、滞销，给酒店造成经济损失的。

11．用非法手段偷窃、涂改各种原始记录、账单、单据、信用卡，利用已付账单向另外客人收钱或故意加收费用占为已有，或其他违反财务制度的行为。

12．各种形式的换汇、套汇。

13．严重违反酒店规章制度，使用酒店的设施接待私客。

14．偷窃酒店或宾客或同事的财物，未造成犯罪的。

15．未经批准私进客房或主动与客人拉关系、留地址和私自通信、通电话，单独与异性客人拍照，翻客人的东西或强迫客人做不愿意做的事，私自搭乘外宾的车辆等。

16．向客人索取小费或其他财物。

17．在酒店内拾遗或接收客人赠送的财物不上交的。

18．对宾客、同事进行威胁、恫吓或有其他流氓行为的。

19．其行为引起宾客投诉并给酒店造成损失和不良影响的。

20．制造谣言或有意中伤宾客或员工的。

21．利用职权牟取私利，并对手下员工有意进行报复的。

22．酗酒、赌博，殴打客人或同事的。

23．不执行国家计划生育规定的。

24．留藏、扩散淫秽刊物、声像制品的。

25．服食麻醉药物，吸毒、变相吸毒的。

26．不按规定保管或使用各种违禁物品，如剧毒、易燃、易爆物品等。

27．泄露国家机密。

28．知情不举，隐瞒他人犯罪行为，不够行政处罚的。

29．触犯治安管理条例或因其他违法行为被公安机关和人民法院处分、判刑的。

30. 其他严重影响酒店声誉或使酒店正常经营受到损害的行为。

**三、考勤制度**

(一) 上班

员工必须按所在部门规定的时间到达工作岗位。上班延迟或下班提前在十五分钟以内的为迟到、早退，迟到或早退在十五分钟以上者被视为旷工。

(二) 旷工

员工无故不上班者为旷工。旷工时间每天不足一小时按一小时计算，一小时以上、三小时以下按半天计算，超过三小时按一天计算。

(三) 请假

员工请假必须按规定的批准权限批准后生效。假满之后，请假人应及时向领导销假，请假审批权限为：

员工请假三天以内由部门主管批准，请假三天以上六天以内由部门经理批准，请假超过六天由人事部门批准。

主管请假由部门经理审核，报主管副总经理批准生效。

部门经理、副经理请假，报主管副总经理审核后由总经理批准生效。

(四) 考勤管理

各部门设兼职考勤员，负责本部门的考勤工作，于当月底将本部门员工出勤情况报送人事部。对于考勤工作中发生的其他问题，由人事部负责解释，并实行组织和监督。

**四、奖惩条例**

(一) 奖励

1. 对改善酒店经营管理、提高服务质量有重大贡献者。
2. 在工作中为酒店创造显著经济效益者。
3. 以优秀的服务为酒店赢得声誉者。
4. 拾金不昧者。
5. 技术、业务考核成绩特别优秀者。
6. 在技术革新和设备改造方面有突出成绩者。
7. 提出合理化建议，经实践有明显突出成效者。
8. 坚持制度，认真履行职责，有突出表现者。
9. 发现事故隐患及时排除，避免重大损失者。
10. 为保护和抢救国家或酒店财产及宾客生命奋不顾身者。
11. 在维护国家、民族尊严和酒店荣誉方面有特殊贡献者。
12. 在全年工作中出满勤者。
13. 忠于职守，严格遵守操作规程，全年安全无事故者。

达到以上条件的员工，均可受到奖励。员工奖励分为部门嘉奖、酒店嘉奖、

记功、晋级和授予荣誉称号，如优秀员工、最佳员工、五好员工等。受奖励的员工须填写奖励登记表并存入员工本人业务档案，作为以后提工资、晋升或其他福利的依据。

奖励的审批均由部门经理提名，人事部审核并报总经理或主管副总经理批准。

（二）处分

1．对有违纪行为的员工，将视其情节轻重分别给予警告、严重警告、最后警告、留店察看、除名或开除等处分。

2．员工因违纪或其他个人责任给酒店及宾客造成经济损失，在给予上述纪律处分的同时，可根据其损失程度，酌情处以罚款或令其赔偿经济损失的处分。罚款一律从本人工资中一次或分次扣除。

3．员工违纪或受到处分不适合继续在原岗位工作的，经部门申报，人事部批准，接受下岗培训三个月。下岗培训期间只发给原岗位工作工资的70%，停发全部浮动工资和一切奖金。培训期满后合格者，原则上回原岗位工作，对不合格者，予以辞退。

4．对违纪员工处分时，均须填写“违纪过失单”。由主管以上管理人员提议签发，列明违纪事实，判定违纪程度并提出处理意见，有见证人时应请见证人签名。违纪人必须在过失单上签认，拒不签认的由见证人或提议人签字生效。过失单一式三份，分别由违纪人所在部门、人事部、保卫部存档。

违纪员工如一年内不再发生违纪行为，可考虑撤销处分。表现突出者，经批准可提前撤销处分。

5．处分的审批权限：警告和严重警告处分由主管以上管理人员批准生效。

最后警告处分由部门正、副经理及经理助理以上管理人员批准生效。

留店察看、除名或开除处分由部门提议，人事部审核，报总经理或主管副总经理批准生效。

## 五、员工上诉

员工有上诉的权力。受奖励或处分的员工本人或他人，对奖励或处分不服，可在十天内向人事部或职工调解委员会提出申诉，由人事部或职工调解委员会及时进行调查核实。经调查核实认为原奖励或处分确实不当，由批准奖励或处分的一级部门作出更正。但在上一级部门未予更正期间，仍按原决定执行。

附二：

# 宝丽大酒店安全条例①

## 安全条例

1. 员工上下班时要主动接受警卫人员的安全检查，员工使用的更衣柜随时接受保卫部的当面检验。

2. 员工不得将亲友或无关人员带入工作场所，不准在值班室或值班宿舍留宿客人。

3. 员工下班前要认真检查责任区，发现问题，及时处理，以消除不安全隐患，确保酒店安全及宾客的生命财产安全。

4. 不与客人的小孩耍逗，防止小孩玩火、玩电。

5. 员工在工作时，必须严格遵循工作岗位的操作规程，不得违章作业。

6. 严禁在禁止吸烟区吸烟。

7. 非工作人员禁止进入店内要害部门。

8. 员工携带物品离店须持有保卫部签发的出门证，交验后方可离店。

9. 员工发现宾客携带枪支等武器或易燃、易爆、剧毒物以及可疑物品时，应立即报告保卫部。

10. 员工发现客宾中有精神病患者，或有可疑反常现象时，也应立即报告保卫部。

## 消　防

1. 员工必须接受消防训练，牢记火警电话、信号。

2. 发生火警时要保持镇静，不要惊慌，听从命令，服从指挥。

3. 打开保险灯，关掉一切电源，关闭现场门窗。

4. 立即报告消防控制中心，说明火警地点、燃烧物质、火势情况及本人姓名、部门。

5. 在安全的情况下，利用就近的灭火设备迅速将火扑灭。

6. 严禁用水、泡沫灭火器扑灭因漏电引起的火灾。

7. 如火势蔓延，必须迅速疏导客人撤离火灾现场，并在客人全部撤离后方可离开现场。

8. 下楼须用楼梯，严禁搭乘电梯。

---

① 资料来源：《云南宝丽大酒店员工纪律及安全条例》。

## 练习题

1. 如何根据不同岗位的工作性质和特点，来确定酒店人员的不同技术专长和素质标准?

2. 什么是员工职业管理?

3. 为什么要进行员工的调动? 调动的程序包括哪些内容?

4. 管理人员的培养应当注意哪些问题?

5. 员工的离职一般可分为哪几种情况? 造成离职的原因有哪些?

6. 简述辞职和辞退的处理程序。

7. 员工的纪律管理包括哪些内容?

8. 如何看待员工的投诉?

9. 为什么酒店管理要重视劳动保护工作?

# 酒店工作设计

**本章提示与学习目的：**

在酒店行业经营竞争日趋激烈的环境中，酒店人力资源管理部门担负着确定工作岗位任务，发挥着协调内部人事关系，为员工创造良好的工作环境，激励员工士气，增强酒店凝聚力和充分发挥酒店人力资源作用的职能。因此，通过本章的学习，把握工作设计的概念、特点和方法；了解工作丰富化模型、工作丰富化所导致的三种不同心理状态和诊断工作丰富化的方法；熟悉工作丰富化的基本作用和影响工作丰富化的因素；掌握工作丰富化的具体措施和目标设置模式；了解目标设置的重要因素、基本要求和影响因素等；学会诊断调查，是我们学习这一章的目的。

一个旅游酒店组织所设的部门、工种、岗位较为复杂，各部门、各工种对员工的素质、能力和技能的要求各不相同。人力资源管理部门不仅需要根据酒店经营目标，合理设置相应的机构、岗位，对各机构不同的岗位进行工作分析，制定相应的岗位责任与工作标准，并依此对员工进行招聘、选拔、考核与调配，使各级各类员工都能够达到他们所担任的工作要求，做到人适其事、事得其人，保证酒店经营的正常运转；随着酒店经营环境的不断变化，酒店人力资源管理部门还要在酒店经营过程中，根据酒店发展的要求，以员工为中心，不断进行新的工作设计。使酒店组织能够适应内外环境的各种变化，充分调动员工的积极性、主动性，激发他们的智慧和首创精神，使酒店组织充满生机与活力，在激烈的市场竞争中立于不败之地。

## 第一节　工作设计的基础

### 一、工作设计的有关问题

#### 1. 工作设计的含义

工作设计又可称为职务设计，就是对工作的整个过程进行周密的、有目的

的、有计划的安排和调整，包括对工作本身的内容、结构、任务、方法和要求的确定、调整，协调工作与其他方面的联系，以及工作对员工的影响等。工作设计可以是对工作的某个部分的安排和调整，也可以是对整个工作总体的安排和调整。所以，工作设计实际就是一个确定所要完成工作的具体任务及其完成的方法，并确定该工作在组织中与其他工作相互联系的过程。

**2．工作设计的产生**

工作设计的产生，是由于原有的职务规范已经不能适应酒店目标、任务和体制的要求，或是由于现有人力资源在一定时期内难以达到职务规范的要求，或是由于员工的精神需要与按组织效率原则拟定的职务规范之间发生冲突，或是为满足一个新的组织目标的需要而产生的。其目的不仅是要能提高工作效率，增加工作的灵活性，更重要的是改进员工对工作的态度反应，使工作能够满足员工的各种需要，特别是员工的受尊重、成长、成就感等高级需要，从而提高员工的工作积极性，增强组织的效能。所以，工作设计的好坏，对酒店的经营管理有直接的影响。

**3．“以工作为中心”的传统工作设计**

工作设计始于科学管理，最早由泰勒、吉尔布雷斯夫妇等应用“时间—动作分析”的方法，系统考察了不同类型的工作，通过对传统工作进行重新设计来最大限度地提高工作效率。当时工作设计研究的主要内容是直接针对工作本身的相关因素，如：完成任务及使用的方法，人员之间的工作流程，工作地点的布局，完成任务的标准以及人与机器的关系等。这种“以工作为中心”的工作设计确立了工作设计在管理活动中的基础。

**4．“以人为中心”的现代工作设计**

传统的“以工作为中心”的工作设计，虽然能够提高工作效率，但由于其重点是专业化分工及操作的标准化、简单化，强调流水作业，所以，在提高工作效率的同时，也使工作本身变得支离破碎，令人厌倦，不能够满足员工改善工作质量的要求。随着广大员工素质、文化水平的提高，以及随之而来的不断增多的各种要求，人们期望从工作中得到的满足与实际得到的差距越来越大。特别是随着社会经济的不断发展，择业自由，就业机会的增加，使越来越多的人已经不能够像以往那样，能继续忍受枯燥工作带来的痛苦，人们开始寻求可供自我满意的工作形式。对现有工作的不满，导致员工的离职、厌倦、沮丧、疏远和怨恨，直接影响到组织的效能。员工缺勤率高，完成任务质量差，甚至故意捣乱、破坏，会使组织蒙受损失。因此，管理人员重视“以人为中心”的现代工作设计，也就变得很自然了。

现代工作设计是改善员工工作质量的方法之一。其主要内容包括：确定工作的一般性质；明确工作的基本要求和操作方法；理顺工作之间的相互关系；确定工作结果和成效；进行结果反馈。每当管理者分配任务、发出指示或检查某项工作是否已执行时，就是工作设计。经理们总是自觉或不自觉地改变着他们下属员工的工作，这种改变既然无法避免，那么就有必要精心设计各种工作的结构，规定工作的内容、责任、权力以及在组织中与其他工作之间的相互关系，以激励人们更努力地工作。

在进行工作设计时，应当考虑环境、组织和行为三个方面因素的影响。其中：

(1) 环境因素包括了解人力资源状况，即社会能否提供足够的合格人员以及掌握人员的社会期望，即人们通过工作是为了满足什么。

(2) 组织因素包括工作专门化程度，工作流程，工作习惯等。要考虑按所需要工作时间最短，努力最少的原则分解工作；协作团体负荷均衡，不存在“瓶颈”；注意员工在实际工作中形成的工作方式，其反映群体愿望，不可忽视。

(3) 行为因素是要求在进行工作设计时，不能仅仅考虑效率，还要满足员工的个人需要，通过改善工作本身，使其保持任务完整性、多样性、自主性、任务意义等，来减少员工的疲劳、厌倦，提高员工的工作责任感、成就感。

## 二、工作设计的方法

在现代工作设计中，与改善工作质量有关的具体方法主要是：工作丰富化、工作扩大化、工作轮换、弹性工作时和以员工为中心的工作再设计，以及目标管理、全面质量管理等。

### 1. 工作丰富化

工作丰富化是指通过纵向增加工作的任务，让员工对工作计划、组织、控制及个体评价承担更多的责任，来提高工作本身的挑战性和吸引力，满足员工的成长、成就等高级需要，以此来调动员工积极性，提高工作满足感的有效方法。工作丰富化始于20世纪40年代的美国国际商用机器公司，50年代一些企业开始对工作内容丰富化感兴趣，但真正使人们了解工作丰富化并日益对其感兴趣，则是60年代美国几家大公司所进行的成功而又经过广泛宣传的实验。

工作丰富化的理论观点起源于赫茨伯格的双因素理论（双因素理论在第七章中已具体介绍）。赫茨伯格认为，那些与工作本身性质有关的因素，是员工工作的激励因素，改进这些因素能够为员工提供成就机会，高认可和责任重的工作，能够增强员工的满意度，从而提高员工工作积极性。因此，通过工作丰富化来充实工作内容的方法，向员工们提供更具挑战性和责任的工作，使员工在完成工作

任务的过程中，有机会获得一种成就感、认同感、责任感和促进员工自身发展，增加员工的工作满意程度，是激励员工的最好方法。在充实工作内容时，赫茨伯格指出，应遵从下列五条原则：

(1) 增加工作要求。以增加责任和提高难度的方式来改变工作，使工作更具多样性、变化性和挑战性，满足员工成长、成就需要。

(2) 赋予员工更多的责任。在经理保留最终决策权的条件下，应该让员工拥有对工作的更多支配权。

(3) 赋予员工工作自主权。在一定的限制范围内，应该允许员工自主安排他们的工作进度和计划，尊重员工的独立自主精神和首创精神，满足员工的尊重需要。

(4) 反馈。将有关工作业绩的报告定期地、及时地直接反馈给员工，而不是反馈给他们的上司，这样有利于员工的自觉性、主动性的提高，促进其成长。

(5) 培训。应该创造有利的工作环境来为员工提供学习机会，提高他们的工作素质和技能，以此满足他们个人的成长和发展的需要。

工作丰富化，不仅仅适用于对某一项具体工作进行重新设计，它同时还可以适用于多种工作的共同要求，能够协调部门、工种之间的相互关系，能够满足广大员工的不同需要，特别是受尊重、成长、成就感等高级需要。实践表明，工作丰富化可以降低员工缺勤率和人员流失所造成的损失，能够提高员工的工作满意度，使酒店企业能够充分利用现有资源，提高酒店产品和服务质量，为酒店企业带来更大的经济和社会效益。

通过工作丰富化来改善员工工作状况，提高员工满意感的作用能否得到实现，与员工的整体素质、需要紧密相关。一般认为，员工素质越高，成就需要越强，对实施工作丰富化的反应也就越积极，产生的激励作用也就越强；反之，员工素质较低，缺乏工作责任感、成就感，即使通过工作丰富化改善了工作状况，员工的反应也不会积极。

**2. 工作扩大化**

工作扩大化是指通过横向扩大员工工作的范围，为员工提供更多的工作种类和工作变化，来减少员工对工作的厌倦情绪，增加员工对工作的兴趣的一种方法。工作扩大化是一种与传统专业化分工原则相违背的方法。员工工作范围的水平扩展，是为了能够保持工作本身的完整性，提高工作对员工技能、知识、才干的要求，使员工摆脱了终日单调、枯燥和重复的工作，有利于员工看到自己工作的成绩和价值，提高员工对工作意义的认识，促进员工的成长；通过赋予员工更大的工作自主权，包括工作安排、对工作过程作决定和对工作实施更多的自我控制等方式，来扩大员工工作的范围。这样做既能够激发员工的工作热情，提高工作积极性，又能够降低生产成本，提高酒店的产品和服务质量。

但在扩大工作范围、增加更多的工作任务、使工作多样化的同时，要有相应的配套措施作为保证，否则，不仅影响工作效果，还会受到员工的抵制，会被认为是用一些令人厌倦的事来增加工作负担，加大个人工作压力。所以，要发挥工作扩大化的作用，就必须让员工对那些扩大了的工作感兴趣，同时注意员工的工作技能培训，加强工作成员之间的相互协作，防止因部分员工难以适应工作任务变化的要求，而造成工作失误。因为工作范围扩大以后，对员工知识、技能水平的要求也就相应提高，任务难度也必然增大。除此之外，要想顺利完成任务，还需要员工对工作扩大化有积极的、正确的认识。只有这样，才能取得好的效果，否则工作会更无效率。

3．**工作轮换**

工作轮换有两种：一是指工作岗位轮换，即员工在一个岗位上工作一段时期后，又安排他到另外一个新的岗位上去工作；二是指工作任务轮换，即在一段时间内，员工的工作岗位不变，但工作任务则不同，也就是在不同工作任务之间进行轮换。

一般认为，当一个员工在工作中觉得现在的工作活动对他来说已不再具有挑战性时，组织就应当把这个员工安排到同一水平、技能要求相近似的另一个岗位上去工作，或是改变他的工作任务，以使这个员工免受工作枯燥之苦和随之产生的对工作的厌恶情绪的压抑。这样做不仅对员工的身心健康有好处，对酒店组织也有积极的意义。

工作轮换与工作扩大化密切相关，它们的重点都在于使工作多样化，降低员工的厌倦情绪。其优点在于：能够丰富员工工作活动内容、减少员工的枯燥感，使员工积极性得到增强，与此同时，也为酒店本身带来间接的好处，它使员工的素质、技能得到提高，工作适应范围扩大，有利于工作安排和调配。但工作轮换也存在不足，如果所有的任务都相似而且是简单、重复的，进行工作轮换就不会有什么效果。由于工作轮换，对员工提出较高技能要求，这会提高员工培训的成本费用，在员工适应新工作期间，其工作效率会有所下降。

4．**弹性工作时**

弹性工作时是弹性工作时间的简称，是指在决定何时上下班这个问题上给予员工一定的自由处理权。也就是允许员工在特定的时间段内，自由决定上下班的具体时间。

| 弹性时间 | 核心工作时间 | 午餐时间 | 核心工作时间 | 弹性时间 |
|---|---|---|---|---|

6a.m.　　9a.m.　　3p.m.　　6p.m.

**图 10－1　弹性工作时间示意图**

员工每周、每天的工作时间是固定的，但在一定的范围内，可以允许员工自由改变工作时间安排（如图10－1所示）。在每天的工作时间内，确定一个共同的核心工作时间段，如果是八小时工作制，则核心工作时间段为六小时，在其两端则是弹性时间段。在核心工作时间段内，所有员工都必须上岗到位，但在弹性时间段内，员工则可以自由决定另外两小时的时间安排，或前或后，最终工作时间累计达到规定时间。或是以周工作时间计算，累计工作时间超过规定标准后，可增加休息日。

实施弹性工作时之后，可降低员工缺勤率，提高工效，减少加班费用开支，减轻员工对管理人员的敌意，减轻运输压力，减少员工拖沓现象，增强员工的工作满意感。实践结果表明，实施弹性工作时之后，不仅能够产生以上效果，还能够为企业带来许多预想不到的好处。

**5．以员工为中心的工作再设计**

以员工为中心的工作再设计是将酒店存在、发展的使命、要求，与员工对工作的要求、满意程度联系起来，按照酒店发展、规划的目标，由管理者和员工一起共同对工作过程、任务安排、作业顺序等重新进行安排，鼓励员工积极参加对其工作的再设计，以达到员工通过工作既能够实现酒店的任务目标，又能够满足个人的心理需要。

所以，以员工为中心的工作再设计又叫工作重新设计。它是一种以提高广大员工积极性、发挥员工聪明才智、增加工作满意感、增强酒店凝聚力、提高酒店综合质量和工作效率而又不需要较多开支的工作设计方法。对酒店和广大员工都十分有益。

在工作再设计中，员工可以提出对工作进行某种改变的建议和要求，以使他们的工作变得更让人感到满意。但是在进行工作改变之前，要求员工应当对自己所提出的工作改变作出必要的说明。必须说明这些改变，对实现酒店整体目标是如何更加有利，以及可能带来的经济或社会价值意义。

运用工作重新设计这一方法，可以使每个员工取得的工作成绩、对酒店作出的贡献都能及时得到认可，这样就十分有利于员工积极性的调动。与此同时，工作再设计是围绕酒店的整体目标而进行，也就在工作重新设计的同时，强调了酒店组织使命的有效性和重要性，为今后工作的进一步开展，创造了有利的条件。

## 第二节　工作设计的丰富化模式

为了更好地了解工作任务对员工积极性和士气的影响，国外许多专家学者提出了相关的理论和模型。

## 一、工作任务特性理论

### 1．特纳和劳伦斯的研究

特纳（Turner）和劳伦斯（Lawrence）在20世纪60年代中期对工作任务特性作出了开拓性的研究。他们提出了一套研究方法，用于评价不同种类的工作对员工满意度和缺勤情况的影响。认为员工一般偏爱做那些复杂的和富有挑战性的工作，这种工作能够增强员工的工作满意度并降低缺勤率。他们的研究证明了员工对不同类型的工作反应不同，提出了用于评估、界定工作的一套基本的任务特性，它们是：①变化性；②自主性；③责任；④所需知识及技能；⑤所需的社会交往；⑥可选择的社会交往。他们还把研究工作的重点集中在考察员工的个体差异，对工作反应的影响作用上。

### 2．哈克曼和奥尔德海姆的工作丰富化模型

有关工作任务特性的研究，最重要的理论是哈克曼（J.R.Hackman）和奥尔德海姆（G.R.Oldham）提出的工作丰富化模型，这一理论模型是建立在特纳和劳伦斯的任务特性理论基础之上，并有所发展。他们通过研究认为：任何工作任务都可以用五个核心工作要素来加以描述。这五个工作要素是：

（1）技能多样性。技能多样性表示对完成一项工作所需的各种专项活动的需求程度，以及由此而产生的对员工所应具备的技能和才干的要求的多样性程度。

（2）任务同一性。任务同一性也就是指工作任务的完整性、整体性，包括工作全过程。

（3）任务重要性。任务重要性是指工作本身所具有的价值和意义。

（4）工作自主性。工作自主性是指在工作过程中，员工在安排工作内容、确定工作程序等方面，能够享有多大的自主权。

（5）工作反馈。工作反馈是指员工在完成任务过程中，能在多大程度上及时获得有关自己工作情况、工作成绩和工作效果等方面直接而明确的信息。

其中，前三个要素相互结合就能产生出有意义的工作，员工会认为这种工作很重要，值得去做。而具有工作自主性的岗位会使任职者对工作结果产生个人责任感。如果工作能及时给员工反馈，员工就能知道自己的工作效率如何。从激励的角度分析，当员工得知工作结果，个人体验到责任，感受到工作的意义时，员工就能得到内在的奖励。这三种心理状态同时存在的机会越多，员工积极性、工作绩效、满意度就越高，而员工的缺勤率、流失率也就越低。

## 二、工作丰富化模型的基本结构

哈克曼和奥尔德海姆在工作特性理论的基础上，提出了工作丰富化模型。他们把工作丰富化过程看成是增加工作任务中的技能多样性、任务同一性、任务重要性、工作自主性和工作反馈等核心工作要素在工作特性中所占的比重（如图 10－2 所示）。这五种核心工作要素相互结合，会导致员工产生不同的三种心理状态：

（1）对工作意义的体验。在技能多样性、任务同一性和任务重要性这三种核心工作要素的基础上，员工会产生关于工作意义的心理体验。如果一项工作具有这三种工作特性，从事该项工作的员工就会认为这项工作很重要、有意义，值得自己尽最大努力去完成。

（2）对工作成果的责任体验。从事自主性高的工作，会使员工感到来自工作的压力。这是因为工作赋予了员工更多的权力和责任，增强了员工的工作动机和期望，使员工对工作结果产生了个人责任的感受和体验。

（3）对工作活动实际成果的了解。如果工作活动的情况能够及时反馈给员工，员工就能对工作活动的进程、状况和结果产生个人的认识。这又进一步加强了以上关于工作意义的体验和工作责任的感受这两种心理状况。

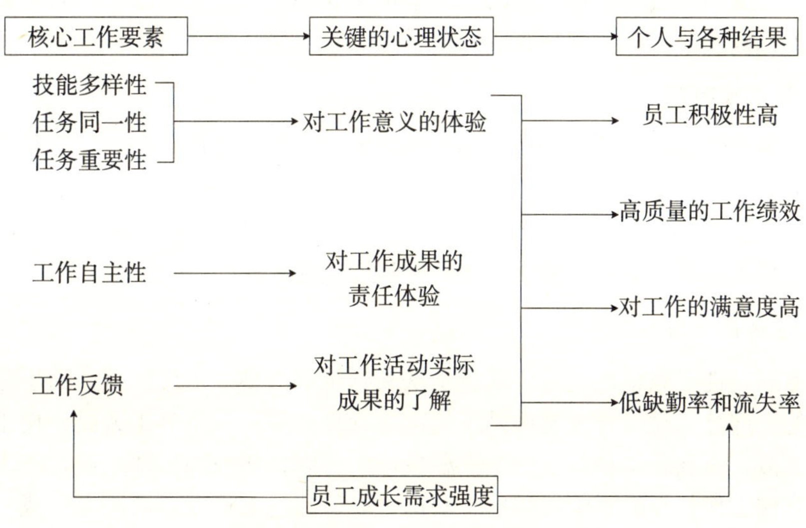


**图 10－2　工作丰富化模型**

当一项工作使员工们体验到自己工作的意义，感受到自己所担负的工作责任，了解到自己通过积极努力而取得的工作结果，这三种心理状态的存在能够引发员工的工作积极性、激励工作动机和产生高质量的工作绩效，同时降低缺勤率和员工流失率。与此同时，也使员工对工作、对自己感到满意，增加工作信心和自豪感。如果这三种心理状态都同时存在而且强烈，它们也就成了激发员工积极性和工作热情的内在心理因素。这种以自我为基础的内在激励，是来源于工作本身所具有的核心工作要素，是核心工作要素相互结合所引起的三种心理感受的共同作用。如果工作缺乏核心工作要素，员工就会感到工作没有意义，不会产生责任感，也不能够了解工作结果，这样的工作既不能让员工满意，也就不能激发他们的工作积极性。

在实际工作中，不是所有员工都会对工作丰富化产生积极的反应。因此，工作丰富化模型特别指出，工作核心要素与工作结果之间的相关程度，要受到员工自身成长需要强度的影响和制约。员工成长需要越高，在工作内容丰富化以后，会更多地体验到以上提出的几种关键的心理状态，由此所产生以自我为基础的内在激励的反应也会更加积极。反之，由于员工成长需要强度低，即使进行了工作丰富化，员工对工作也不会产生积极的反应。

## 三、工作丰富化模型中的核心工作要素

在哈克曼和奥尔德海姆提出的工作丰富化模型中，五项核心工作要素是由能激发员工积极性的工作本身具有的特征所组成。

### 1．技能多样性

技能多样性意味着员工在特定工作岗位上，在完成工作任务时，不是简单枯燥地从事令人厌烦的单调活动，而是必须完成各种不同的事情，运用不同的技术、能力和智慧，发挥个人的主动性和创造性。该项工作越是复杂，难度越大，对员工应具备的技能和才干要求的多样性程度也就越高。

### 2．任务同一性

任务同一性、完整性就是要求员工从头到尾完成整个工作项目，而不是只参与其中的一部分活动。分工明确是现代组织管理的要求，但分工太细，使工作任务过于零散，不利于调动员工的工作积极性。所以，任务同一性是确定一个工作职位在完成工作任务的整个过程中，对这一职位的需求程度。员工在完成一项复杂的工作任务时，能够从头至尾地参与，或是参与的程度越大，任务的同一性也就越高。

### 3．任务重要性

工作任务的重要性，也就是工作任务的意义。指工作任务本身在组织中对其

他人产生的有价值、有意义的影响程度，即对别人的工作或生活有多大的影响作用。一项工作任务，组织、领导越是关心和重视，员工个人对该项工作任务的期盼越高，那么，该项工作任务的重要性也就越大。

**4．工作自主性**

工作自主性是指员工能够自己安排工作，有权确定工作进度、决策和完成工作的手段。工作过程中有较高自由度，能发挥个人独立性和判断力，也就是具有自主权。工作过程中员工享有的自主权越大，工作责任也就越大。

**5．工作反馈**

工作反馈就是要求及时让员工了解、掌握有关自己工作结果和完成情况的明确信息。在完成任务过程中，员工获得反馈信息的程度越高，越有利于员工的工作改进、工效的提高。获得该类信息的可能性越大，员工自我调整工作情况、发挥主观能动性的可能性也就越高。

哈克曼和奥尔德海姆认为，一种所有核心工作要素都很高的职业，就是工作内容丰富化了的工作。在工作过程中，不断有机会运用高度多样化的技术、能力和智慧，又有充分的任务完整性，而且任务意义重大，享有较高自主权，并能及时获得工作反馈信息，这样的工作，员工积极性、工作绩效、满意度就会很高，而员工缺勤率、人员流失率就会很低。

## 四、诊断工作丰富化的方法

诊断工作丰富化的问题，可以用包括直接观察、面谈、分析工作流程、结构线索和调查等在内的几种方法来进行。

**1．观察、面谈和分析工作流程**

管理人员可以通过观察、面谈和分析工作流程来诊断工作丰富化问题。

**2．结构线索**

结构线索法是寻找与不良的工作情况相联系的工作环境条件。这些结构线索可以指出工作设计的缺陷所在。影响工作情况的结构线索有很多，其中，在诊断工作过程中特别重要的问题是：

（1）专职检验员或检查员的设置问题。在工作中，当工作结果是由检验员或检查员进行检验，而不是由从事该项工作的员工们自己检验时，工作自主性通常就很低，工作反馈不直接也不来自工作本身。这样就会使员工难以对工作活动的实际结果形成了解，也体验不到对工作成果的责任。

（2）故障检查员的作用。他的存在常常意味着所有带刺激性和挑战性的工作

都让他给干了，工人们体验不到对工作成果的责任感。任务完整性、自主性和反馈一般都很差。

(3) 联络客户关系的部门。这些部门切断了员工同客户或用户之间的联系，从而降低了反馈和任务的完整性。

(4) 集中办公室的考虑。把人员集中在一起办公很吸引人，看起来似乎有足够的效率和能力来应付突击性任务。但是这种集中办公总是破坏员工个性的发展，从而也破坏了任务的完整性。集中办公室会对全部五种核心工作因素产生不利的影响。

(5) 控制面狭窄的问题。控制面过窄，一个主管或是领班只管三五个下属，很容易卷入日常琐碎的事务中。集中决策和过分控制，常常导致控制面太窄，从而对自主权产生严重的不利影响。

3．**调查方法**

用调查表来分析工作的特性，可能相对会更容易和更系统些。因此，哈克曼和奥尔德海姆设计了工作诊断调查表（JDS），用以测量他们模型中的工作要素和工作重新设计可能产生的成果。工作诊断表（JDS）是由与工作核心要素有关的若干问题组成，分别测量人们对自己从事的工作所包含的技能多样性、任务同一性、任务重要性、自主性和工作反馈的感觉。问卷采用七级记分制，要求被调查者尽可能客观地描述自己的工作，并确定其相应等级。每一个要素都用几个问题来进行测量，以保证调查结果的可靠性和有效性。

**表 10－1　工作诊断调查表**

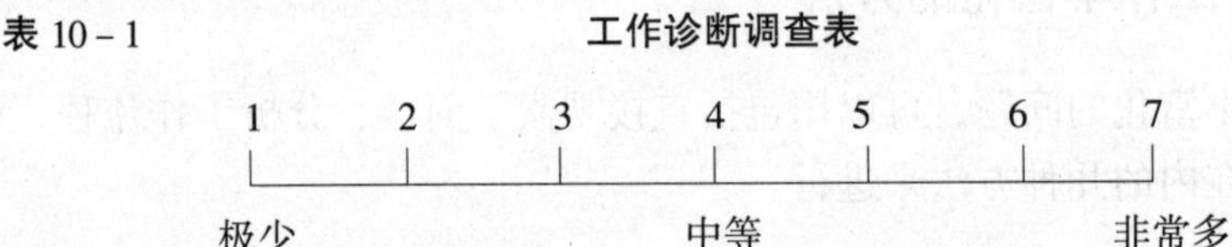


例如：你的工作多样性程度如何？即工作在何种程度上要求你用多种技能和智慧做许多不同的事情？

通过回答所有问题，你可以得到自己的关于每项工作特性的分数。用每个工作特性的分数按公式要求进行计算，就可以算出工作丰富化的综合程度，即潜在激励分数的高低（MPS）。下面是潜在激励分数的计算公式：

$$\text{潜在激励分数（MPS）} = \left(\frac{\text{技能多样性} + \text{任务同一性} + \text{任务重要性}}{3}\right) \times \text{自主性} \times \text{反馈}$$

潜在激励分数高的工作，在导致使工作有意义的三个因素中，至少在其中一个要素上的得分会很高，而且在自主性和反馈性方面的得分也都很高。一般说

来，从事工作特性较高职业的人，其激励水平比较高，工作绩效、满意度也比较高。同时，工作核心要素并不直接影响员工个人和员工工作绩效，而是通过心理状态反应来起作用。因此，必须重视对员工心理状态的研究。

MPS 公式的基础是假定技能多样性、任务完整性和任务意义三者相结合的重要性等同于自主性和反馈。它还表明，技能多样性、任务完整性和任务意义相通，即如果缺少其中一项，可以由其他两项予以部分补偿。但如果缺了自主性和反馈，不管其他分数是多少，潜在激励分数总是零，因为公式假定它们为相乘的关系。然而如果技能多样性、任务同一性或是任务重要性是缺少的唯一核心工作要素，那么潜在激励分数都将大于零。

## 五、工作内容丰富化的措施和作用

自从美国著名的几家大公司成功首创了工作丰富化的工作内容之后，工作内容丰富化这种方法被用于各种职业，其中包括办事员、制造、服务、销售和工程设计等，并在公共事务活动方面也取得了可喜的积极成果。一些咨询机构也在向企业提供关于工作丰富化的咨询服务。文献材料一般都支持工作重新设计，但确实有事例证明存在“不成功”的地方，就工作设计而言，还存在不少问题，需要引起注意。

### 1. 工作丰富化措施

管理者应当如何来丰富员工的工作，按照工作特性理论的要求和建议，如图所示，应当采取以下具体措施来提高员工的潜在动机。

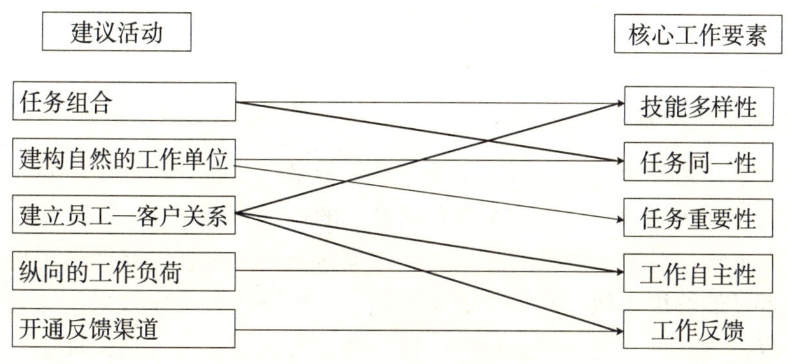


**图 10－3　工作丰富化的指导原则**

（1）任务组合。管理者应尽量把现有的零散工作任务组合起来，通过合并形成新的、内容丰富的、完整的工作任务，以增强工作的技能多样性和任务的同一

性，使员工能够从头到尾地完成一项工作，让员工从工作中感受到工作的意义。

(2) 构建自然的工作单位。建立自主工作群体，让员工共同负责一个独立而有意义的完整工作，以加强员工之间的互相协作，使员工体验到工作的意义。通常是由员工自愿组成工作小组，以工作小组为单位承担工作任务，小组有权对工作任务进行具体安排，在小组内部员工可以改变自己的工作内容。这样做有利于保持工作的整体性，促进员工提高对工作意义的认识。

(3) 建立员工—客户关系。客户是员工工作产品和服务的使用者、评价者，尽可能地在员工与客户之间建立起直接的联系，有利于提高员工工作的技能多样性、工作自主性以及工作反馈。酒店行业的工作特点在建立客户关系方面往往占有优势，因为酒店的最终产品就是为顾客提供直接服务。酒店的大多数工作岗位都直接与顾客打交道，员工在工作过程中能够了解顾客的需要、要求，并可以根据顾客要求进行自我调整，及时向顾客提供相应的服务，使顾客满意。

(4) 纵向的工作负荷。就是将原来由较高层次的管理者所拥有的权力和责任下放到工作中。让员工参与管理活动，拥有对工作的决定权、控制权与责任。改变员工只是服从的被动工作局面，这既可以增强员工的工作自主权，又能减少员工与管理者之间的对立，提高工作满意度，降低缺勤率和流失率、离职率。

(5) 开通反馈渠道。通过加强工作结果反馈，想办法让员工能够及时了解和掌握自己的工作绩效情况，包括工作绩效的好坏、提高还是下降等。员工能够及时获得自己工作结果的反馈，有利于提高工作满意感和对工作意义的认识。

在工作丰富化过程中，通过采用以上的措施，来增加五种工作核心要素在工作中的比重，引发员工对工作意义、工作责任和工作结果的内在心理体验。以减少员工对工作的厌倦情绪，提高员工与顾客的沟通能力，发挥员工的主动性和积极性，降低因工作本身所造成的员工缺勤率和流失率、离职率。

**2．工作丰富化的基本作用**

通过工作丰富化进程，能为酒店企业和员工带来很多益处。其中，对工作效率、员工的满意度的影响，是工作丰富化最基本的作用。

(1) 工作丰富化对工作效果的影响。工作丰富化不一定就能够使员工更努力地工作，或者是能够极大地提高工作效率。但是却能够改善工作效果。这是因为丰富工作内容，能够消除员工对工作的厌倦，减少管理层次，为员工提供成长条件，增加员工工作满意感。同时，工作丰富化以后，员工会自觉关心自己的工作质量，提高为顾客服务的主动性，从而减少顾客投诉，降低成本，减少浪费，使顾客更加满意，从而提高酒店的服务质量和信誉。

(2) 工作丰富化对员工满意程度的影响。工作丰富化的最显著效果，就是能够改善员工对待工作的态度。酒店属于劳动密集型企业，员工劳动生活质量的提

高不仅使个人受益，对组织也有重要意义。员工对工作的满意，能够使他们产生对酒店的依赖感，更加愿意上班，并愿意继续留在酒店的工作岗位上。

在酒店行业竞争激烈的情况下，员工的缺勤率和离职率低，能够极大地降低组织的生产成本和培训费用，保持一支稳定的员工队伍。还能带来许多不易感觉到的好处，如员工在工作中的协作互助，良好的工作态度和人际关系，家庭的支持和幸福，甚至改善员工的健康状况等，这些既对提高员工的满意程度有利，同时对酒店组织管理具有现实意义。

## 六、影响工作丰富化的因素

### 1. 来自管理部门的阻力

由于工作丰富化会增加员工的工作自主权，在一定程度上也就削弱了基层一线管理人员的权利。因此，来自基层管理者明里或暗里的阻挠，也就成为影响工作丰富化的因素之一，处理不当就可能成为工作丰富化失败的主要原因。管理人员在丰富工作内容之初，通常认为改进工作是理所当然的事，一旦工作深入下去，就会感到工作丰富化会对他们产生威胁。因为在一般情况下，管理人员必须向员工下放某些管理和计划的权力，如控制权、指挥权等，管理人员担心丰富工作内容后会使自己的权力缩小，使自己在工作中缺乏权威性，难以发号施令。

### 2. 缺乏真正的变化

影响工作丰富化的另一个因素是：把工作丰富化活动流于形式，只是嘴上说说而已，或是走走形式，实际结果却是工作本身没有任何真正的改变。对这个问题可以通过在工作丰富化活动之前和之后分别使用工作诊断调查表来证明。如果一项任务的核心工作要素没有真正发生有意义的变化，那么，原有工作就不会有任何改进。

### 3. 个体差异

现实生活中，不是每个员工都希望丰富工作内容。由于人与人之间存在个体差异，因此，大量事实表明，通过改变工作特性不一定就会产生理论预期的效果，不是所有的员工对丰富工作内容都感兴趣，有些员工对工作丰富化产生积极反应，而有些则反应不积极，甚至很消极。其中原因主要是员工自身的成长需求强度不同，因而产生的反应不同（参看工作丰富化模型图）。一般来说，只有重视工作意义、期望个人成就的员工和对酒店的保健因素（与工作环境有关的因素，例如：报酬、安全、人际关系等）感到满意的员工，才会对工作丰富化作出积极反应。个体成长、发展需要是指人的学习、发展和获得成就的愿望和要求。如果个体的成长需要程度高，那么对工作丰富化就会积极响应，从而提高工作效

果和满意程度。反之，则很难对丰富工作内容感兴趣。但是，尽管成长需要低的人在工作中也会发牢骚，但不会因此拒绝工作，他们的积极性和满意程度一般也不会产生大的变化，也不会因为个体的发展需要强度低，使工作丰富化反而成为产生消极作用的原因，影响他们的工作效果和满意程度。从研究结果看，除个别情况以外，人们对工作丰富化的反应一般是从中立到积极。

**4. 工艺技术限制**

工作丰富化也不是就能够适用于酒店所有的工作，其中有些工作由于工作的性质、特点和要求不同，会使工作丰富化的实施受到了一定限制，造成工作丰富化不能实施。例如，有些工作重新设计的成本过高，进行工艺改造的费用过于昂贵，并且风险太大，这就会影响到人们想变革的胆识。

组织通常是在工艺技术的允许范围内工作，如果工作重新设计的成本费用太大，而资源利用效率又低，就会限制工作丰富化的改造，人们就不得不继续进行枯燥单调的工作。许多工作都由于工艺技术的局限限制了工作丰富化。但是，只要系统地应用工作丰富化的做法，即使最差的工作也能或多或少地有点改进。

**5. 组织内部的风气**

组织风气对工作丰富化的影响是非常重要的。组织风气反映的是组织中相互信任、沟通和支持的程度。良好的组织风气能够极大地促进工作丰富化，而不良风气则可能使它半途而废。适当地完成工作丰富化，也会改变组织内部的不良风气。但是如果经理独断专横，刚愎自用，那么就不会在工作丰富化方面取得成绩。

**6. 工作环境因素的制约**

赫茨伯格在“双因素理论”中指出，与工作环境有关的因素会影响和制约员工的工作积极性。如工作条件的好坏、工资待遇、劳保福利、安全、人际关系等。这些因素与工作本身的性质无关，因而不能够产生激励作用。但是，这些因素如果不加注意，则会引起员工不满，严重影响工作热情，降低员工积极性。所以，赫茨伯格把这些因素称之为“保健因素”。酒店属于劳动密集型的行业，其效益是靠全体员工的直接劳动和服务来实现。实践证明，一个酒店如果有关工作环境的保健因素没有处理好，那么，要想通过工作丰富化来提高员工积极性，显然是徒劳的。正是因为如此，一般酒店管理层都十分注意对工作环境条件方面的改善和管理，防止这些环境因素对员工的工作产生消极影响。

## 第三节 工作设计的目标设置模式

20世纪60年代产生的目标管理理论，指出了工作过程中目标设置的重要性。

强调实行目标管理的关键就在于目标设置过程，如何让上下级一起来确定共同的目标，使全体员工从设置目标到实现目标的过程中受到激励。

人的行为是有目的性的，就是要实现一定的目标。在工作过程中，目标能够指明行为方向，目标本身可作为激励员工的因素，通过目标能够促进管理过程，因此目标是管理活动的基础。按照目标管理理论的观点，人们的经济行为都是有目标的计划行为，一个酒店企业有着自己总的目标体系，而每一个员工也同样有自己的具体工作目标。没有明确的工作目标，员工在工作中就会缺乏主动性，对任务的反应迟钝，使工作成绩低下，工作中缺乏热情，服务质量也较差。

因此，设置合适的工作目标过程本身就是工作设计的方法之一。通过上下级共同参与制定酒店的总体目标，然后将总体目标进行层层分解，具体落实，使每个员工都具有自己明确的工作目标，员工工作业绩是根据其完成目标的程度来进行考评。明确每一个酒店员工的工作目标，能够强化员工工作动机，提高员工积极性和工作效率。

## 一、目标设置的重要因素

工作设计的目标设置模式首要的就是目标。所谓目标，在某种意义上就是人所期望取得的成就和结果。通过设置适当的工作目标来改善工作，关键就在目标本身的性质，管理心理学家波特和斯蒂尔斯通过考察目标的性质，认为目标设置有以下重要因素：

### 1. 目标的明确性、具体性

把员工工作目标订得明确具体，要比笼统地要求员工“好好干”要好。研究结果表明，积极性低的工作小组由于工作目标明确具体，其工作结果比积极性高，但目标不明确的工作小组的工作成绩、满意度都要好。所以，工作目标必须明确具体，才能指导员工的具体行动，同时员工也能够通过目标来了解领导的意图。

### 2. 目标的难度

目标的难度涉及工作的挑战性，工作的挑战性又与工作丰富化相联系。在工作设计中，目标难度应该适中，适度的困难能够提高员工为达到目标所作的努力，使目标具有挑战性。目标太容易达到，员工工作就会显得拖沓，不太重视，但若过于困难，员工就会感到“可望而不可即”，而拒不接受或不全力以赴。

### 3. 目标的可接受性

是指员工同意和接受任务指标的程度。如果员工不接受目标，就不能激励人的行为，目标也就失去了价值和意义。目标的可接受性问题很复杂，它既涉及目

标难度也与员工是否参与确定目标有关，如果在较为民主的气氛条件下员工参与了目标的制定，那么接受目标并承担义务的可能性就会提高。

4. **目标设置的参与性**

一般来说，员工参与目标的制定，能够使他们看到自己工作的价值和责任，了解工作的意义，产生工作乐趣，一旦达到目标又能获得心理满足。同时，员工参与目标设置，能够提高对目标的理解，也使员工能够较容易接受目标并承担相应的责任、义务。

5. **目标过程的反馈性**

对目标过程的反馈，能够及时把员工工作情况反馈给他们，这有利于帮助保持、校正自己的希望，防止行为偏离既定的目标轨道。同时，工作结果反馈还能够作为激励因素促使员工工作出更大的努力。

6. **目标的竞争性**

在工作中，员工之间为实现目标会形成一定的相互竞争，在有一定竞争的条件下，员工工作一般会比无竞争的情况更加努力。但有时竞争也可能会带来危害，影响内部人际关系，这对组织和员工都是不利的。因此在多数组织中，一般采用建立员工工作小组的形式开展工作，在员工之间更主张信任、支持与合作。而竞争则在组与组、部门与部门等群体之间进行。这既能保持竞争，又能够加强员工之间的协作互助，提高酒店员工的团队精神。

## 二、目标管理的基本要求

工作设计的目标设置模式，是运用目标来激励员工积极性，通过目标为员工提供工作活动的范围和指导员工行为。整个目标管理过程就是围绕目标分三个阶段进行：

1. **目标设置阶段**

首先酒店确定总目标，员工积极地参与目标的设置，或是主动提出有关建议，参与讨论并表决同意。在确立了酒店总目标之后，根据总体目标改进工作结构，分解、确定部门和个人的具体目标。在目标设置时应本着工作丰富化的原则进行，尽量提高工作核心要素在新工作中的比重，让新的工作结构更加有效、合理。使目标成为引导员工行为、激励员工工作积极性的重要因素。

2. **目标过程管理阶段**

建立和完善目标管理的配套措施，创造良好的工作环境，提供有利的工作条件，放手让员工充分发挥各自的积极性、创造性，让员工自主地去完成所规定的

工作目标。

3．目标结果评价阶段

员工工作业绩的确定，是根据员工完成工作目标的程度来进行考评。在工作过程中，对照既定目标对员工工作情况定期进行考评，并及时把工作结果反馈给他们，有助于员工保持或修正自己的行为，防止行为偏离目标方向，同时也为设置新的目标创造有利条件。在员工工作目标完成以后，应根据考评结果给予员工适当奖励，激发员工为完成更高的目标而努力。

## 三、目标设置的意义和影响因素

在工作设计中，通过目标设置能够调整原有工作结构，改善工作关系，激发员工积极性，提高酒店的经济、社会效益。

1．目标设置的积极意义

(1) 酒店目标设置得当，能够使全体员工了解自己工作的意义，明确工作目的，把握工作努力的方向。

(2) 确立明确的工作目标，能够保证上下级、部门之间对酒店的工作任务形成统一认识。这有利于上下级之间、部门之间相互沟通信息，并在共同目标的基础上相互协作，相互支持，减少内耗。

(3) 员工参与目标设置，体现了酒店管理者的民主意识和对员工的尊重。同时又能增进员工对酒店工作目标的理解和支持，并在参与中发现和感受到自己在酒店组织中的价值和责任，产生对酒店组织的依赖感、归宿感。

(4) 确定工作目标有利于对员工的工作业绩作出客观评价，使员工能够从自己实现目标的工作结果反馈中看到自己的工作成绩，获得内在心理满足，进而增强自己的工作信心和工作责任感。

2．影响目标设置的因素

目标管理的创始人美国管理心理学家德鲁克认为，设置一个工作目标可以从八方面去加以考虑。这八个方面是：

①市场状况；

②创造革新；

③生产能力；

④物质资源；

⑤经济效益；

⑥经理的成就和发展；

⑦员工的成就和态度；

⑧社会责任。

这八个方面相互联系，相互制约，直接影响目标的设置。

除此之外，在现实工作中，一个目标的设置往往还会受到其他一些社会技术因素的影响、制约，使得目标设置在工作设计中难以真正发挥作用。

首先，有些工作因自身性质、特点，决定了其难以设置具体、明确的量化目标。

其次，如果目标设置、规定过死，在外部环境条件变化时，可能会造成酒店组织机制的僵化。

最后，目标具体量化以后，会使管理者只重视可量化的具体目标，而忽视了其他指标，例如工作的创造性、社会效益等。

因此在工作设计的目标设置过程中，为克服社会技术因素的影响和制约，应当力求做到让全体员工参与酒店目标的制定，认真对各种目标进行深入细致的研究，广泛听取各种不同意见和建议，以保证所设置的目标具有广泛的认同性和可操作性。

## 第四节　工作设计的其他社会技术方法

除了以上工作设计的理论模式以外，著名的理论模式还有社会信息加工模型和社会技术系统模型等。

### 一、社会信息加工模型

社会信息加工模型，英文缩写“SIP”，是从任务特性理论的立场出发进行工作设计的研究。通过研究发现：同样的一种工作，不同的人对其意义的理解、感受会不同，因而导致对同一工作的看法与评价可能截然相反。因此该理论认为，在工作过程中人们并不是对客观工作本身的性质、特点和任务作出客观反应，而是对自己主观认识中的工作作出相应的反应。

社会信息加工模型提出，员工在工作中不仅仅从工作本身来感受工作的意义，而且会根据周围的同事、上级、朋友、家庭成员、顾客等交往对象所提供的信息、社交暗示来决定自己对工作采取什么样的态度和相应行为。研究表明，员工的工作动机与工作满意度会受到一些与工作性质无关的因素的影响，如会受到同事、上级对诸如任务难度、挑战性、自主性等工作特性的评论等的影响，在此基础上，员工形成自己对工作的主观看法与评价。如果管理者仅仅从改变工作特性来进行工作设计，而忽视社会交往过程中的舆论、信息的影响和员工的主观看法与评价，那么，工作设计不可能真正发挥出其应有的作用。因此，管理者不仅应当重视工作本身具有的客观特性，还应当重视社会交往信息的影响和员工对自

己工作的主观看法。在进行工作安排和设计时，要注意以下问题：

首先，管理者应当重视社会信息、舆论对员工的工作态度和看法的影响，要注重正面宣传的影响作用，采取各种有效方法进行正面宣传，防止社会舆论对员工的工作态度造成不良影响。

其次，要让员工参与工作设计，为工作设计出谋划策，充分发挥广大员工的聪明才智，群策群力。酒店在工作设计时，尽可能吸收员工的积极建议，并在新的工作中加以体现，使员工感受到自己在酒店组织中的价值。

第三，要尽可能地在工作中赋予员工工作责任和工作独立性、自主性，为员工的成长创造良好的条件，提高员工工作的成就感。

第四，工作安排时，要向员工说明他们工作的重要性和意义，让他们真正了解工作的性质、任务、目的、要求，以及该工作在酒店中的地位和与其他工作之间的相互关系。

最后，对新招聘、刚轮换或提升到新岗位的员工，由于工作环境的变化，他们需要有一段时间来适应新工作的要求。在这段适应期间，他们会更容易受到社会信息、舆论的影响和左右，因此应当对他们给以特别的关心和注意，为他们提供有关工作的必要信息，帮助他们排忧解难，让他们尽快成长。

酒店管理者通过密切注意并改善以上五个方面的问题，能够让广大员工亲身感受到酒店工作的价值和意义，增强员工对工作的客观认识，减轻社会信息、舆论对工作看法的影响作用。

## 二、社会技术系统模型

20 世纪 70 年代形成的系统管理理论，把企业看成是一个由若干子系统构成的、完整的、开放的社会技术系统。这个系统所包含的子系统可分为：目标价值系统、技术系统、组织结构系统、心理社会系统、管理系统等。

企业中各个子系统之间相互联系、相互影响、相互作用，从而构成一个完整的社会技术系统。其中任何一个子系统发生变化，都会引起其他子系统发生相应的变化，而使整个系统发生变化。如技术系统的改变，必然会引起心理社会系统的变化，并成为促进或是阻碍技术变革的因素，反之也一样。

不仅系统内部如此，而且整个社会技术系统对外也并不是封闭的，它与社会环境之间也是相互联系、相互影响、相互作用的。外部社会环境的变化，必然会影响整个社会技术系统，使其发生相应的变化。所以说，企业组织是一个开放的社会技术系统。

由于企业系统性的存在，因此在工作设计时，既要重视技术因素、组织结构因素，又要重视心理、社会因素。特别是在工作设计过程中，因技术因素限制，难以开展工作丰富化的改造时，社会技术方法可以通过精心设计工作规章来使技

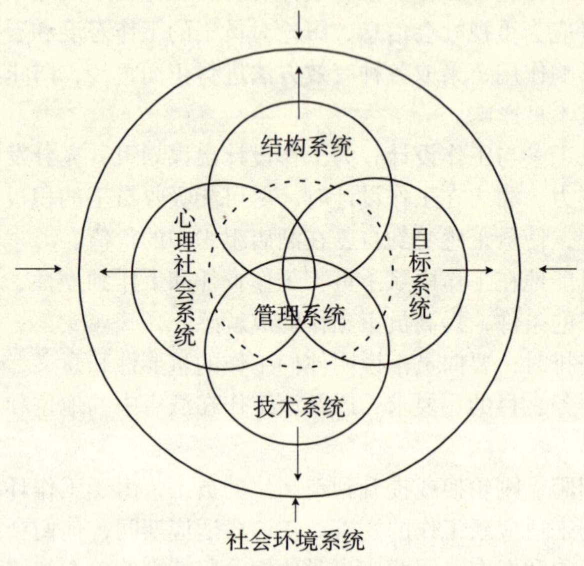


图 10-4 社会技术系统模型

术系统与其他系统之间的相互关系尽可能完善。在实践应用中，通常总是以建立员工自行管理或自主工作小组来实现各个系统间的协调。使工作的责任、权力以及成就等员工关心的问题，能通过以工作小组的形式，让小组成员共同努力来实现。

社会技术系统的模式就是强调在改变工作环境条件和管理制度的同时，注意在员工之间和上下级之间建立积极合作的良好人际关系，满足全体员工的不同需要。也就是在进行技术改造的同时，考虑员工对工作意义、职业保障、报酬以及参与管理的要求和愿望。在工作设计时，重视工作群体的建设，提倡团队精神，加强工作任务本身的变换。只有两者兼顾，才能真正做到改进工作质量，提高经济效益。

## 第五节 选择工作设计的方法

### 一、诊断调查

与工作设计有关的具体实施方法很多。应根据酒店企业自身的具体情况和所要解决的问题及所要达到的目标，采用一种或几种相应的方法和措施来进行工作设计，如果要改善员工的工作生活质量，那么，通过采用工作丰富化（工作的纵

向扩大）或社会技术系统模式是最合适的。若是想最大限度地提高产量和效率，那么就应该集中抓工作工程和目标管理的实施。总之，由于各个单位、部门的实际情况复杂多样，员工的素质、技能、文化、需求和愿望各不相同，因此，同一方法也会产生不同的效果。为此，在工作设计时，要对工作设计的酒店、部门进行具体诊断。

1．**诊断调查的目的和任务**

首先，根据工作的基本特性对每一项工作进行分类，确定需要进行工作设计的工作类型。

其次，了解员工对他们的工作和工作设置的意见、看法和建议，分析、掌握其中的合理成分。

最后，查明员工是否愿意承担丰富化的工作，接受工作的挑战和担负工作责任。

通过具体的诊断，分析调查结果，找出问题所在，然后确定工作设计的具体任务和应当采用的方法，以及需要增加的补救措施等。

2．**工作设计中应当注意的问题**

要想使工作设计取得较好的效果，就应当注意：

(1) 探明工作绩效低下的原因。如果工作绩效低下的原因是由于员工技能水平达不到工作要求，那么，仅仅进行工作设计，就没有现实意义。而应当加强对员工技能的培训，提高员工的技能水平，以满足工作的要求。

(2) 重视工作环境条件。如果是因为酒店的工作环境条件引起员工的不满情绪，例如管理方式、奖励办法、安全、人际关系等造成员工的不满意。就应当首先改善工作环境条件，消除不满，而不是仅仅考虑工作内容的改变。因为引起不满的因素存在，会降低员工工作积极性，即使工作再富有意义，也难以发挥其激励作用。

(3) 力争获得员工的支持。进行工作设计，需要广大员工的支持，必须是员工愿意接受。在现实生活中，不是所有员工都愿意承担工作责任、敢于接受工作的挑战，有些人不愿意，也不希望从事复杂的、内容丰富的、需要具有较高技能水平的工作，他们宁愿每天重复干着单调枯燥的工作，而把兴趣、精力放在工作时间之外。对这样的人，只有先改变他们的态度，提高他们的觉悟，才有可能使他们关心工作，支持工作设计。

## 二、选择方法

管理人员了解各种工作设计方法，能够根据酒店组织或部门的特点而加以灵

活运用，是工作设计最好的应用策略。实践中，不同的工作设计方法适用的范围可能不同，而不同的方法既可以单独使用，也可多种结合使用。例如，工作丰富化可能要和工作工程或目标设置相结合；社会技术方法的运用又可能需要与工作轮换相结合……如果酒店的管理人员都能了解工作设计的不同方法和作用，那么，在实践中就可能使酒店的整个工作绩效和员工的劳动生活质量都达到最佳的状况。

作为组织发展的必要手段，工作设计的任务要求是连续不断的。随着市场竞争的加剧，员工队伍素质的改变、提高，管理人员们再也不能忽略员工的劳动生活质量。他们必须在工作达到高效率的同时，也能使员工感到满意。要想使工作同时取得这两种效果，就需要采取恰当的方法，不断地对工作内容进行设计。

工作设计的具体方法很多，包括工作工程、工作扩大化、工作丰富化、工作轮换、弹性工作时、目标设置和社会技术法等。不同方法所起的作用不同，所要达到的目的也不相同。如：

工作工程是最早采用的方法，它包括传统的工作专业化分工、工业工程技术，它是通过时间动作分析来简化工作程序、确立动作的标准化，达到提高工作效率的目的，特别是在制定员工操作程序、规范员工行为时，工作工程的方法具有重要的作用。

工作扩大化和工作轮换，都是通过增加工作多样性、复杂性来使枯燥、单调、沉闷的工作变得新鲜、有趣，从而提高员工的工作兴趣。

而工作丰富化、弹性工作时、目标设置和社会技术法等，都是以通过提高工作自主性、工作责任和工作成就等，使工作本身变得更有意义和更富有挑战性。除此之外，丰富工作内容还可以采用其他一些方法，例如建立客户关系，允许员工自己确定工作进度，使员工对完整的产品和服务拥有责任，建立工作直接反馈机制等。

工作设计的目标设置和社会技术方法也是能够提高酒店员工和群体积极性的方法。设置难度合适的明确的工作目标，只要员工接受了这一目标，就会更加努力工作，更好地完成任务。社会技术方法能为酒店管理者从系统的高度，对影响组织生存、发展的各种内外关系进行多角度的综合考虑，并用系统的观点进行工作设计。

总之，工作设计是一种能够促进酒店组织健康发展的有效方法。恰当的工作设计会使广大员工对工作感到满意，任务也会完成得更好。但在重新设计工作时，酒店管理者要从酒店实际出发，既要考虑员工的个体差异，还应当注意到有些技术、组织和社会因素也会影响工作设计的内容。

与其他管理方法一样，工作设计的应用必须与酒店的具体情况相结合，才能真正发挥其效用。了解、掌握有关工作设计的知识，是各级管理者具体应用各种

工作设计方法的基本前提。在对原有工作的具体特性进行设计、改造时，酒店管理者必须始终根据自己酒店的发展情况，实事求是地采取相应的方法和措施，才能在提高工作效率的同时，也激励了广大员工的积极性，使工作设计产生理想的效果。

## 本章小结

1. 工作设计又可称为职务设计，就是对工作的整个过程进行周密的、有目的的、有计划的安排和调整，包括对工作本身的内容、结构、任务、方法和要求的确定、调整，协调工作与其他方面的联系，以及工作对员工的影响等。工作设计可以是对工作的某个部分的安排和调整，也可以是对整个工作总体的安排和调整。

2. 传统工作设计是“以工作为中心”，现代工作设计则是“以人为中心”，是改善员工工作质量的方法之一。主要内容包括：确定工作的一般性质；明确工作的基本要求和操作方法；理顺工作之间的相互关系；确定工作结果和成效；进行结果反馈等。

3. 在进行工作设计时，应当考虑环境、组织和行为三个方面因素的影响。其中：环境因素包括了解人力资源状况；组织因素包括工作专门化程度，工作流程，工作习惯等；行为因素是要求在进行工作设计时，不能仅仅考虑效率，还要满足员工的个人需要，通过改善工作本身，使其保持任务完整性、多样性、自主性、任务意义等，来减少员工的疲劳、厌倦，提高员工的工作责任感、成就感。

4. 在现代工作设计中，与改善工作质量有关的具体方法主要是：工作丰富化、工作扩大化、工作轮换、弹性工作时和以员工为中心的工作再设计，以及目标管理、全面质量管理等。

5. 有关工作任务特性的研究，最重要的理论是哈克曼和奥尔德海姆提出的工作丰富化模型。他们认为：任何工作任务都可以用五个核心工作要素来加以描述，这五个工作要素是：(1) 技能多样性；(2) 任务同一性；(3) 任务重要性；(4) 工作自主性；(5) 工作反馈。

6. 哈克曼和奥尔德海姆把工作丰富化过程看成是增加工作任务中的技能多样性、任务同一性、任务重要性、工作自主性和工作反馈等核心工作要素在工作特性中所占的比重。这五种核心工作要素相互结合，会导致员工产生不同的三种心理状态：(1) 对工作意义的体验；(2) 对工作成果的责任体验；(3) 对工作活动实际成果的了解。如果工作活动的情况能够及时反馈给员工，员工就能对工作活动的进程、状况和结果产生个人的认识。这又进一步加强了以上关于工作意义的体验和工作责任的感受这两种心理状况。

7. 诊断工作丰富化的方法，可以用包括直接观察、面谈、分析工作流程、结构线索和调查等在内的几种方法来进行。

8. 管理者如何来丰富员工的工作和提高员工的潜在动机，按照工作特性理论的要求和建议，应当采取的具体措施是：(1) 任务组合；(2) 构建自然的工作单位；(3) 建立员工—客户关系；(4) 纵向的工作负荷；(5) 开通反馈渠道等。在工作丰富化过程中，通过采用以上的措施，来增加五种工作核心要素在工作中的比重，引发员工对工作意义、工作责任和工作结果的内在心理体验。以减少员工对工作的厌倦情绪，提高员工与顾客的沟通能力，发挥员工的主动性和积极性，降低因工作本身所造成的员工缺勤率和流失率、离职率。

9. 工作丰富化的基本作用包括：对工作效率、员工的满意度的影响，是工作丰富化最基本的作用。

10. 影响工作丰富化的因素有：来自管理部门的阻力；缺乏真正的变化；存在个体差异；工艺技术限制；组织内部的风气；工作环境因素的制约等。

11. 工作设计的目标设置模式首要的就是目标。所谓目标，在某种意义上就是人所期望取得的成就和结果。

12. 管理心理学家波特和斯蒂尔斯通过考察目标的性质，认为目标设置有以下重要因素：目标的明确性、具体性；目标的难度；目标的可接受性；目标设置的参与性；目标过程的反馈性；目标的竞争性等。

13. 目标管理的基本要求。目标设置模式，是运用目标来激励员工积极性，通过目标为员工提供工作活动的范围和指导员工行为。整个目标管理过程就是围绕目标分三个阶段进行：(1) 目标设置阶段；(2) 目标过程管理阶段；(3) 目标结果评价阶段。

14. 目标设置的积极意义：(1) 能够使全体员工了解自己工作的意义，明确工作目的，把握工作努力的方向；(2) 能够保证上下级、部门之间对酒店的工作任务形成统一认识，相互支持，减少内耗；(3) 员工参与目标设置，体现了酒店管理者的民主意识和对员工的尊重；(4) 有利于对员工的工作业绩作出客观评价，增强员工的工作信心和工作责任感。

15. 美国管理心理学家德鲁克认为，影响目标设置的因素可以从八方面去加以考虑。这八个方面是：①市场状况；②创造革新；③生产能力；④物质资源；⑤经济效益；⑥经理的成就和发展；⑦员工的成就和态度；⑧社会责任。这八个方面相互联系，相互制约，直接影响目标的设置。

16. 诊断调查。与工作设计有关的具体实施方法很多。应根据酒店企业自身的具体情况和所要解决的问题及所要达到的目标，采用一种或几种相应的方法和措施来进行工作设计，在工作设计时，要对工作设计的酒店、部门进行具体诊断，明确诊断调查的目的和任务。

17. 工作设计中应当注意的问题。想要使工作设计取得较好的效果，就应当注意：(1) 探明工作绩效低下的原因；(2) 重视工作环境条件；(3) 力争获得员工的支持。

## 案例分析

**【案例 1】**

### 怎样改变现状①

锦华酒店管理集团受一造船厂的委托，合作管理船厂所属的一家大酒店。该大酒店开业时间不长，硬件设施一流，内部装潢气派。但管理却不能与酒店规模相适应。酒店现有的管理人员大部分是来自船厂原有的招待所，管理方式上没有多大改变，造成酒店内部管理混乱。遇事有权者说了算，员工情绪低落，工作散漫。

为了彻底改变这种状况，船厂领导十分尊重锦华管理集团派来的管理人员，凡他们提出的建议或方案，基本都予以支持或采纳。锦华派住大酒店的部门级管理人员每天晚上都要开碰头会，研究改进工作的具体方案。他们主要从建立健全管理制度、开展管理人员培训和工作设计等方面来打开局面，通过他们的艰苦努力，三个月后，酒店就以新的面貌迎得了往来宾客的好评。

**评析：**

近几年企业系统办酒店的甚多，由于不熟悉酒店的经营管理，往往委托酒店管理公司合作管理。这种委托管理，主要在两个阶段：一是酒店开业筹备阶段和试运转阶段，二是酒店经营业绩不佳时，管理公司受托管理有合约期限。派出人员在异地开展酒店管理工作难度较高，除了人地生疏等原因外，处理各种人际关系也颇为棘手，如何开展工作来改变现状，又能得到酒店管理人员和广大员工的理解、支持，是派出者最棘手的问题。

**问题：**

1. 如果你是一个管理公司派出的人员，遇到同样的情况，你将从哪几个方面去做?

2. 在工作设计时，应当注意哪些问题?

---

① 选自蒋一帆等著：《酒店管理 180 例》，东方出版社 1997 年版。

【案例 2】

## 实施 5 天工作制后[1]

一天，酒店员工下班时都拿到一封信。打开信封，就见一封用电脑打印的信件，还附有一份调查表。原来是酒店实行一周 5 天工作制后，想听听员工的反映和他们对工作和生活的安排情况。调查表上共有 9 个问题：

1．您喜欢 5 天工作制吗？喜欢□　不喜欢□　无所谓□

2．在休息日里，您一般都和谁在一起？家人□　朋友□　独自□　其他□

3．您是怎样度过双休日的？家务□　休息□　娱乐（旅游）□　其他□

4．您最喜欢的休闲方式是什么？旅游□　休息□　游泳□　其他□

5．若是旅游，您喜欢的去处是：市内□　郊外□

6．您最主要的兴趣、爱好是什么？

7．每周 5 天工作日，您觉得比原来紧张吗？紧张□　轻松□　一样□

8．您是如何提高工作效率的？

9．您对如何改进工作现状有什么好的建议？

**评析：**

实施每周 5 天工作制后不久，便在部分员工中调查双休日活动情况并征求建议。正如该酒店广大员工所说的，这样的调查好，既及时又有积极意义。

员工能不能向客人提供优质服务这在很大程度上取决于他们的工作环境和个人的身体、精神与情绪等多方面的情况。酒店领导搞这次调查，之所以被广大员工称好，是因为他们体会到酒店对他们的真诚关怀和领导的爱心。酒店领导对员工在店外的休闲时间都关心到了，员工们岂有不动情的？

从这次调查可以看到，对员工的关怀不仅要表现在思想、工作、学习等方面，还应无微不至地关心他们的生活，其中应包括员工在店外的休闲时间。

**问题：**

1．酒店进行这样的调查，你认为有必要吗？为什么？

2．如果是你来设计这一份调查问卷，你认为它应当包括哪些方面的问题，更能反映出员工的个人看法？

---

① 选自蒋一帆等著：《酒店管理 180 例》，东方出版社 1997 年版。

## 练习题

1．什么是工作设计?

2．简述传统工作设计与现代工作设计的特点和区别。

3．在进行工作设计时，应当考虑哪些因素的影响?

4．简述现代工作设计中，与改善工作质量有关的具体方法。

5．简述哈克曼和奥尔德海姆提出的工作丰富化模型。

6．为提高员工的潜在动机，应当采取哪些具体措施?

7．简述影响工作丰富化的因素。

8．试说明工作设计的目标设置模式。

9．简述目标设置的积极意义。

# 第11章 酒店人力资源的潜力开发

**本章提示与学习目的：**

要提高酒店的工作效率和经营水平，必须注意员工潜力的发挥，重视酒店人力资源的潜力开发。通过改善工作环境，完善各项工作设施，设计与人体机能相适应的操作方法，创造一种能使员工心情舒畅，又能消除疲劳的工作环境和让员工展现自我价值的工作条件，来挖掘员工的潜能。改善工作环境，要注意包括工作的照明、空气、噪音、色彩、气味、温度和设备的操作过程等的影响；了解造成人员疲劳的原因和消除疲劳的方法；分析、解决影响创造良好工作环境的问题；倡导员工注意自身素质的培养，以适应酒店工作的要求和社会发展的需要。是我们学习这一章的目的。

为了更有效地提高酒店的工作效率，提高经营水平，对于酒店员工的管理，除了从物质上、精神上给予必要的奖励，严格执行酒店的各项规章制度外，还要注意员工潜力的发挥。一个酒店管理水平的高低，在很大程度上取决于酒店是否注重对人力资源潜能的开发，是否注意不断改善员工的工作环境和工作条件，好的工作环境与条件一方面可以使员工在工作时保持饱满的精神状态和愉快的工作气氛，另一方面在无形中也大大提高了工作效率。实践证明人的潜能的发挥对于企业是十分重要的，它反映了一个酒店对员工的重视程度，也反映了一个酒店的经营水平和经营策略。

要发挥员工的潜能，是要从人与环境的关系、人与工作的关系以及人自身的生理和心理机能等方面来进行探讨和挖掘的。

## 第一节　酒店员工的潜力开发

### 一、工作环境

工作环境是员工在工作时所处的环境。它包括明亮程度、操作设备的操作过程对人体所产生的影响程度以及工作间的空气、噪音、色彩、气味、温度等对人的感官所带来的影响。

### 1. 照　明

酒店照明设计是酒店内部装饰的重要组成部分。酒店的明亮程度不仅可以产生不同的效果，给客人带来不同的感受，也会给酒店员工的工作带来一定的影响。

照明一般分为基本照明，即以满足人们看清周围环境的基本要求为目的。特别照明，即为了突出特别地点或局部而设制的照明。装饰照明，即为了点缀环境，渲染气氛而设制的特殊照明。

总的来说，酒店的基本照明不宜过亮或过暗，过亮使内外对比度过强，易产生视觉疲劳，也给酒店带来不必要的浪费，过暗则达不到渲染酒店气氛的效果，同时也使人产生不愉快、心情沉闷的感觉。一般以明亮柔和为宜，对于大堂、餐厅等地方可用特别照明和装饰照明进行特别修饰。装饰照明也要注意色彩协调，光线适宜，要与本酒店的建筑风格、建筑特点相一致。

### 2. 色　彩

色彩能给人的情绪带来不同的影响。不同的色彩能引起人们不同的联想，产生不同的心理感受，色彩调节得好，可以创造一种舒适、轻松愉快的气氛。如果工作环境的色彩与工作性质相适应、相协调，可以改善员工的情绪，减少事故，提高工作效率。

色彩对人的视觉可以产生不同的刺激效果。如大红色能振奋人的精神，浅蓝色会使人的心情平静，金黄色会给人一种庄严神圣、富丽华贵的感觉等。色彩过分艳丽，会使人产生不安全感，色彩过分暗淡，会使人产生疲倦感，使人情绪低落。所以合理地利用色彩，对于刺激员工的情绪，有着一定的积极作用。

色彩的运用有一定的地域性。不同的民族，不同的国家对于色彩有不同的认识。因此，不同地区的酒店、不同风格的酒店可以有不同的色彩搭配，在酒店内不同的地点也可以用不同的色彩组合以形成不同的格调，如客房内的色彩可以以淡色为主要基调，而舞厅则可用较华丽的色彩来装饰等。

此外，还可根据季节变化和地区气候特点调配酒店有关地方的色彩。如春季配嫩绿色，给人一种春意；夏季用淡蓝色，给人一种凉爽的感觉；秋季用黄色，使人感到丰收的喜悦；冬季用暖色调装饰，使人感到温馨。

### 3. 噪　音

心理学认为，由于人体本身由大量振动系统构成，当人的听觉器官一旦接受某种适宜的音响传入大脑中枢神经，能极大地调动听者的情绪。相反，如果传入噪音，则能使听者听力下降，扰乱情绪，增加烦躁感，易于疲劳，影响工作效率。长期噪音的导入，可使人的中枢神经受到损害，甚至导致精神方面的疾病。

酒店应该尽力为员工创造一个没有噪音的工作环境，酒店的墙壁应使用隔音材料，对于机械产生的噪音，可以采用消声器、垫入橡胶、使用毛毡等方式减少噪音。在合适的场所或时间，可以播放合适的背景音乐以活跃员工的大脑，放松情绪。

4. 通　风

酒店绝大多数员工的工作几乎全天都在室内进行，因此，酒店内的通风情况也是十分重要的。应该装有较好的通风设备，尤其是厨房和餐厅，不要一天24小时使员工都受到不同气味的熏扰，使员工味觉和胃口都受到影响，从而影响情绪和工作。客房部也要注意通风设备的使用，否则员工一天到晚工作在空气、光线差的环境里，对身体会产生不利的影响，会加剧对员工情绪的负面影响，从而影响服务质量。

此外，酒店的工作环境还包括温度、湿度，酒店各种设备、家具的摆设等，这些都会在不同程度上影响员工的工作情绪。总的来说，工作环境的好坏无形中对员工的工作、对酒店的经营起着一定的影响作用，是不容忽视的。

## 二、作业研究

作业指员工对设备、材料、工具及各项服务工作的操作过程。如何使员工在工作中以最少的付出得到最优的工作效果，这就要设计出一套科学的操作方法和工作方式。

### 1. 作业内容

作业的内容包括：在工作中探索一种最科学、最省力、最省时的作业方法及最有效的作业材料、作业工具、设备的标准化等；根据总结出的新的方法培训员工；根据员工的平均工作能力、工作的效率设定标准时间。

作业的内容可以根据不同的环境、不同的设备特点、不同的作业时期进行必要的调整。虽然各个工作岗位的作业内容和方式有所不同，但都能采取相同的原则制定更为科学的作业方法。只有工作的规范化和科学化，才能更加有效地提高工作效率，也才能更科学地评定每个员工的工作量和工作效率。

### 2. 作业方法

作业的方法是以动作的最小化取得最大的工作效果为目的。其具体方法包括：两手动作的协调性，减少不必要的动作或动作次数；每个动作力求距离最短，动作过程中要尽量使身体保持舒适；要将工作过程中所需要的工具、材料摆放在合适的、以保证最小动作的位置，尽可能地使用最有效的工具，保持工具和材料的有效性；作业中具体动作如何排序最科学省力；在工作中要保持心情愉

快，工作环境要与工作内容相适应。

3．**作业程序**

作业程序是在作业过程中科学地制定作业全过程的顺序，以保证作业整体的科学性、协调性与有效性，减少不必要的重复劳动。其具体包括：酒店各岗位作业内容的相关性，具体每一个工作岗位的工作内容与下一道工作程序如何连接；总体分为哪些程序最省时、省力，最能有效地体现服务质量和工作效率；明确规定每一作业内容的始与终，以保证各个岗位间的协调与连贯性。

## 三、员工疲劳

人在疲劳时，肌肉、呼吸、血液循环、内分泌等系统都会发生不同程度的生理机能变化，不同程度的疲劳会产生不同程度的后果。对于操作某种机械设备的员工，疲劳会导致事故的发生。对于为客人提供服务的员工，疲劳会降低服务质量和服务水平。员工的长期疲劳会引发某种疾病，会大大降低工作效率。

1．**疲劳的原因**

疲劳的原因是多种多样的，有的是主观因素造成的，有的是客观条件造成的，但疲劳是可以在一定程度上加以控制的和适当调节的。

(1) 员工个人因素。造成员工疲劳的个人因素是比较复杂的。它可能包括：

①身体状况。员工个人的身体状况是不相同的，有的员工身体素质好，长时间工作也不易产生疲劳，有的员工身体素质差，或有某方面的疾病，工作中经常会感到力不从心，或容易产生疲劳。

②个性特点。有些员工生性活泼，爱动不爱静，而所从事的工作却以坐为主，一天坐上几个小时，对于其他人来说可能不觉得累，他就有可能会感到十分疲倦。相反，有的员工喜爱安静，不爱与他人接触，却每天从事与各种各样的人打交道的职业，这样，在别人看来十分轻松的工作，他可能会感到十分疲劳。

③家庭情况。家庭的和睦与否、员工家庭生活负担的轻重、家庭的生活习惯等都在一定程度上影响员工在工作中的疲劳程度。如某个员工家中有刚出生的婴儿，夜间照顾婴儿影响睡眠，必然影响第二天的工作质量。员工与家人产生矛盾，家人患病等，也会使工作受到影响。

④对工作的不满。员工对所从事的工作不满意，或与周围的同事、上级关系紧张，或不喜爱本职工作等，这些因素都会对员工的工作质量产生影响，会加重员工的工作负担，从而易产生疲劳。

⑤其他情况。员工在工作或生活中碰到这样或那样的问题或困难，或有什么不好的生活习惯，或由于工作的压力产生某些情绪等都有可能加重工作的疲

劳感。

(2) 工作的环境与条件。

①工作的性质。员工所从事工作的性质对于员工的疲劳产生的程度有很大的影响。如员工从事洗衣、打扫客房、采购等体力劳动工作，容易产生疲劳，特别是体力方面的疲劳。而从事计算机操作、会计、话务等方面的工作，则多产生脑力或体力的局部疲劳，如眼睛、背部、肩部等。

②工作的环境。员工所从事工作的工作环境对于员工的体力与脑力的支出情况也有很大的影响。如工作环境的通风情况、亮度、安静程度、温度等。如果员工长期工作在嘈杂的工作环境中，极易产生疲劳，会影响注意力的集中，影响正常的休息与睡眠，久而久之还易患精神方面的疾病。

③社会方面的压力。员工不仅生活在酒店这个小社会中，还生活在经济社会的大环境中，整个社会的安定程度、社会劳动力的竞争情况、社会经济的发展情况以及员工所处的社会群体的变化情况等，对员工的工作态度、工作积极性、工作的认真和付出的程度都有影响，从而也会对其疲劳程度产生不同程度的影响。如由于社会失业率的提高，或由于酒店为了提高经济效益，裁减人员，竞争上岗，对在职员工要求更加严格，而员工为了保住自己的职业，一方面必须更加努力地认真工作，另一方面要学习新的本领或知识，以应付更激烈的竞争，这无疑给员工精神上和体力上都加大了压力。过去用于消闲的时间更多地被学习或工作所取代，员工在正常的工作中必然加大疲劳感。

**2．疲劳的判断**

员工的疲劳可以产生在多种方面。如：头痛、头重、头晕、背痛、腰疼、肩酸、眼睛疲劳；打呵欠、困倦；精神恍惚，思路混乱；烦躁、健忘、情绪不稳；语无伦次，办事差错多；浑身酸软、手脚麻木、动作不灵活；心慌、呼吸困难等。如果员工出现了以上或类似的症状，就是产生了疲劳。在一定疲劳的情况下，如不及时采取措施，会给工作或员工的身体带来不好的影响和后果。

**3．疲劳的消除**

对于疲劳，可以通过多种途径减轻其作用的程度，也可以加以预防或及时消除。由于员工所从事的工作性质的不同，所处的工作环境不同，对于消除疲劳的方法可以根据不同的情况加以处理。

(1) 完善工作环境。酒店要针对员工的工作性质和特点，根据员工疲劳的状况和程度，不断地完善工作环境，如增加对员工身体和工作有益的设备、安全或防护设施，为员工提供良好的休息场所和交通条件，不断地提高员工的福利待遇等，要尽可能地使员工在比较良好的工作环境下工作，这样，既可以提高工作效率，使员工更加热爱本职工作，也有益于员工的身心健康。

（2）改善工作条件。酒店要在有条件的情况下，有计划地改善员工的工作条件，如注意餐饮部的通风和噪声处理，注意客房的灯光设置，改善洗衣房的设备及工作条件，添加必要的劳保用品等。

（3）丰富工作内容。酒店工作是十分单调的，长时期单调的工作使人易于疲劳、丧失工作热情，导致服务质量的下降。尤其对于年轻人来说，往往更热衷于形式多样、不断变化的工作，对于长期从事单调的工作往往缺少持久性。为了有效地防止疲劳，要有意识地丰富工作的内容，如定期组织员工出游，利用业余时间搞一些文体活动，如比赛、演出，还可以在酒店内搞一些业务有奖竞赛等，这样，一方面丰富了员工的业余生活，也无形中增强了企业的凝聚力，提高了员工的工作兴趣和业务水平。

（4）提高员工的工作热情。消除疲劳的另一个有效方法就是提高员工的工作热情。如果员工对所从事的工作有兴趣、有积极性，对疲劳的感受就会相对减轻。提高员工工作热情的方法有很多，包括物质和精神方面的奖励：对员工在工作中的好的建议、有效的工作方式给予及时的表扬或奖励；对员工生活中的困难给予及时的关注或解决；有计划地对员工进行培训，组织员工参观学习同行优秀的企业；根据员工工作业绩和工作时间等条件给予晋升或增加工资等。

## 第二节　为员工的献身精神创造条件

酒店如果能为自己的员工创造条件，使他们有机会获得一个有成就感和自我实现感的职业，为他们创造一个舒适的工作环境和展现自我价值的环境，员工就会对本酒店产生一种信任和依赖感，从而产生一种为企业献身的精神。

### 一、为员工发挥自己全部的潜能创造条件

酒店管理组织有义务最大限度地利用员工的能力，并且为每一位员工提供一个不断成长以及挖掘个人最大潜力和选择成功职业的机会，如人事管理及职业管理计划不仅要能预测出企业中的职位空缺或潜在空缺，能够及时地发现潜在的候选人，还要有计划地让他们适应新的职位进行有关的培训和相关的职业实践等。

### 二、要使员工的长期需要得到满足

需要是一种本能，是一种正常的心理现象，它常以愿望、意向的形式表现出来。正确认识和掌握员工的需要，是调动员工积极性的起点。员工的需要同其他人一样，是多种多样的，它同样包括：生理的需要、安全需要、社交需要、尊重需要和自我实现的需要等，而且这些需要是不断发展变化的。员工的需要可能根

据各个员工的经济收入、个性特点、教育程度及年龄情况等的不同而有所不同，也随着员工个人地位的转变、收入的变化及时代的变化等不断地提高和转变。

要使员工安心酒店工作，不完全在乎一时工资与奖金的多少，而是要能长期满足员工不断提高的成就感需求与经济收入。酒店不仅要运用定期的员工工作成绩评定工资和奖金，而且要了解每一个员工的发展需要，从而尽可能地满足各个员工的发展需要。酒店只有在满足员工个人需要的同时，才能不断地从具有献身精神的员工所带来的绩效中获利。如某个员工有志向学习烹饪，酒店可以在有机会和条件时，为他提供专业学习或培训的机会。如果这个员工学习有成，一定会为酒店作出更多的贡献。由于在酒店有进一步学习从而取得自我成就感的机会，员工也不会轻易放弃这个工作。

## 三、理解和信任员工

员工是企业的主人，是实现酒店利润的基础和主要力量。酒店管理者必须充分理解和信任员工。

### 1．尊重和关心员工

员工同管理者一样，也有受到尊重的需要，有自己的人格和尊严，要正确对待每一个员工，尊重他们的感情和人格，要给他们以温暖，对他们的学习、工作和生活给予关心和帮助，特别是对于工作与生活中遇到的困难要及时给予帮助与照顾。

### 2．正确对待员工的过失

除个别员工外，大多数员工都不愿意在工作中出现差错，对于无意中出现的差错都是十分后悔和内疚的，作为管理人员，对于员工的过错要认真分析，冷静对待，根据过错的严重程度，酌情给予处理，对于无意产生的过失或出于好的本意而导致的过错要从轻处理，处理时也要注意方式方法。对于员工与客人出现的矛盾或问题，也要分析产生的原因，既要维护宾客的面子，也要照顾员工的自尊心。

### 3．充分理解和信任员工

理解是连接人与人之间的纽带，酒店工作的辛苦和工作时间的不稳定性，给员工的生活带来诸多的不便，作为管理者要能理解和体谅员工的辛苦与烦恼，一方面要严格酒店纪律，严格要求每一个员工，另一方面也要尽可能地为员工提供一些工作和生活上的方便。同时，要充分信任员工，信任能使员工产生责任感和安全感，能使人心情舒畅、情绪饱满，能发挥员工的创造力和敬业精神。酒店要让员工参与制定酒店重大经营决策和人事、财务管理，赋予员工管理酒店、监督

酒店的权利，积极采纳员工所提的合理化建议，支持员工的创新精神等。

### 四、帮助员工自我实现

人们要实现自己的梦想，展示自己的才能，取得与自己能力相称的成就的这种需求是最强烈的。那些不能满足员工这方面需要的企业，会导致员工的不满情绪越来越大，从而彻底丧失为企业献身的精神，甚至会失去它们最优秀的员工。因此，一个管理成功的企业，就是要通过管理的实践确保所有员工都有机会完成自我实现。要做到这一点十分不易，但酒店人事管理工作必须以此为出发点，要通过对员工进行培训，扩展他们的技能与在工作中解决问题的能力，丰富他们的工作内容，授权他们自己进行工作和监督，帮助他们不断成长，虽然这一切努力不一定意味着晋升或获得职业上的成功，但却为员工创造了充分发挥自己所有能力并获得成功的机会，使员工得到了实现自我理想的机会和实践的过程，从而得到了一种精神上的满足。

### 五、公平对待的原则

要保证所有的员工在工资、奖金、福利的获取标准和违纪的处罚及一些不满言论及其行为的处理上有一个公平的原则，保持自上而下和自下而上言路的畅通，就要建立一种多元化、多层次的渠道让员工表达他们对酒店工作及领导的看法、意见，也可定期进行意见调查，对于正确的、有利于酒店工作发展的意见要及时反馈给有关领导进行处理，对于提出好的意见和建议的员工要给予一定的鼓励或奖励。

## 第三节　员工自我素质的培养

要充分发挥人力资源的潜力，除了酒店要为员工创造必要的工作、生活、实现理想的条件外，员工本身也要注意自身素质的培养，以适应酒店工作的要求，适应不断变化的社会环境发展的要求等。

### 一、素　质

素质是指人借助于自己的感觉器官和神经系统在社会实践中形成的各种心理特征，包括政治品质、知识、智力、个性心理等。人的素质表现为劳动力的质量。素质的形成受到先天因素的影响，但更重要的是受社会实践的制约，其内容和发展程度由社会实践和知识水平所决定。

1．**政治素质**

政治素质是经过后天的学习教育和社会实践形成的、在日常社会活动中总是决定和支配其行为取向的政治态度、道德品质和思想素质等内在因素。它对于管理人员尤为重要。首先，它包括远大理想和正确的奋斗目标，即要坚持四项基本原则，在思想上和政治上与党中央保持一致，牢记全心全意为人民服务的宗旨，爱祖国，爱人民，为建设有中国特色的社会主义而忘我工作；其次包括坚定的信念和谦虚谨慎的美德，诚实正直，大公无私；还包括不怕困难、严守纪律，具有勇于创新和探索的精神等，这是一个人能否热爱本职工作，能否具有献身精神的最基本体现，人如果缺少一种积极向上的精神，就难以发挥自己的智慧与力量，就难以战胜工作中的困难与挫折，把所从事的事业完成好。

2．**心理素质**

人的心理是指人的感觉、知觉、记忆、思维、情绪、意志以及兴趣、才能、性格等。人的心理素质能反映一个人的工作态度、工作能力和工作效率等，也能反映一个人的教养、修养和气质。

一个具有健康心理的人，可以保持情绪的稳定性，为人的宽容性，对事业的创新性和工作的时效性，尤其是酒店的员工，他们的工作是经常要与各种各样的人交往，如果没有一个健康的心理素质，对待客人缺少热情、耐心和理解，情绪不稳定，办事效率低，不仅难以创造好的绩效，也会对酒店的声誉产生影响。

3．**文化知识素质**

文化知识是人们通过学习获取的一种认识客观世界和改造客观世界的能力和水平。它不仅来源于对书本的学习，也来自实践经验的积累。它是在学习和实践活动中积累而成的对各种学科和客观事物系统化、理论化的认识。一个人如果具有较高学历，只是说明他具有较强的认识客观世界的能力，如果要控制和改造客观世界，还必须通过不断的社会实践。一个具有较高文化知识素质的人，具有较强的接受能力、思考认识能力、观察想像能力和创新发展能力，文化知识素质对于其他素质具有催化作用，它能使人的其他能力得到更好的体现与发挥，同时对其他素质的提高和转化具有积极的作用。因此，员工的自身文化知识素质的培养十分重要，尤其是面对科学技术迅速发展的现代社会，知识的获取是无止境的，只有不断更新知识，才能更好地适应社会和改革创新。酒店员工不仅要学习必要的专业知识，还要适应工作的需要，学习心理学、公共关系学、社会学，要掌握党和国家的基本路线、方针政策，要了解本地区的风土人情、旅游概况、经济发展概况等。酒店的管理人员还要学习行业管理学、领导科学，要掌握世界酒店业的发展概况并接受最新的管理模式。

### 4．身体素质

身体素质是其他素质的物质基础。它包括健康的肢体、健全的五官、协调的神经系统。良好的身体素质是产生旺盛精力的源泉。身体素质的好坏也直接影响到其他素质的形成、发展和发挥。一个人如果其他素质水平较高，而没有好的身体素质，其他素质也难以充分体现。身体素质主要包括一个人的体力，即健康状况，它决定了一个人在工作中的负荷力、耐力和身体（包括体力和脑力）的付出能力；身体素质还包括人的适应力，即人的身体对外部环境改变的适应能力。具有较好的适应能力，才能在各种条件或环境下正常工作。酒店工作是非常辛苦的，经常要上夜班、加班，没有一个好的身体素质，是难以长期从事这种工作的。

## 二、能　力

人的能力是指人的各种素质相互作用而产生的认识、控制和改变外部世界的一种合力。它是一个人能否胜任其职务、完成工作任务的基本条件。人的素质是其能力形成的基础，人的素质的差异性决定了人的能力的差异性，人的素质随着知识的不断更新、身体状况的改变、认识的不断提高而处于不断的变化之中，而人的能力一旦形成却具有相对的稳定性。人的能力的发挥程度受到外界因素与条件的影响，如果人事部门的管理人员能把每个员工都安排到相对适应其能力发挥的岗位，使员工的能力得以较充分的展现，则可收到较高的效益。人的能力包括：

### 1．决策能力

决策就是对两个或两个以上方案的最佳判断和选择能力。决策能力的高低取决于人的思考能力、分析能力和实践经验的积累程度，也受人的心理素质与个性特点的影响，它是对人的综合素质的一种检验。决策能力的高低对于酒店的管理人员来说十分重要。它往往影响到企业对发展机遇的把握，对困难或事物的处理以及对发展趋势的准确预测，它直接影响到酒店的发展与兴衰。

### 2．协调能力

主要指调解关系的能力。酒店工作，要面对各种各样的人，要遇到和处理各种事务，这就要求在酒店工作的人具有一定的协调能力，能够正确处理人与人之间、上下级之间、员工与客人之间、同事与同事之间的关系，要能够团结周围的人一道工作，减少不必要的内耗，使每一个人的能力得以正常有效地发挥。酒店就像一个家庭，人与人之间的关系的处理尤为重要。

3．**表达能力**

即通过语言、文字、数字、图形等方式与人交流的能力。它反映一个人能否比较准确地把自己的想法、观点、意见、信息或问题告知别人，这是加强信息和情感交流、协调人际关系必不可少的能力。对于酒店的员工来说，每天的工作就是为人提供服务，与人的交流能力十分重要，较好的表达能力能够有效地反映酒店的服务质量，能够较好地反映酒店的服务宗旨与服务要求，使客人能较清楚地理会酒店的服务精髓。

4．**接受能力**

它反映人对信息、知识、技巧等的吸收程度。它包括自学能力、对机器设备的掌握程度、对工作的熟练程度、对外界各种知识的获取情况以及对外界条件变化的适应能力等。接受能力强的人对工作的适应能力较强，能够较好地表现出工作成效，具有独立性和创造性，更容易处理各种关系和矛盾，也更有助于自身素质的进一步提高。

## 本章小结

1．工作环境是员工在工作时所处的环境。它包括明亮程度、操作设备的操作过程对人体所产生的影响程度以及工作间的空气、噪音、色彩、气味、温度等对人的感官所带来的影响。

2．作业指员工对设备、材料、工具及各项服务工作的操作过程。如何使员工在工作中以最少的付出得到最优的工作效果，这就要设计出一套科学的操作方法和工作方式。

3．人在疲劳时，肌肉、呼吸、血液循环、内分泌等系统都会发生不同程度的生理机能的变化，不同程度的疲劳会产生不同程度的后果。对于操作某种机械设备的员工，疲劳会导致事故的发生。对于为客人提供服务的员工，疲劳会降低服务质量和服务水平。员工的长期疲劳会引发某种疾病，会大大降低工作效率。疲劳的原因是多种多样的，有的是由于主观因素造成的，有的是客观条件造成的，消除疲劳的方法包括：完善工作环境；改善工作条件；丰富工作内容；提高员工的工作热情等。

4．酒店为员工创造条件，使他们有机会获得一个有成就感和自我实现感的职业，为他们创造一个舒适的工作环境和展现自我价值的环境，员工就会对本酒店产生一种信任和依赖感，从而产生一种为企业献身的精神。

5．员工本身也要注意自身素质的培养，以适应酒店工作的要求，适应不断变化的社会环境发展的要求等。个人素质包括政治品质、知识、智力、个性心理

等。人的素质表现为劳动力的质量。素质的形成受到先天因素的影响，但更重要的是受社会实践的制约。

6．发挥员工的潜力，要通过改善工作环境，完善各项设施，设计与人体机能相适应的操作方法以创造一种能使员工心情舒畅、易于消除疲劳的工作条件。要发挥员工的潜能，是要从人和环境的关系、人与工作的关系以及人自身的生理和心理机能等方面来进行探讨和挖掘的。

## 案例分析

【案例1】

### 通过关心员工的生活提高员工的工作热情

景华酒店位于某旅游风景区，远离市区，酒店内多为年轻人，他们一天24小时在酒店，只有节假日或轮休日才能进城回家，这对于年轻人来说，单调的工作和不大的风景区使他们常感到无聊和疲倦。特别是一日三餐在酒店吃，也常感到食欲不佳。酒店每年都有员工退职或跳槽。

为了丰富员工的生活，酒店总经理首先加强了对酒店员工食堂的行政管理，着力改善员工的伙食，并且专门请了一位技艺较高的厨师为员工做饭，安排一日三餐。一个星期的早点均为自助餐，除了有大众化的豆浆、油条、馒头、包子、面条外，还有西式的面包、火腿肠、煎蛋等。正餐更是丰富，不但有南方人喜爱的糖醋鱼、麻婆豆腐、辣椒炒肉丝等酸辣口味的家常菜，也有酒店餐厅里上档次的汽锅鸡、油焖大虾、盐水鹅等大菜，主食除了米饭、馒头外，还有面条、饼等。如此丰盛的饭菜大大提高了员工的食欲，加上食堂加强了对服务人员的教育与管理，使他们提高了对员工的服务质量，使员工对酒店的员工食堂十分满意。由于吃得好，员工工作起来精神也好多了，食堂的菜谱成为大家关注的问题，也常常成为员工见面的话题之一。

此外，酒店还定期举行小型的文体活动，进行各项竞赛活动，还特别对员工节假日的交通问题进行了安排，使大家在休息日都能乘坐酒店的交通车回家。酒店的这些举措是本着员工就是“上帝”这一宗旨的，使员工感到酒店就是自己的家。通过这些措施，酒店的员工更加热爱酒店，工作热情高了，跳槽的少了，主动宣传、维护酒店利益的多了，与顾客发生矛盾的事少了，酒店的经营水平有了较大的提高。

**评析：**

酒店为了充分发挥员工的工作积极性、克服酒店远离闹市区给青年员工带来的精神上的空虚，首先从饮食上改善员工的待遇，使员工通过一日三餐体会到酒店的温暖，通过年轻人喜爱的文体活动和各项竞赛激发工作热情等，这些举措都

体现了酒店对普通员工的重视。实际上一个酒店好坏的关键是其服务质量，而服务质量是通过酒店的每一个员工向客人提供服务而体现的，只有员工的心情舒畅，才可能产生良好的服务质量。因此，尽可能地为员工提供舒适、良好的工作环境，提高他们的地位，对于管理者来说，不失为一种良策。它会为酒店带来不可估量的经济效益。

有些酒店管理者过多地“管制”员工，为员工设置了种种条条框框，认为只有严格的管理才能提高服务质量，而很少考虑员工的实际利益与心理感受，甚至有些规章制度有损于员工的自尊。这种管理方法不仅会使员工产生反感，减少对酒店的信任度，而且往往难以真正调动起员工的工作热情和敬业精神，这种方式反而不利于酒店的发展。

**问题：**

1．你认为此酒店管理者采取的这一策略是否合适，它能起到长期稳定员工人心的作用吗？如果你是酒店管理者，你认为有更好的方式吗？

2．在挖掘员工工作潜力方面应注意哪些问题，你有什么更好的观点？

**【案例 2】**

**员工为何串岗**

白云大酒店位于闹市区，由于地理位置好，酒店餐厅的厨艺也不错，来酒店办酒席的人不少，在旅游淡季，酒店餐饮业仍是红红火火。酒店的财务部设在厨房楼上，每天厨房的油烟味都要灌入办公室，令人倒胃口。这几天出纳小王肠胃不太好，对楼下的油烟实在难以忍受，正好上午办公室没有其他人，小王就跑到楼上客房部，与客房部的小李聊了起来，不巧，正好习惯“走动式”管理的刘经理走过来，刘经理问小王为何不在自己的办公室，小王无以对答，只好把真实情况说了一遍。

**评析：**

酒店就是员工的家，管理者对每一个员工的情绪与困难应该给予关心与帮助，为了更好地发挥员工的工作热情，挖掘工作潜力，对员工的工作环境和生活条件也应该给予关心并不断地加以改善。但酒店也是有纪律的，只有通过严格的纪律和各项规章制度，才可能保证酒店的工作效率，维护酒店的信誉，才能更好地督促员工认真负责地完成好本职工作。

**问题：**

1．如果你是经理，对于小王的串岗如何处理？

2．酒店的各项规章制度是否要无条件地坚决执行，才能保证酒店有严格的纪律和良好的工作作风？

## 练习题

1．要发挥员工的潜能，需要考虑哪些因素？

2．改善工作环境条件要注意哪些方面？

3．人在疲劳状态下工作会产生什么样的后果？怎样消除疲劳？

4．为培养员工为企业献身的精神，酒店应当从哪些方面为员工创造条件？

5．为什么说充分发挥人力资源的潜力，要注意自身素质的培养？